Die Republik Österreich stellt Ihnen dieses Buch für Ihre Ausbildung zur Verfügung.
Ihre Professorinnen und Professoren helfen Ihnen, den Stoff zu erlernen und so eine gute Basis für Ihr späteres Berufsleben zu legen. Übernehmen Sie aber auch selbst Verantwortung für Ihren Lernerfolg und nutzen Sie die vielfältigen Möglichkeiten, die Ihnen dieses Buch bietet.

Autorinnen:

Mag. Margit Makrandreou
Langjährige Lehrtätigkeit an der HTBLVA Wien V

Mag. Gabriele Gebeshuber
HLW Steyr

Wien 2014

W0174784

Buch-Nr. 1506

Dieses Buch wurde vom Bundesministerium für Bildung, Wissenschaft und Kultur mit Bescheid vom 23. November 1995, Zahl 43.126/1-V/2/95, für den Unterrichtsgebrauch an Handelsakademien, I. Jahrgang, im Unterrichtsgegenstand Rhetorik, Handelsschulen, 1. Klasse, im Unterrichtsgegenstand Betriebswirtschaftliche Übungen und Projektarbeit, höheren technischen und gewerblichen Lehranstalten, Fachrichtung Elektronische Datenverarbeitung und Organisation, V. Jahrgang, im Unterrichtsgegenstand Betriebs- und Führungspraxis, an höheren Lehranstalten für wirtschaftliche Berufe, höheren Lehranstalten für Mode und Bekleidungstechnik, höheren Lehranstalten für Tourismus, I. Jahrgang, im Unterrichtsgegenstand Kommunikation und Präsentation sowie mit Bescheid vom 21. Oktober 2004, Zahl 44.559/3-V/9/04 für den Unterrichtsgebrauch an höheren land- und forstwirtschaftlichen Lehranstalten im Unterrichtsgegenstand Kommunikation und Präsentation für geeignet erklärt. Die vorliegende Aktualisierung wurde vom Bundesministerium für Unterricht, Kunst und Kultur mit Bescheid vom 25. Juli 2013 für den Unterrichtsgebrauch an höheren technischen Lehranstalten (Ausbildungsschwerpunkt Kommerzielle Datenverarbeitung, Betriebs- und Führungspraxis), V. Jahrgang, für den Unterrichtsgegenstand Kommunikation und Präsentationstechnik, an Fachschulen für wirtschaftliche Berufe, Fachschulen für Mode und Bekleidung, Hotelfachschulen und Tourismusfachschulen, 2. Klasse, an höheren Lehranstalten für wirtschaftliche Berufe, III. Jahrgang, an höheren Lehranstalten für Tourismus, II. Jahrgang, an höheren land- und forstwirtschaftlichen Lehranstalten, II. und III. Jahrgang sowie im Aufbaulehrgang für Landwirtschaft, II. Jahrgang, im Unterrichtsgegenstand Kommunikation und Präsentation für geeignet erklärt.

Dieses Lern- und Arbeitsbuch entspricht der Rechtschreibreform 2006.

Herzlich willkommen im neuen Schuljahr!

Das innovative MANZ Lernpaket

Als führender Verlag im berufsbildenden Schulwesen wissen wir, dass Sie Lernpakete benötigen, die Sie zielgerecht zum Lernerfolg – zu Wissen und Kompetenz – führen. Wir wollen, dass Sie nach Abschluss Ihrer Ausbildung Ihre persönlichen Chancen am Arbeitsmarkt bestmöglich wahrnehmen können. Wir arbeiten täglich an der Produktion zeitgemäßer Lernpakete und stehen dabei im ständigen Dialog mit erfahrenen Schulbuchautorinnen und -autoren und Wissenschaftlerinnen bzw. Wissenschaftlern.

Ihr Lernpaket besteht aus einem übersichtlich gegliederten Schülerbuch und abwechslungsreichen Online-Ergänzungen inklusive des MANZ Lernraums in Ihrem SbX. Alle Teile des Lernpakets sind aufeinander abgestimmt und folgen dem MANZ 4-Schritte-Lernmodell.

Das MANZ 4-Schritte-Lernmodell

Dieses Buch ist ein speziell für Sie neu gestaltetes, modernes Lern- und Arbeitsbuch. Der Lernstoff ist in diesem Buch in Kapitel und innerhalb der Kapitel in Lerneinheiten gegliedert. Die Lerneinheiten sind nach dem MANZ 4-Schritte-Lernmodell aufgebaut und ein spezielles Leitsystem erleichtert die „Navigation" im Buch.

 LERNEN (Input)
Information aufnehmen, Zusammenhänge erkennen, Theorie erfassen

 ÜBEN (Anwendung)
Routine erwerben, Zusammenhänge verstehen, Erfahrung sammeln

 SICHERN (Festigung)
Gelerntes zusammenfassen, Übersicht gewinnen, Inhalte wiederholen

 WISSEN (Kontrolle)
Wissen testen, Kompetenz überprüfen, Können beweisen

SbX Zu diesem Lern- und Arbeitsbuch gibt es im Rahmen von SbX (Schulbuch*Extra*) vielfältige Online-Ergänzungen sowie ein Lernmanagementsystem, den **MANZ Lernraum.** Auch die Online-Ergänzungen sind nach dem MANZ 4-Schritte-Lernmodell aufgebaut und ermöglichen Ihnen zusammen mit dem Buch abwechslungsreiches und nachhaltiges Lernen.

Dem Verlag MANZ ist es ein grundlegendes Anliegen, …

… Chancengleichheit wo immer möglich zu fördern. Frauen und Männer werden in den Texten und Beispielen dieses Buches gleichberechtigt behandelt. Um den Lesefluss nicht zu stören, wird aber – wo nötig – auf das Nebeneinander weiblicher und männlicher Formen verzichtet.

Das Schülerbuch

Lerneinheiten
führen Sie Schritt für Schritt durch den Lernstoff.

SbX-Leiste und SbX-ID
Übersicht über die SbX-Inhalte zu jedem Arbeitsschritt

Marginalspalte
enthält Zusatzinformationen, Wissenswertes und Beispiele.

Grafiken und Fotos

Lerntipps
helfen Ihnen beim Kompetenzerwerb.

Hervorgehobene Merksätze
erhöhen die Aufmerksamkeit für wichtige Lerninhalte.

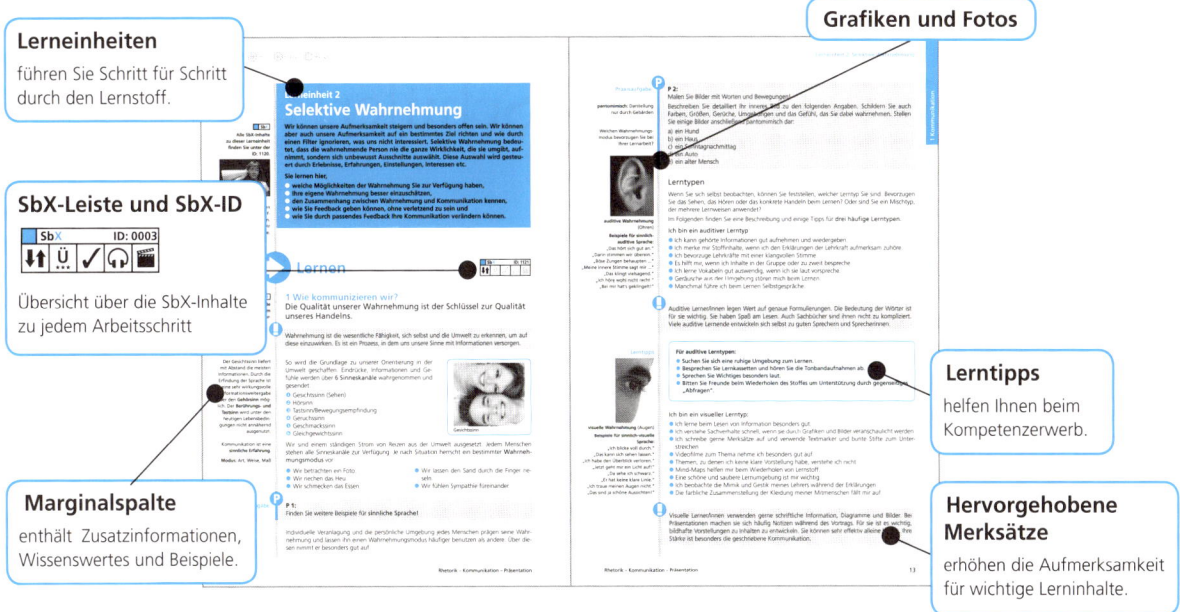

SbX – Schulbuch*Extra*

ID-Eingabe
führt direkt zu den passenden Online-Inhalten.

Inhaltsverzeichnis
übersichtliche Darstellung der Inhalte

MANZ Lernraum
effiziente Kommunikation in der virtuellen Klasse

Aufbau
SbX und Buch folgen demselben Aufbau.

Online-Ergänzungen
abwechslungsreiche Übungsmöglichkeiten und aktuelle Informationen zum Lernstoff

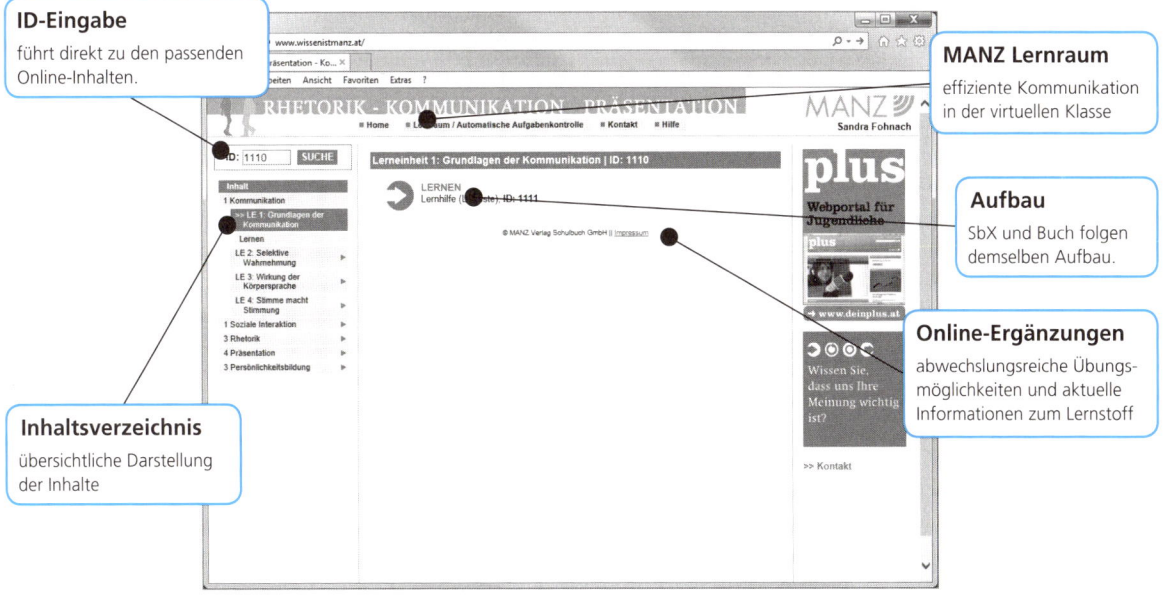

Aktivieren Sie kostenlos Ihr SbX direkt bei MANZ:

 **www.wissenistmanz.at**

 **Startcode: 00254657**

Vorwort

Liebe Schülerin, lieber Schüler!

Wissen Sie, dass ...

... sich die Herausforderungen in der Arbeitswelt in den letzten Jahren grundlegend verändert haben? Mehr denn je sind die sogenannten Soft Skills gefragt. Unternehmen erwarten Mitarbeiter/innen mit hoher emotionaler Intelligenz, die teamfähig sind und ihre Meinung wertschätzend und überzeugend vertreten können. Diese neuen Fähigkeiten wirken sich nicht nur im Beruf, sondern auch im Privatleben positiv aus. Menschen möchten sich selbst und andere besser verstehen und in ihrem sozialen Umfeld gut ankommen.

In Rhetorik – Kommunikation – Präsentation ...

... werden Sie mit den **Grundlagen der Kommunikation** vertraut gemacht und lernen, wie Sie **Gespräche führen** und **Konflikte leben:** Sie lernen, Ihr Verhalten zu beobachten und zu verbessern. Sie erfahren, wie Sie eine **Rede vorbereiten** und vor Publikum sowohl zielorientiert als auch wirkungsvoll **halten** und wie Sie mit Bildern einen langweiligen Vortrag in eine spannende **Präsentation** verwandeln. Sie erkennen, wie Sie Ihr **Lampenfieber** in positive Energie umwandeln und mit **Stress** besser umgehen können. Sie beschäftigen sich mit Ihren persönlichen **Stärken** und **Schwächen** und wie Sie Ihre **Wirkung auf andere** verbessern können. Sie erfahren, wie Sie sich selbst besser **organisieren** und **motivieren** können und erhalten wertvolle Anregungen und Tipps zum Thema **Bewerbung:** Wie formuliert man ein **Bewerbungsschreiben?** Wie bereitet man sich auf ein **Vorstellungsgespräch** vor? Wie verhält man sich am Arbeitsplatz?

Rhetorik – Kommunikation – Präsentation ...

... wird Ihnen Spaß machen. Es handelt von Ihnen selbst, von Ihren persönlichen und sozialen Fähigkeiten. Sie erwerben wichtige Voraussetzungen für Ihr zukünftiges Arbeitsleben und für den Umgang mit anderen Menschen. Neben den harten Fakten finden Sie viele Vorschläge und Anregungen, wie Sie sich selbst und die Menschen in Ihrem Umfeld besser verstehen und Ihre eigenen Wünsche und Meinungen zielgerichtet und wirkungsvoll umsetzen können. Dieses Buch ist daher nicht nur ein Schulbuch, sondern zugleich auch ein Ratgeber, der Sie bis ins Berufsleben begleiten wird.

In diesem Buch lernen Sie ...

... treffend zu formulieren, Ihre Meinung zu vertreten, mit Bildern und Ihrem persönlichen Auftreten zu überzeugen. Sie lernen sich selbst und Ihr soziales Umfeld besser kennen und lernen, Ihre Zeit und Energie zielorientierter zu nutzen.

Ein erfolgreiches Schuljahr wünschen Ihnen die Autorinnen ...

Mag. Margit Makrandreou   **Mag. Gabriele Gebeshuber**

Inhaltsverzeichnis

1 Kommunikation

Kommunikation ist der Austausch von Informationen und Botschaften zwischen zwei oder mehr Menschen. Zur Vermittlung der Information stehen uns verschiedene Möglichkeiten zur Verfügung. Diese haben immer mit unserem Ausdruck und unserer Wahrnehmung zu tun. Wir können auch moderne Kommunikationsmedien einsetzen. Zwischenmenschliche Kommunikation setzt Verständnis voraus und ist ein intensiver Prozess.

Wenn wir miteinander sprechen, nennen wir das verbale Kommunikation.

Wenn wir einander Botschaften durch Blicke oder Zeichen übermitteln, nennen wir das nonverbale Kommunikation.

Wenn wir einander schreiben, nennen wir das schriftliche Kommunikation.

In diesem Kapitel lernen Sie:
- was man unter Kommunikation versteht
- was unsere Kommunikation beeinflusst
- welche Kommunikationsebenen es gibt
- welche Rolle die Wahrnehmung in der Kommunikation hat
- was wir mit unserer Körpersprache ausdrücken
- wie Sie Ihre Stimme richtig einsetzen

SbX

Alle SbX-Inhalte
zu dieser Lerneinheit
finden Sie unter der
ID: 1110.

Lerneinheit 1
Grundlagen der Kommunikation

Sowohl im beruflichen als auch im privaten Bereich haben wir mit Menschen zu tun, zu denen wir in Beziehung treten. Um uns selbst sowie unsere Mitmenschen besser zu verstehen, müssen wir lernen, so effektiv wie möglich zu kommunizieren. Bei einem so wichtigen Anliegen sollten wir nichts dem Zufall überlassen.

Kommunikation strukturiert unsere Wirklichkeit. Durch Kommunikation stellen wir Kontakt zu anderen Menschen her. Die Basis für Verständigung ist eine gemeinsame Lebenspraxis und die Beachtung einiger Grundsätze. Unter diesen Voraussetzungen kann der Austausch von Informationen, Gedanken und Meinungen zwischen den Menschen gut funktionieren.

Sie lernen hier,
- **was man unter Kommunikation versteht,**
- **was Einweg- und Zweiwegkommunikation bedeutet,**
- **welche Kommunikationsebenen es gibt,**
- **die Grundgesetze der Kommunikation nach Paul Watzlawick kennen und**
- **wie Sie zu einer erfolgreichen Gestaltung von kommunikativen Beziehungen gelangen können.**

▶ Lernen

SbX   ID: 1111
⇵ Ü ✓ ⌂ ▦

SbX

Im SbX finden Sie Links
zum Thema Grundlagen
der Kommunikation
unter der ID: 1111.

1 Einweg- und Zweiwegkommunikation
Kontakt aufnehmen und erwidern

Kommunikation:
von communicare
(lateinisch) = mitteilen,
gemeinsam machen

Kommunikation ist der
Austausch von Botschaften zwischen zwei oder
mehr Menschen.

Wie selbstverständlich gehen wir täglich mit unserer Kommunikation um. Wir teilen uns mit, wir äußern uns, wir schaffen Gemeinsamkeit. Erst wenn wir in unseren Möglichkeiten, miteinander zu kommunizieren eingeschränkt sind, fällt uns auf, wie wichtig Kommunikation für das menschliche Zusammenleben ist. Die Sprache ist das wichtigste Mittel, um miteinander zu kommunizieren.

Im Zeitalter der Informationstechnologie stehen uns zahlreiche Alternativen zur Verfügung, miteinander zu kommunizieren. Andererseits ist in vielen Bereichen unseres Lebens ein Kommunikationsdefizit spürbar.

P Praxisaufgabe

P 1:
Welche Möglichkeiten haben Menschen, Informationen mitzuteilen? Welche Wege benützen sie?

Information bildet nur
das Tatsachenmaterial –
erst Kommunikation beinhaltet die Übertragung,
Aufnahme und Interpretation dieser Tatsachen.

Zwischenmenschliche
Kommunikation findet
überall dort statt, wo
zwei oder mehr Partner
einander wahrnehmen.

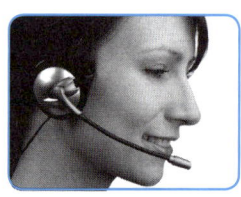

Eine Person, die eine Information übermittelt, wird **Sender** genannt.

Jemand, der die Information erhält, ist der **Empfänger**.

Dieser Ablauf der Kommunikation wird als **Einwegkommunikation** bezeichnet. Der Empfänger erhält die Nachricht und nimmt sie auf, er sendet aber keine Nachricht zurück.

Sender → Empfänger

Sprachliche Äußerungen können **einseitig** oder **zweiseitig** ablaufen.

Die **Zweiwegkommunikation** verläuft als „Zwiegespräch":

Sender → Empfänger   Empfänger ← Sender

Wussten Sie, dass das Wort **Kommunikation** zu den von einer Jury gewählten „Wörtern des 20. Jahrhunderts" gehört?

Einwegkommunikation kommt überall dort zum Einsatz, wo Anweisungen notwendig sind, die aus Zeitgründen ohne Hinterfragen gegeben werden müssen.

Zweiwegkommunikation ist aufwändiger und dauert länger. Die Ergebnisse bei der Durchführung von Aufgaben sind in der Regel besser.

Praxisaufgaben **P**

P 2:

Einweg- oder Zweiwegkommunikation?

Notieren Sie Beispiele von Einweg- oder Zweiwegkommunikation im Alltag. Ist es sinnvoll, Einweg- in Zweiwegkommunikation umzuwandeln? Wann ist dies nicht möglich?

Neben der **Point-to-point-Kommunikation** gibt es auch die **Point-to-multi-point-Kommunikation** (ein Sender → mehrere Empfänger, z.B. Internet, Radio, TV, Zeitung).

Beispiele für Einwegkommunikation	Vorteile/Nachteile
	Vorteile:
	Nachteile:

Beispiele für Zweiwegkommunikation	Möglichkeiten, Grenzen

P 3:

Führen Sie die folgenden Zeichenanweisungen durch:

a) Als **Einwegkommunikation:**

Eine Schülerin/Ein Schüler bereitet eine Zeichnung vor, bestehend aus einfachen geometrischen Figuren (siehe nebenstehendes Beispiel).

Er/Sie gibt genaue mündliche Anweisungen zum Nachzeichnen, ohne die Zeichnung zu zeigen.

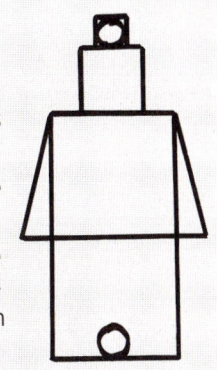

identisch: gleich

Jede/r arbeitet für sich, ohne Fragen an den „Sender" zu stellen. Die Zeit, die der Sender für die Anweisungen benötigt, wird notiert. Anschließend wird die Zeichnung gezeigt und die Zahl der identischen Bilder ermittelt.

b) Als **Zweiwegkommunikation:**

Noch einmal werden Anweisungen zum Nachzeichnen gegeben. Diesmal dürfen Zwischenfragen gestellt werden.

Die Zeit wird ebenfalls gemessen und die Anzahl der richtigen Ergebnisse festgestellt.

Für welchen Teil der Übung wurde mehr Zeit benötigt? Wie haben sich Sender und Empfänger verhalten? Wann wurde das bessere Ergebnis erzielt? Wie wurden die Fragen an den Sender gestellt?

Moderne Medien machen Kommunikation auf vielfältige Weise möglich.

Emoticon: eine Zusammensetzung aus **Emotion (Gefühle)** und **Icon (Symbol)**; ein Gefühlssymbol, das aus Satzzeichen und Buchstaben besteht. Das berühmteste Emoticon ist der Smiley.

SbX

Neue Medien spielen in der heutigen Kommunikation eine große Rolle. Mehr dazu erfahren Sie über die Links im SbX unter der ID: 1111.

Auch schriftliche Kommunikation ist nicht immer eindeutig, besonders wenn sie knapp gehalten wird. Diesem Problem stehen Handy-Benutzer und die Benutzer des Internets gegenüber, die in „Diskussionsforen" miteinander kommunizieren. Witz, Tonlage oder Körpersprache lässt sich über den Bildschirm kaum vermitteln. Gerade diese Dinge machen ein Gespräch lebendig. Hier bieten die Smileys und E-Mail-Kürzel eine Möglichkeit, Zwischentöne einzubringen. Sie sind eine Interpretationshilfe zu den geschriebenen Botschaften.

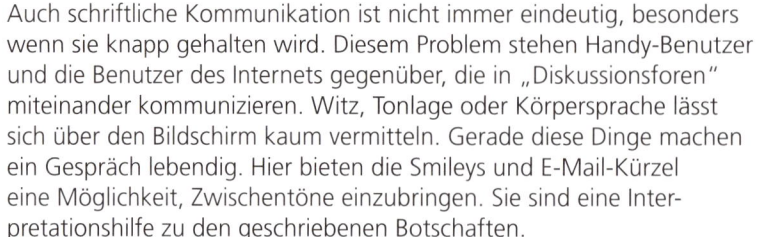

Emoticons – einige Beispiele:

:-)	Ich freue mich. ☺
;-)	zwinkere mit einem Auge ☺
:-)ss	Diese Bemerkung ist dummes Geschwätz.
:o)>	Überraschung, Schock
#-I	ahnungslos, ohne Durchblick
!:-X	Ich will nicht aussprechen, was ich denke.
:-(	Ich bin traurig.
:-I	Es ist mir egal.

SMS-/Internet-Kürzel – einige Beispiele:

4u	for you, für dich
cu	see you, wir sehen uns
lol	laugh out loud, lauthals lachen
hdl	hab dich lieb
kA	keine Ahnung
mfg	mit freundlichen Grüßen
we	Wochenende

2 Die fünf Grundsätze der Kommunikation nach Paul Watzlawick

Unser Leben ist Kommunikation.

Paul Watzlawick entwickelte eine Kommunikationstheorie, die auf fünf sogenannten **Axiomen** (Grundsätzen) aufbaut. Die Einhaltung dieser fünf Axiome, die als Regeln zu verstehen sind, ist die Grundlage einer funktionierenden Kommunikation. Die Verletzung einzelner Axiome kann zu einer Störung der Kommunikation und der damit verbundenen menschlichen Beziehung führen:

❶ Kommunikation ist Verhalten

> 1. Axiom: „Man kann nicht nicht kommunizieren." (Paul Watzlawick)

Versuchen Sie sich vorzustellen, ab wann Kommunikation unmöglich ist: Wenn wir nicht mehr sprechen können? Wenn wir nicht mehr hören können? Wenn wir …?

Nach **Paul Watzlawick** kommunizieren wir auch, wenn wir nichts sagen. Wir kommunizieren bereits, indem wir uns verhalten. Unsere Kommunikation lässt sich nicht auf den Austausch von Informationen reduzieren. Kommunikation stellt Kontakt her. Zwischenmenschliche Verständigung bedeutet ein (gewöhnlich absichtsvolles) soziales Handeln auf der Grundlage des gemeinsamen Alltagswissens der Beteiligten. Alle Beteiligten beeinflussen einander durch sprachliche und nichtsprachliche Mitteilungen.Menschen leben in Gruppen zusammen und stimmen ihre Handlungen aufeinander ab. Was der **Sender (Sprecher)** dem **Empfänger (Zuhörer)** sagt, hat Wirkung und wird diesen zu einer Reaktion veranlassen. Jede Reaktion aber ist eine Mitteilung. Sie wird auf den Sender zurückwirken und seine nächste Handlung beeinflussen.

Paul Watzlawick (1921–2007) war ein österreichisch-amerikanischer Kommunikationswissenschaftler. Er studierte Philosophie und Sprachen in Venedig; nach einer Ausbildung in Psychotherapie war er in der Forschung tätig und lehrte an der Stanford University, USA. Werke: u. a. „Menschliche Kommunikation" und „Wie wirklich ist die Wirklichkeit?"

SbX

Eine Linkliste zu Paul Watzlawick und seine 5 Grundsätze der Kommunikation finden Sie unter der ID: 1111.

Praxisaufgabe

P 4:

Was passiert, wenn Sie bei Anweisungen Ihrer Eltern oder Lehrer/innen versuchen, nicht zu reagieren. Gelingt es Ihnen, sich der Kommunikation zu entziehen?

Zum Beispiel:

Ihre Mutter sagt: „Räum´ jetzt endlich dein Zimmer auf!"

Sie antworten: a) „Ja, ich mach es ja schon.", und räumen auf.
                b) Sie sagen nichts und räumen nicht auf.

Wie ändert sich die Situation, wenn Sie bewusst positiv/bejahend oder negativ/ignorierend reagieren? Sind Sie mitbestimmend für den weiteren Verlauf der Kommunikation?

Suchen Sie ähnliche Beispiele und sprechen Sie in der Gruppe über Ihre Erfahrungen mit bewusster und unbewusster Kommunikation.

❷ Inhalt und Beziehung

Die eigentliche Informationsübertragung erscheint nebensächlich – Hauptsache ist das „Wohlwollen" im Gesprächsverhalten!

Jede Kommunikation hat **zwei Ebenen:**

❶ **Sachebene: Was?**
❷ **Beziehungsebene: Wie?**

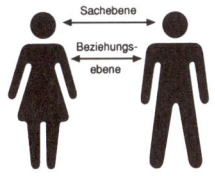

> 2. Axiom: „Jede Kommunikation hat einen Inhalts- und einen Beziehungsaspekt, wobei Letzterer den Ersteren bestimmt."

Wenn Sie mit jemandem sprechen, hat Ihre Mitteilung einen **Inhalt. Was** sagen Sie?

- Sie erzählen von Erlebnissen.
- Sie unterhalten sich über den Urlaub.
- Sie erkundigen sich, wie spät es ist.
- Sie fragen, wo die nächste U-Bahn-Station ist.
- Sie erklären, warum Sie Ihren neu gekauften Computer umtauschen wollen.

WAS sage ich WIE?

Keine Sprechsituation gleicht der anderen. Wir haben unterschiedliche Kommunikationspartner/innen vor uns. Auch die Beziehung zu diesen Menschen ist unterschiedlich. Es ist daher nicht nur entscheidend, **was** ich sage, sondern auch **wie** ich es sage. Wir sind nur dann erfolgreich in unserer Kommunikation, wenn wir sowohl das WAS als auch das WIE beachten.

Unsere Einstellung und unser innerer Zustand hat eine direkte Auswirkung auf unseren Umgang miteinander. Kommunikation verläuft gut, wenn die Beziehung vertrauensvoll und positiv ist.

reflektieren: prüfend nachdenken

Gute zwischenmenschliche Beziehungen können wir bewusst aufbauen und pflegen. Reflektieren Sie mit Hilfe der folgenden Liste Ihr eigenes Verhalten. Kreuzen Sie an, was für Sie selbstverständlich ist. Woran könnten Sie noch arbeiten?

Tipps

Hilfreich für den Beziehungsaufbau sind:

- lächeln ☐
- grüßen ☐
- anschauen ☐
- danken ☐
- Mitmenschen beim Namen nennen ☐
- Höflichkeit ☐
- von mir selbst erzählen ☐
- meine Gefühle nicht verleugnen ☐
- Wortwahl beachten ☐
- Abmachungen einhalten ☐
- um Entschuldigung bitten ☐
- andere Meinungen respektieren ☐

Was wünschen Sie sich von anderen?

„Können wir miteinander?" Eine **positive Einstellung dem Kommunikationspartner gegenüber** ist ein Schlüssel zu erfolgreicher Kommunikation. Lernen Sie, sich positiv einzustimmen!

❸ Ursache und Wirkung

> **3. Axiom:** „Die Natur einer Beziehung ist durch die Interpunktion der Kommunikationsabläufe seitens der Partner bedingt."

Gespräche verlaufen von Sender zu Empfänger und wieder zurück. Sie folgen einer bestimmten Struktur.

Da wir ständig miteinander kommunizieren, ist es schwierig, die Ursache und die Wirkung einer Handlungsfolge klar zu bestimmen. Kommunikation verläuft nicht linear, sondern kreisförmig. Menschen stehen in Beziehung zueinander. Diese Beziehung beeinflusst die Wahrnehmung und das Erleben der äußeren Wirklichkeit. Der Beginn einer Handlungsfolge kann an jeder beliebigen Stelle der kreisförmigen Wechselwirkung angenommen werden.

Beispiel für einen positiven Handlungskreislauf:

In den wechselseitigen Prozess zwischen Sender und Empfänger sind nicht nur die Gesprächspartner/innen, sondern auch die anderen Mitglieder der Gruppe (Familie oder Klasse), in der sich diese befinden, einbezogen. Das Verhalten eines Einzelnen bedingt das Verhalten jeder anderen Person.

Zum Beispiel:

> Sie haben sich mit einer Hausübung besonders viel Mühe gegeben. Ihr Lehrer gibt Ihnen die korrigierte Arbeit mit anerkennenden Worten zurück. Damit wird er nicht nur Sie, sondern auch andere Schüler/innen darin bestärken, sorgfältig und ausführlich zu arbeiten.
>
> Christoph kommt zum dritten Mal 10 Minuten zu spät zum Unterricht. Der Lehrer ignoriert dieses Verhalten und unterbricht seine Unterrichtsarbeit nicht. Alle Klassenkameraden erfahren: „Es ist gleichgültig, ob ich pünktlich bin oder nicht", und sie werden ihr Verhalten darauf einstellen.

Partnerarbeit

P 5:

Diskutieren Sie gemeinsam mit einer Partnerin oder einem Partner über das folgende Beispiel:

Thomas und Karin, zwei Geschwister, streiten. Thomas borgt Karin seine neue CD nicht. Deshalb ist Karin nicht gewillt, ihm ein Buch zu geben, das er von ihr haben möchte.

Einige Tage später benötigt Karin einen Zirkel für die Mathematikhausübung. Thomas gibt ihr seinen Zirkel nicht, mit dem Hinweis, sie habe ihm ihr Buch auch nicht geborgt. Welche Handlung setzte den Beginn des Konflikts? War Thomas der Verursacher oder reagierte er mit seiner Handlung bereits auf eine andere?

Im wechselseitigen Prozess der Kommunikation zwischen zwei Menschen wird der Beginn einer Handlungsfolge kaum beachtet, solange die Kommunikation störungsfrei verläuft. Erst wenn es etwas zu klären gibt, wird offensichtlich, dass das Geschehen unterschiedlich interpretiert wird (z.B. bei einem Konflikt).

❹ Unsere Körpersprache

> **4. Axiom:** „Menschliche Kommunikation bedient sich digitaler und analoger Modalitäten."

Interpunktion: der subjektiv empfundene Startpunkt der Handlungen

„Was war zuerst da?" **Ursache** und **Wirkung** sind nicht immer klar erkennbar.

linear: geradlinig, linienförmig

Viele Situationen und Handlungsabfolgen im Alltag sind vom Menschen festgelegt, z.B. die Zeitmessung (Sommerzeit und Winterzeit).

Konflikte müssen lösungsorientiert bearbeitet werden. Es ist müßig, den „Beginn" eines Streits zu suchen.

„Die einzige Sprache, die jeder versteht, ist die Sprache des menschlichen Gesichts." (Ernst Bloch, deutscher Philosoph)

digital: ziffernmäßig;

analog: gleichartig, entsprechend;

Modalität: Verfahrensweise, Umstände

abstrakt: unanschaulich, nur gedacht

Wenn wir miteinander kommunizieren, bedienen wir uns sowohl einer abstrakten als auch einer bildhaften Ausdrucksweise. Beide Mitteilungsarten ergänzen sich. Sprache dient besonders der Vermittlung von Inhalt; nichtsprachliche Äußerungen betreffen vorwiegend die Beziehung.

digital	analog
präzise	sinngemäß
verbal	nonverbal
meist eindeutig	oft mehrdeutig
begrenzt interpretierbar	vielschichtig interpretierbar

Relativ klar und verständlich: „Ich werde morgen erst um 10.30 Uhr ins Büro kommen, bin aber ab 8 Uhr über mein Mobiltelefon erreichbar."

repräsentieren: typisch sein, darstellen

Die **analoge Kommunikation** hat eine direkte, enge Beziehung zu den Objekten, die sie repräsentiert. Eine Zeichnung hat eine Ähnlichkeit (Analogie) mit dem Objekt, das sie abbildet. Die folgenden Abbildungen veranschaulichen, wie der Inhalt des obenstehenden Satzes durch Symbole mitgeteilt werden könnte. Ebenso sind jedoch andere Deutungen möglich.

Körpersprache ist die ursprünglichste Kommunikation aller Menschen und Tiere.

Auch die Zeichen- und Gebärdensprache zählt zur analogen Kommunikation. Sie entstand in einer sehr frühen Entwicklungsperiode der Menschheit. Die Gültigkeit von Signalen ist daher allgemeiner als die von Worten. So ist es möglich, mit Hilfe von Gebärden, von Menschen verstanden zu werden, deren Sprache man nicht spricht. Wir erwerben Körpersprache sowohl durch Vererbung als auch durch Lernen und Nachahmung. Folglich unterscheiden sich Menschen verschiedener Kulturkreise im Aussenden von Signalen.

Ein Beispiel dafür sind **Begrüßungsgesten** (z.B. Händeschütteln):

In Amerika begrüßt man sich mit kräftigem Händedruck, während sich die Japaner verneigen, um Respekt zu zeigen.

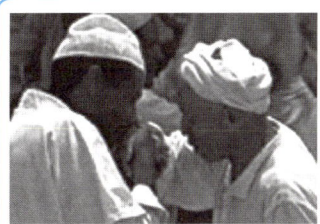

Marokkaner küssen einander die Hand beim Händeschütteln.

Massai berühren sich beim Händeschütteln kaum.

beim Vorstellungsgespräch

Als **Mimik** werden die Bewegungen des Gesichtes bezeichnet. Als **Gestik** bezeichnet man Bewegungen der Arme und Hände, die zur Unterstützung der Sprache eingesetzt werden.

Der **bewusste Einsatz von Gestik, Mimik und Körpersprache** ist als Teil der gesellschaftlichen Sprache Bestandteil jeder menschlichen Kultur. In unterschiedlichen Gebieten der Erde haben ähnlich ausgeführte Gesten zum Teil eine vollkommen gegenteilige Bedeutung:

So bedeutet z.B.

- das Kopfnicken in Griechenland Ablehnung,
- der direkte Blickkontakt in islamischen Ländern eine Belästigung,
- das Abwinken mit der Handfläche nach unten in Afrika und Asien eine Einladung.

Körpersprache:
- ist kulturabhängig
- ist nicht immer steuerbar
- wird nur im Kontext richtig verstanden
- ist daher immer mehrdeutig!

Häufig entstehen Probleme im interkulturellen Austausch deswegen, weil wir den Bedeutungsgehalt von Gesten, Gebärden und Symbolen, die wir aus unserer eigenen Kultur kennen, auf die fremde übertragen. Das führt zu Missverständnissen. Wie verwirrt sind wir, wenn jemand ja sagt und dabei mit den Kopf schüttelt, oder nein, und dabei nickt, wie z.B. in Bulgarien.

Lächeln ist in keiner Kultur nur ein Ausdruck des körperlichen Wohlbefindens. Es ist besonders ausgeprägt im „Land des Lächelns". Das Lächeln ist dort verpflichtender und verbindlicher Ausdruck des sozialen Lebens, ein Gesetz der Etikette.

Unsere Körpersprache	
ohne Laute	Mimik, Gestik Bewegung Nähe/Distanz
mit Lauten	Sprechweise, emotionale Laute („ah", „oh" …)
äußere Erscheinung	Kleidung, Frisur

emotional: gefühlsmäßig

Die Körpersprache kann unsere Aussagen unterstreichen, das Verständnis erleichtern oder dem, was wir sagen, widersprechen. Der Eindruck, den die Körpersprache macht, ist mächtig. Unser Körper reagiert spontan. Da seine Botschaften nicht so leicht bewusst zu beherrschen sind wie die verbalen, haben sie besonderes Gewicht.

spontan: aus einem plötzlichen Impuls heraus, einem plötzlichen inneren Antrieb folgend

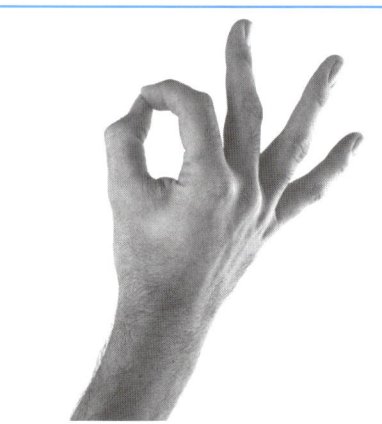

Missverständliche Geste: Die Geste am Foto bedeutet bei uns und in den USA „hervorragend, erstklassig, alles in Ordnung, o.k.". In Japan bedeutet diese Geste „Geld" und in Frankreich wird damit „nichts wert" signalisiert.

kongruent: deckungsgleich

Ein Beispiel für inkongruentes Verhalten ist Ironie (feiner, als Ernst getarnter Spott).

Stimmen die Worte mit den Signalen (Inhalt, Ton, Mimik, Gestik) überein, so wird die Kommunikation als **kongruent** bezeichnet. Damit erhöht sich die Qualität und Wirkung des Gesagten ganz erheblich. **Inkongruentes** Verhalten – also Widersprüche zwischen dem, **WAS** gesagt wird, und dem, **WIE** es gesagt wird – schränkt die Wirksamkeit ein. Nur bei einer Übereinstimmung sind wir überzeugend und glaubwürdig.

Praxisaufgaben

P 6:
Welche der folgenden Personen zeichnet sich durch kongruentes Verhalten aus?

a) „Dieses Geschenk ist die schönste Überraschung!" b) „Es tut eigentlich gar nicht weh." c) „Es tut mir leid, ich habe den Zug verpasst."

P 7:
Beobachten Sie die Übereinstimmung von verbalen (sprachlichen) und nonverbalen (nichtsprachlichen) Aussagen anderer Menschen im Alltag. Berichten Sie in der Klasse über Ihre Erfahrungen.

❺ Kommunikation und Rolle

komplementär: das andere ergänzend

> Axiom 5: „Zwischenmenschliche Kommunikationsabläufe sind entweder symmetrisch oder komplementär."

Beispiel für symmetrisches Verhalten: Beide Gesprächspartner beantworten eine ihnen gestellte Frage.

Verhalten ist **symmetrisch,** wenn es gleich ist. Die Beziehung zwischen zwei Gesprächspartnern ist ebenbürtig.

Ist das Verhalten zweier Gesprächspartner unterschiedlich, so wird es als **komplementär** bezeichnet.

Beispiel für asymmetrisches Verhalten: Ein Gesprächspartner fragt, der andere antwortet. Beide Kommunikationsabläufe ergänzen einander.

Sowohl symmetrische als auch komplementäre Kommunikationsabläufe sind wichtig und wirken zusammen, wenn auch abwechselnd. Viele komplementäre Beziehungen zwischen Menschen haben einen **gesellschaftlichen** oder **kulturellen** Hintergrund:

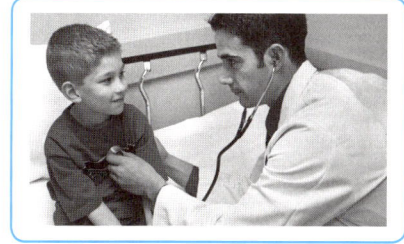

- Mutter – Kind
- Arzt – Patient

Die verschiedenen Rollen, die wir in unserem Leben einnehmen, stellen eine große Herausforderung an die Kommunikation dar. Eine Frau kann zum Beispiel gleichzeitig

Zu jeder **Position,** die ein Mensch einnimmt, gehören bestimmte Verhaltensweisen, die man vom Träger dieser Position erwartet.

- Tochter,
- Freundin,
- Ehefrau,
- Mutter,
- Nachbarin,
- Vorgesetzte und
- Politikerin sein.

Als **Rolle** bezeichnet man die zu einer Position gehörenden Aufgaben und Erwartungen.

Jede Rolle verlangt eine andere Art zu kommunizieren.

Sollte sie in einer Situation zwei Rollen gleichzeitig innehaben (Freundin und Vorgesetzte), so muss sie entscheiden, wie es der Situation angemessen ist (Rollenkonflikt).

Beachten Sie die **Sprachebene:**
- **Standardsprache** (kein Dialekt, Höflichkeit)
- Auf die **Wortwahl** achten: Vermeiden Sie Jugendjargon!
- Der Ton macht die Musik! Bleiben Sie freundlich!
- Halten Sie **Blickkontakt!**

Beachten Sie in Gesprächen mit Höhergestellten Sprachebene, Wortwahl und Tonfall. So wird es Ihnen gelingen, eine gute Beziehung zu Ihrem Gegenüber herzustellen, die für das Gelingen des Gesprächs unumgänglich ist.

Üben

Praxisaufgaben

Kongruenz erkennen

P 8:

Nehmen Sie eine Diskussionsrunde oder eine Talkshow im Fernsehen auf, um Mimik und Gestik der Teilnehmer/innen zu studieren. Schauen Sie sich die Aufnahme zweimal an; zuerst, ohne den Ton einzuschalten. Machen Sie sich Notizen zu den einzelnen teilnehmenden Personen. Wie wirken sie?

authentisch: echt

Wiederholen Sie das Ganze anschließend mit Ton. Sind die Teilnehmer/innen authentisch? Sind Wortmeldungen und Körpersprache kongruent?

Inhalt + Beziehung

P 9:

Wählen Sie ein unten angeführtes Thema und erzählen Sie einer Klassenkameradin oder einem Klassenkameraden von Ihren Erlebnissen. Notieren Sie anschließend in Stichworten, worüber Sie gesprochen haben. Überlegen Sie dann, ob Sie einem Lehrer die gleiche Geschichte erzählt hätten. Was würden Sie einem Fremden im Zug über Ihre Erlebnisse sagen? Welche Rolle spielt dabei die Beziehung?

Gesprächsthemen: „Das war mir aber peinlich!" – „Als ich zum ersten Mal allein verreiste." – „Mein erstes Date"

a) Ich habe mit meiner Klassenkameradin/meinem Klassenkameraden gesprochen über

Die Beziehung zu ihr/ihm

☐ ist ausgezeichnet   ☐ ist mittelmäßig   ☐ ist schlecht   ☐ existiert nicht

b) Meinem Lehrer würde ich erzählen

Die Beziehung zu ihm

☐ ist ausgezeichnet   ☐ ist mittelmäßig   ☐ ist schlecht   ☐ existiert nicht

analoge Kommunikation deuten lernen

P 10:
Notieren Sie, welche verschiedenen Bedeutungen die folgenden Äußerungen haben könnten:

aufschreien:

lächeln:

„hm":

lachen:

weinen:

gähnen:

schweigen:

Gruppenarbeit Körpersprache

P 11:
Sammeln Sie in der Gruppe körpersprachliche Signale, die die folgenden inneren Zustände ausdrücken. Denken Sie dabei an Situationen, in denen Sie selbst diese Gefühle empfinden:

Freude:

Angst:

Sympathie:

Nervosität:

Überraschung:

Unsicherheit:

Ablehnung:

Wut:

Bedeutung durch analoge Kommunikation verändern

P 12:
Lesen Sie die folgenden Sätze mit verschiedener Betonung:
„Wann treffen wir uns?"
„Was, den kennst du!"
„Haben Sie das gesehen?"
„Heute so, morgen so."
„Glauben Sie, dass das genügt?"
„Hat er das zu dir gesagt?"

Rolle

P 13:
Suchen Sie Beispiele für symmetrische und komplementäre Rollenverteilung im Alltagsleben.

P 14:
„Kommunikation gelingt dann am besten, wenn alle Beteiligten die an sie gerichteten Rollenerwartungen voll erfüllen." Beurteilen Sie diesen Satz kritisch im Hinblick auf die Beziehung zwischen Schülern und Lehrern.

Sichern

Sender	Person, die eine Information übermittelt
Empfänger	Person, die eine Information erhält
Einwegkommunikation	Informationen werden gesendet.
Zweiwegkommunikation	Informationen werden gesendet und Reaktionen werden zurückgesendet.
Grundgesetze der Kommunikation nach Paul Watzlawick	❶ Man kann nicht nicht kommunizieren. ❷ Jede Kommunikation hat einen Inhalts- und einen Beziehungsaspekt, wobei Letzterer den Ersteren bestimmt. ❸ Die Natur einer Beziehung ist durch die Interpunktion der Kommunikationsabläufe seitens der Partner bedingt. ❹ Menschliche Kommunikation bedient sich digitaler und analoger Modalitäten. ❺ Zwischenmenschliche Kommunikationsabläufe sind entweder symmetrisch oder komplementär.
digital	abstrakt, verbal
analog	bildhaft, nonverbal
Körpersprache	umfasst Mimik, Gestik, Bewegung, Sprechweise, emotionale Lautäußerungen, äußere Erscheinung
Mimik	Mienenspiel
Gestik	„Sprache" der Hände
symmetrisch	gleich
komplementär	unterschiedlich, ergänzend

Wissen

Wiederholungsfragen und Testaufgaben zu Lerneinheit 1

1. Was bedeuten die Begriffe Sender und Empfänger in der Kommunikation?
2. Erklären Sie den Unterschied zwischen Einweg- und Zweiwegkommunikation.
3. Nennen Sie Vor- und Nachteile von Einweg- und Zweiwegkommunikation.
4. Erklären Sie, warum es nicht möglich ist, nicht zu kommunizieren.
5. In welcher Weise beeinflusst eine gute Beziehung das Gesprächsverhalten?
6. Was trägt zu einer guten Beziehung bei?
7. Was ist ein Rollenkonflikt?
8. Was bedeutet „digitale Kommunikation" und welche Vorteile bietet sie?
9. Erklären Sie den Begriff „analoge Kommunikation" und erläutern Sie Möglichkeiten und Grenzen dieser Art des Kommunizierens.
10. Erklären Sie die Begriffe symmetrisch und komplementär in der Kommunikation.

SbX

Alle SbX-Inhalte zu dieser Lerneinheit finden Sie unter der ID: 1120.

Etwas wahrnehmen bedeutet bewusstes Aufnehmen von Information. Dazu benötigen wir unsere Sinne.

Lerneinheit 2
Selektive Wahrnehmung

Wir können unsere Aufmerksamkeit steigern und besonders offen sein. Wir können aber auch unsere Aufmerksamkeit auf ein bestimmtes Ziel richten und wie durch einen Filter ignorieren, was uns nicht interessiert. Selektive Wahrnehmung bedeutet, dass die wahrnehmende Person nie die ganze Wirklichkeit, die sie umgibt, aufnimmt, sondern sich unbewusst Ausschnitte auswählt. Diese Auswahl wird gesteuert durch Erlebnisse, Erfahrungen, Einstellungen, Interessen etc.

Sie lernen hier,
- welche Möglichkeiten der Wahrnehmung Sie zur Verfügung haben,
- Ihre eigene Wahrnehmung besser einzuschätzen,
- den Zusammenhang zwischen Wahrnehmung und Kommunikation kennen,
- wie Sie Feedback geben können, ohne verletzend zu sein und
- wie Sie durch passendes Feedback Ihre Kommunikation verändern können.

➜ Lernen

SbX   ID: 1121
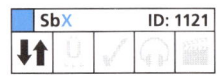

SbX

Im SbX finden Sie interessante Links zum Thema selektive Wahrnehmung unter der ID: 1121.

1 Wie kommunizieren wir?
Die Qualität unserer Wahrnehmung ist der Schlüssel zur Qualität unseres Handelns.

Wahrnehmung ist die wesentliche Fähigkeit, sich selbst und die Umwelt zu erkennen, um auf diese einzuwirken. Es ist ein Prozess, in dem uns unsere Sinne mit Informationen versorgen.

Der Gesichtssinn liefert mit Abstand die meisten Informationen. Durch die Erfindung der Sprache ist eine sehr wirkungsvolle Informationsweitergabe über den **Gehörsinn** möglich. Der **Berührungs- und Tastsinn** wird unter den heutigen Lebensbedingungen nicht annähernd ausgenutzt.

Kommunikation ist eine **sinnliche Erfahrung.**

Modus: Art, Weise, Maß

So wird die Grundlage zu unserer Orientierung in der Umwelt geschaffen. Eindrücke, Informationen und Gefühle werden über **6 Sinneskanäle** wahrgenommen und gesendet:

❶ Gesichtssinn (Sehen)
❷ Hörsinn
❸ Tastsinn/Bewegungsempfindung
❹ Geruchssinn
❺ Geschmackssinn
❻ Gleichgewichtssinn

Gesichtssinn

Wir sind einem ständigen Strom von Reizen aus der Umwelt ausgesetzt. Jedem Menschen stehen alle Sinneskanäle zur Verfügung. Je nach Situation herrscht ein bestimmter **Wahrnehmungsmodus** vor:

- Wir betrachten ein Foto.
- Wir riechen das Heu.
- Wir schmecken das Essen.
- Wir lassen den Sand durch die Finger rieseln.
- Wir fühlen Sympathie füreinander.

Praxisaufgabe Ⓟ

P 1:
Finden Sie weitere Beispiele für **sinnliche Sprache!**

Individuelle Veranlagung und die persönliche Umgebung jedes Menschen prägen seine Wahrnehmung und lassen ihn einen Wahrnehmungsmodus häufiger benutzen als andere. Über diesen nimmt er besonders gut auf.

Praxisaufgabe

pantomimisch: Darstellung nur durch Gebärden

Welchen Wahrnehmungsmodus bevorzugen Sie bei Ihrer Lernarbeit?

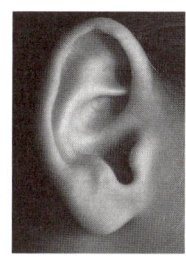

auditive Wahrnehmung (Ohren)

Beispiele für sinnlich-auditive Sprache:
„Das hört sich gut an."
„Darin stimmen wir überein."
„Böse Zungen behaupten ..."
„Meine innere Stimme sagt mir ..."
„Das klingt vielsagend."
„Ich höre wohl nicht recht."
„Bei mir hat's geklingelt!"

P 2:

Malen Sie Bilder mit Worten und Bewegungen!

Beschreiben Sie detailliert Ihr inneres Bild zu den folgenden Angaben. Schildern Sie auch Farben, Größen, Gerüche, Umgebungen und das Gefühl, das Sie dabei wahrnehmen. Stellen Sie einige Bilder anschließend pantomimisch dar:

a) ein Hund
b) ein Haus
c) ein Sonntagnachmittag
d) ein Auto
e) ein alter Mensch

Lerntypen

Wenn Sie sich selbst beobachten, können Sie feststellen, welcher Lerntyp Sie sind: Bevorzugen Sie das Sehen, das Hören oder das konkrete Handeln beim Lernen? Oder sind Sie ein Mischtyp, der mehrere Lernweisen anwendet?

Im Folgenden finden Sie eine Beschreibung und einige Tipps für **drei häufige Lerntypen.**

Ich bin ein auditiver Lerntyp

- Ich kann gehörte Informationen gut aufnehmen und wiedergeben.
- Ich merke mir Stoffinhalte, wenn ich den Erklärungen der Lehrkraft aufmerksam zuhöre.
- Ich bevorzuge Lehrkräfte mit einer klangvollen Stimme.
- Es hilft mir, wenn ich Inhalte in der Gruppe oder zu zweit bespreche.
- Ich lerne Vokabeln gut auswendig, wenn ich sie laut vorspreche.
- Geräusche aus der Umgebung stören mich beim Lernen.
- Manchmal führe ich beim Lernen Selbstgespräche.

Auditive Lerner/innen legen Wert auf genaue Formulierungen. Die Bedeutung der Wörter ist für sie wichtig. Sie haben Spaß am Lesen. Auch Sachbücher sind ihnen nicht zu kompliziert. Viele auditive Lernende entwickeln sich selbst zu guten Sprechern und Sprecherinnen.

Lerntipps

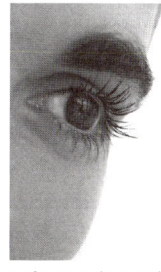

visuelle Wahrnehmung (Augen)

Beispiele für sinnlich-visuelle Sprache:
„Ich blicke voll durch."
„Das kann sich sehen lassen."
„Ich habe den Überblick verloren."
„Jetzt geht mir ein Licht auf!"
„Da sehe ich schwarz."
„Er hat keine klare Linie."
„Ich traue meinen Augen nicht."
„Das sind ja schöne Aussichten!"

> **Für auditive Lerntypen:**
> - Suchen Sie sich eine ruhige Umgebung zum Lernen.
> - Besprechen Sie Lernkassetten und hören Sie die Tonbandaufnahmen ab.
> - Sprechen Sie Wichtiges besonders laut.
> - Bitten Sie Freunde beim Wiederholen des Stoffes um Unterstützung durch gegenseitiges „Abfragen".

Ich bin ein visueller Lerntyp:

- Ich lerne beim Lesen von Information besonders gut.
- Ich verstehe Sachverhalte schnell, wenn sie durch Grafiken und Bilder veranschaulicht werden.
- Ich schreibe gerne Merksätze auf und verwende Textmarker und bunte Stifte zum Unterstreichen.
- Videofilme zum Thema nehme ich besonders gut auf.
- Themen, zu denen ich keine klare Vorstellung habe, verstehe ich nicht.
- Mind-Maps helfen mir beim Wiederholen von Lernstoff.
- Eine schöne und saubere Lernumgebung ist mir wichtig.
- Ich beobachte die Mimik und Gestik meines Lehrers während der Erklärungen.
- Die farbliche Zusammenstellung der Kleidung meiner Mitmenschen fällt mir auf.

Visuelle Lerner/innen verwenden gerne schriftliche Information, Diagramme und Bilder. Bei Präsentationen machen sie sich häufig Notizen während des Vortrags. Für sie ist es wichtig, bildhafte Vorstellungen zu Inhalten zu entwickeln. Sie können sehr effektiv alleine lernen. Ihre Stärke ist besonders die geschriebene Kommunikation.

kinästhetische Wahr-
nehmung (Gefühl und
Bewegung)

Kinästhesie: Sinn für
Körperbewegungen;
Koordinationssinn

taktil: den Tastsinn be-
treffend

Für visuelle Lerntypen:

● Strukturieren Sie Ihren Lernstoff.
● Zeichnen Sie Problemstellungen auf.
● Fassen Sie Inhalte eigenständig schriftlich zusammen.
● Suchen Sie „Eselsbrücken", um sich den Lernstoff zu merken.
● Lesen Sie zu Hause nochmals im Heft nach, was in der Schule besprochen wurde.

Ich bin ein kinästhetischer (taktiler) Lerntyp:

● Um zu lernen, muss ich unmittelbar beteiligt sein, „Learning by doing" ist für mich ganz wichtig.
● Ich will Themen erkunden und erarbeiten, z.B. in Workshops oder Projektwochen.
● Rollenspiele und Gruppenaktivitäten helfen mir beim Lernprozess.
● Eine gute Vertrauensbasis mit der Lehrkraft ist mir wichtig.
● Ich kann mich gut konzentrieren und lerne schneller, wenn ich mich gleichzeitig bewegen kann und z.B. im Zimmer auf und ab gehe.
● Musik im Hintergrund stört mich beim Lernen nicht.
● Ich brauche viele kurze Pausen, damit ich nicht ermüde.

Der kinästhetische Lerntyp erarbeitet sich Inhalte, indem er Handlungsabläufe nachahmt und selber durchführt. Er braucht Platz, Bewegung und will Dinge in die Hand nehmen, um sie zu „begreifen". Für Experimente ist er immer offen und will selbst etwas ausprobieren.

Lerntipps

Beispiele für sinnlich-
kinästhetische Sprache:
„Mir hüpft das Herz vor
Freude."
„Packen wir es an!"
„Das möchte ich aufgreifen."
„Ich fühl mich wohl in
meiner Haut."
„Mir dreht sich der Magen
um."
„Wo drückt der Schuh?"
„Reiß dich zusammen!"
„Du bist schwer von Begriff."

Für kinästhetische Lerntypen:

● Verschaffen Sie sich ausreichend Bewegung während des Lernens.
● Wiederholen Sie Vokabeln bei einem Spaziergang.
● Schreiben Sie Wichtiges mehrmals beim Lernen auf.
● Stellen Sie Wörter auch schauspielerisch dar.
● Nutzen Sie die Lernpausen, um etwas zu trinken.

Unser Gehirn besteht aus 2 unterschiedlichen Hälften:

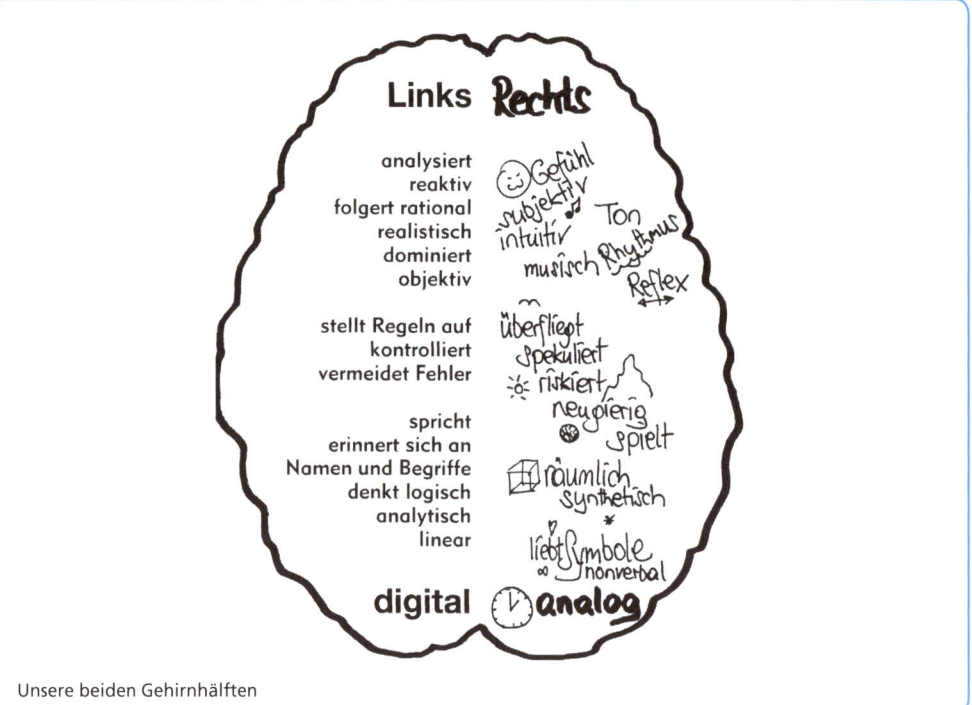

Unsere beiden Gehirnhälften

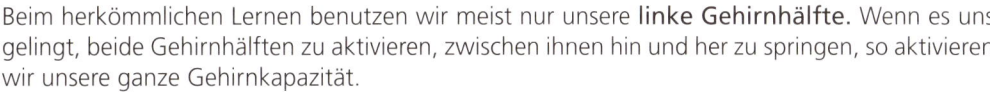

Kapazität:
Fassungsvermögen

Ihr Lernstoff ist wie
ein Puzzle, das Sie
zusammenfügen!

Beim herkömmlichen Lernen benutzen wir meist nur unsere **linke Gehirnhälfte.** Wenn es uns gelingt, beide Gehirnhälften zu aktivieren, zwischen ihnen hin und her zu springen, so aktivieren wir unsere ganze Gehirnkapazität.

Stellen Sie sich den Lernstoff als Puzzle vor, dessen Teile jemand ausgeschüttet hat. Sie möchten es zusammenfügen? Die linke Gehirnhälfte beginnt die Teilchen mit den geraden Rändern herauszusuchen und fügt ab und zu zwei zusammen, um den Rahmen zu stecken. Dann sucht sie sich weitere Anhaltspunkte. Die rechte Gehirnhälfte möchte das Bild vom Deckel der Schachtel sehen, damit sie eine Vorstellung davon bekommt, wo z.B. all die blauen Teile hingehören. Wenn nun beide Hälften zusammenarbeiten, schreitet der Lernprozess schnell voran.

Je mehr Lernwege genutzt werden, umso besser prägt sich der Lernstoff im Gedächtnis ein! Langeweile ist der Feind der Konzentration.

2 Subjektive Wahrnehmung
Unterschiedliche Sichtweisen

Sehen wir das Gleiche,
oder doch nicht?

> **Gleichnis vom Elefanten**
>
> Ein indischer Fürst ließ alle Blindgeborenen seines Landes zusammenführen und ließ ihnen zeigen, wie ein Elefant aussieht. Da standen nun die Blindgeborenen von Savatthi um den Elefanten herum und betasteten ihn, ein jeder, wo er gerade stand. Dann begab sich der König zu den Blindgeborenen und fragte sie: „Wie ist denn ein Elefant?"
>
> Und da sagten nun die einen:
>
> „Der Elefant ist wie ein Tragkessel." – So sprachen die, die den Kopf betastet hatten.
> „Der Elefant ist wie eine Schaufel." – So sagten die, die das Ohr des Elefanten betastet hatten.
> „Der Elefant ist wie eine Pflugschar." – So sagten die, die seinen Zahn betastet hatten.
> „Wie eine Stange am Pfluge ist der Elefant." – So sagten die, die seinen Rüssel betastet hatten.
> „Wie ein Pfeiler ist der Elefant." – Sie hatten sein Bein betastet.
> „Wie eine Keule ist der Elefant." – Sie hatten seinen Schwanz in die Hand genommen.
> „Wie ein Besen ist der Elefant." – So sprachen die, welche das Schwanzende befühlt hatten.
>
> Sie gerieten miteinander in Streit und jeder meinte, recht zu haben, denn er traute der eigenen Erfahrung.

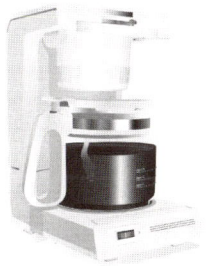

Wahrnehmen heißt
filtern!

selektiv: auswählend,
auf Auswahl, Auslese
beruhend

Da uns jede Alltagssituation mit einer unglaublichen Flut an optischen, akustischen und sonstigen Reizen überschwemmt, konstruiert unser Gehirn daraus im Prozess der **Wahrnehmung** einfache, praktisch verwertbare Erkenntnisse.

So erkennen wir z.B. im Urlaub trotz unterschiedlicher Lichtverhältnisse und Geräusche, trotz parkender und fahrender Autos und vieler Menschen die Straße unseres Hotels. Sehen wir in dieser Straße plötzlich eine Person aus unserem Heimatort, so tritt schlagartig diese Person für uns in den Vordergrund und Straße, Autos und fremde Menschen in den Hintergrund. Sie werden ausgeblendet. Dieser Vorgang wird **selektive Wahrnehmung** genannt.

Bei der Wahrnehmung handelt es sich also nicht um ein vollständiges Abbild der Realität, sondern um eine **aktive Auswahl aus der Datenflut.** Wir erzeugen unsere eigene Welt. Menschen filtern die gleiche Situation auf unterschiedliche Weise, je nachdem, wodurch das Interesse geweckt wird. Es könnte auch sein, dass der Blick auf einen Marktstand fällt, der die Aufmerksamkeit auf sich zieht. So wäre unser Bekannter/unsere Bekannte unbemerkt vorbeigegangen.

Jeder Mensch sieht die Welt
durch seine „persönliche Brille"!

Es kann sein, dass Ereignisse eintreten, die die ursprüngliche Ausrichtung der Wahrnehmung verändern. Ein Autofahrer, der einen Anruf auf dem Handy erhält, kann eine kritische Verkehrssituation „übersehen", da er vorübergehend seine Aufmerksamkeit auf ein anderes Ziel lenkt.

Die Bewertung beeinflusst
die Wahrnehmung.

Bild: M.C. Escher
Wir nehmen wahr, was wir
wahrnehmen wollen.

Intensität: Stärke,
innere Kraft

Wir verändern uns.
Genauso verändert sich
unsere Wahrnehmung.

Praxisaufgabe **P**

P 3 hilft Ihnen, Ihre
selektive Wahrnehmung
zu trainieren.

Feedback: englisch
Rückmeldung

Gutes Feedback ist
respektvoll und nicht
verletzend!

„Der Standpunkt macht
es nicht: Die Art macht
es, wie man ihn vertritt."
(Theodor Fontane,
deutscher Schriftsteller)

Eine wesentliche Komponente bei der selektiven Wahrnehmung ist **Zeitdruck**. Auch die **Tages-verfassung** und **Gefühle** wirken ein auf unseren Bezug zur Realität. Wir bewerten die gleiche Situation unterschiedlich. In die Bewertung des Wahrgenommenen fließen auch unsere **Einstellung** und **kulturelle Prägung** sowie unsere **Vorurteile**.

Menschen haben verschiedene Erfahrungen und verschiedene Ansichten. Unser **Blickwinkel** ist das, was uns interessiert. Wir sind geprägt durch Erziehung und unser kulturelles Umfeld. Auch unsere Erlebnisse und Gefühle sind Teil unseres Bezugssystems. Jeder Mensch hat sein eigenes Denkmuster und neigt dazu, Informationen diesem Denkmuster anzupassen.

Wenn wir eine Situation falsch, verzerrt, einseitig wahrnehmen, wenn wir einen wesentlichen Aspekt übersehen oder nicht „für wahr haben" wollen, wenn wir unseren Vorurteilen erlauben, unseren Blick auf die Realität zu verstellen, dann geht zwangsläufig auch unser Handeln an der Situation vorbei.

Wahrnehmung ist kein gleichbleibender Vorgang, sondern hängt von verschiedenen Faktoren ab.

Zum Beispiel:

- Auffälligkeit eines Reizes (ein bunter Fleck unter lauter dunklen)
- Häufigkeit eines Reizes
- Intensität eines Reizes (laut – leise)
- Veränderung eines Reizes (Bewegung)
- individuelle Aufmerksamkeit des Menschen
- Wünsche und Erwartungen (ich sehe, was ich sehen will)
- Gefühlslage (Ärger, Freude, Trauer …)
- körperlicher Zustand (Kopfweh, Müdigkeit …)
- Grundbedürfnisse (Hunger, Durst …)
- Empfangssituation (Lärm, entspannte Atmosphäre …)

P 3:
Blicken Sie Ihrer Banknachbarin oder Ihrem Banknachbar jetzt **NICHT** ins Gesicht. Konzentrieren Sie sich und versuchen Sie, ihre/seine Augen zu beschreiben. Welche Farbe haben sie? Wie sieht die Iris aus? Wie lang und wie dicht sind die Wimpern? Sie haben schon oft miteinander gesprochen und Blickkontakt gehabt. Haben Sie dabei die Augen bewusst wahrgenommen?

Betrachten Sie jetzt die Augen Ihres Partners/Ihrer Partnerin und erkennen Sie die individuellen Merkmale.

3 Das Feedback
Eine Chance – Spielregeln einhalten!

Feedback ist eine Mitteilung an eine Person, wie ihre Verhaltensweise von anderen wahrgenommen und erlebt wurde.

Feedback ist eine Orientierungshilfe. Wurde ich verstanden? Wie bin ich angekommen? In der zwischenmenschlichen Kommunikation bietet Feedback die Möglichkeit des Lernens. Im Berufsleben reduzieren Feedback und die Reflexion der Kommunikationsbedingungen Kommunikationsbarrieren und Kommunikationsstörungen.

Feedback läuft nicht nur verbal ab, sondern auch über die Körpersprache: Lächeln, Kopfnicken, Stirnrunzeln …

Wir geben Feedback, um unseren Mitmenschen unsere Realität der wahrgenommenen Situation aufzuzeigen. Ein Feedback ist somit weder wahr noch falsch, sondern eine subjektive Beschreibung und Bewertung einer Situation, eines Verhaltens usw.

Um einander Lernen zu ermöglich und Konflikte zu vermeiden, ist es ratsam, einiges zu beachten. Es geht nicht nur um das WAS (den Inhalt), sondern auch um das WIE.

Wie soll ich Feedback geben?

Sagen Sie, wann, wie und wozu Sie Feedback haben wollen. Übrigens ist Feedback kein Zwang, alles zu ändern.

persönlich, taktvoll, achtsam ...

- **In der Ich-Form:** eigene Reaktionen, Gefühle und Wahrnehmungen mitteilen

  Zum Beispiel: „Mir hat dein Beitrag gut gefallen." „Für mich war das zu leise."

- **aufbauend**

  Zum Beispiel: „Deine Strukturbilder haben mir geholfen, die Information besser zu verstehen. Ich hätte mir aber noch mehr gewünscht."

- **beschreibend:** nicht wertend, keine Interpretationen

  Zum Beispiel: „Du hast mich beim Reden nie angeschaut."

- **konkret:** für das Hier und Jetzt, nicht pauschal

  Zum Beispiel: „Diesmal hast du langsamer gesprochen. So konnte ich mir Notizen machen."

- **sofort**

  Zum Beispiel: je kürzer die Zeit zwischen dem betreffenden Verhalten und den Rückmeldungen, desto größer die Wirksamkeit

Das Geben von Feedback stellt ein Angebot dar. Die größte Kunst beim Feedback-Geben ist: Ich sagen einem Menschen, wie ich ihn sehe, ohne ihn dabei zu verletzen.

Praxisaufgabe Ⓟ

Beim Annehmen von Feedback befindet sich der Empfänger in einer passiven Rolle, ist also den Vorwürfen erst einmal hilflos ausgesetzt. Feedback ist aber auch eine Chance zu erfahren, wie man auf andere wirkt.

Ein guter Tipp: Bedanken Sie sich für das Feedback!

reversibel: umkehrbar

P 4:
Betrachten Sie das untenstehende Diagramm. Es enthält weitere Hinweise, die beim Formulieren einer Rückmeldung beachtet werden sollen. Überlegen Sie, was für Sie besonders bedeutsam ist. Heben Sie noch weitere vier Felder mit einem Textmarker hervor und begründen Sie Ihre Auswahl.

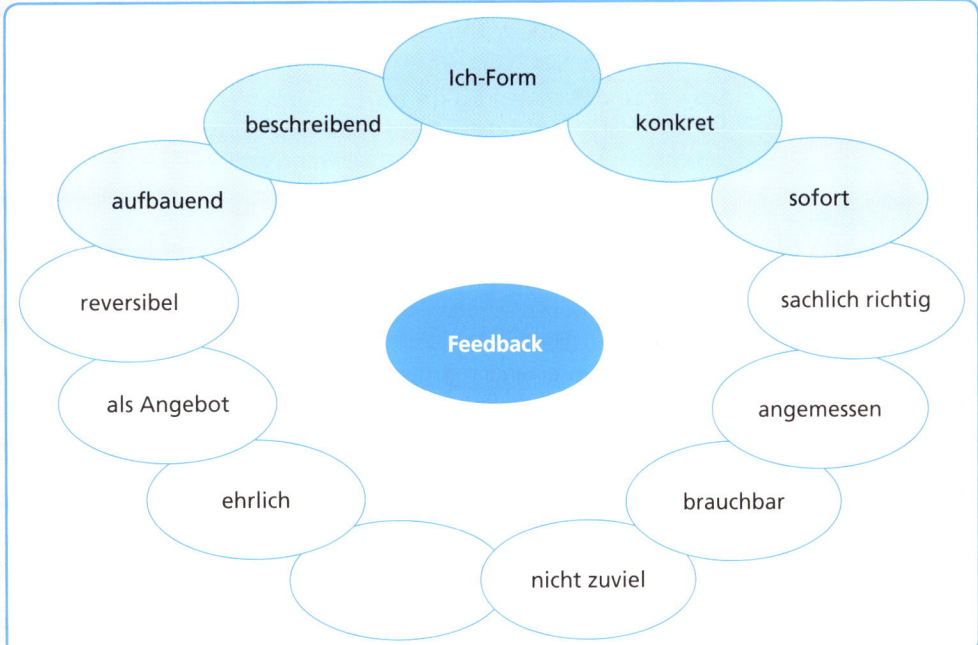

Für mich ist wichtig:

Wie nehme ich Feedback an?

relativieren: etwas in seiner Gültigkeit einschränken

● **schweigend:** zuhören und aussprechen lassen
Man kann nicht wissen, was der andere sagen will, bevor er es nicht zu Ende gesprochen hat.

● **ohne zu erklären oder zu relativieren**

● **als Herausforderung:** in Ruhe darüber nachdenken und wirken lassen
Feedback kann helfen, sich selbst besser kennenzulernen und sicherer im Auftreten zu werden. Es kann aber auch Stress bedeuten. Wenn etwas nicht verstanden wurde, bitten Sie um eine Konkretisierung.

Konkretisierung: Verdeutlichung, anschauliche Darlegung

● **dankend:** Ehrliches und achtsames Feedback ist ein Geschenk.

Üben

Praxisaufgaben

Partnerarbeit
Wahrnehmung
Sinne schärfen –
Modenschau

P 5:
Stellen oder setzen Sie sich paarweise gegenüber und betrachten Sie einander genau, nehmen Sie einander wahr. Trennen Sie sich anschließend und verändern Sie etwas an Ihrer Kleidung oder Ihrem Aussehen, z.B. könnten Sie eine Kette abnehmen oder unterschiedliche Schuhe anziehen ... Versuchen Sie, die Veränderung bei neuerlichem Gegenübertreten zu entdecken.

Gruppenarbeit

Variation:
Dieselbe Übung kann mit 2 Personen, die genau wahrnehmen, und einer Gruppe von ca. 10 Personen, die Veränderungen am Aussehen vornehmen, durchgeführt werden.

Partnerarbeit
Sinne schärfen –
Mimik beobachten

P 6:
Setzen Sie sich paarweise gegenüber. Stellen Sie einander einfache „Ja-Nein-Fragen" wie z.B. „Hast du ein Moped?", „Gehst du gern ins Kino?", „Kennst du meinen Freund X?"...

Beobachten Sie dabei alle körperlichen Reaktionen, die das „Ja" oder das „Nein" begleiten (Gesichtsfarbe, Blick, Stirn ...). Sobald Sie die Signale „gelernt" haben, wird nicht mehr verbal geantwortet, sondern die Antworten nur noch gedacht. Anschließend Rollentausch.

Auswertung: Konnten Sie die feinen Signale der Mimik erkennen? Haben Sie sie richtig interpretiert? Hat sich der/die Gesprächspartner/in immer kongruent verhalten? Ist es leichter, im Gesicht die richtige Antwort zu lesen, wenn wir einander schon gut kennen?

Sinne schärfen –
Hörprobe

P 7:
Hinter einem Sichtschutz werden Geräusche erzeugt. Notieren Sie wortlos, von welchen Gegenständen sie stammen.

Wahrnehmung –
Sprechende Hände

P 8:
2 Partner sitzen einander gegenüber. Während der Übung wird nicht gesprochen. Partner A erhält vom Lehrer verdeckt ein Kärtchen mit zwei Emotionen. Partner B schließt die Augen, A ergreift die linke Hand seines Gegenübers und versucht, nacheinander seinem Partner diese Gefühle allein durch Handberührungen zu vermitteln. B notiert, welche Gefühle wahrgenommen wurden. Anschließend Rollentausch.

Feedback

P 9:
Kreuzen Sie bei den folgenden Rückmeldungen jene an, die respektvoll und klar sind. Formulieren Sie die anderen um. Bedenken Sie dabei, was der Sprecher eigentlich erreichen will. Welche Rückmeldungen enthalten Wertungen oder Kritik?

Rückmeldungen zu P 9

☐ „Das hast du gut gemacht." – „Danke."
☐ „Ich habe dir gesagt, was bei dir alles nicht stimmt. Nun ändere dich gefälligst!"
☐ „Nuschle doch nicht immer so!"
☐ „Wenn du in diesem Ton mit mir sprichst, fühle ich mich wie ein kleines Kind."
☐ „Es hat mir viel Zeit erspart, dass du den Einkauf übernommen hast."
☐ „Du redest heute wieder mal nur Unsinn."
☐ „Du nervst einfach voll!"
☐ „Ich weiß nicht, ob du meine Frage verstanden hast."
☐ „Ich würde mir den Pullover nicht kaufen, aber dir passt die Farbe ganz gut."
☐ „Du bist heute aber schlecht drauf!"
☐ „Ich finde deine Idee gut, aber mir ist nicht klar, wie das funktionieren soll."
☐ „Alles nur Gerede!"
☐ „Das ist ja so fad."
☐ „Ich bin verärgert, dass du mich hängen lässt."
☐ „Was du sagst, stimmt nur teilweise."
☐ „Mein Gott, stell dich nicht so an!"
☐ „Ich bin froh, dass du mir sagst, was wirklich dahinter ist. So kann ich auch offen mit dir sein."
☐ „Ich kann nicht arbeiten, wenn ich erst alle Sachen wegräumen muss, die herumliegen. Das frustriert mich."
☐ „Du suchst dir immer nur Ausreden!"
☐ „So wie Sie das erklären, kennt sich kein Mensch aus!"

Sichern

Wahrnehmung	Wahrnehmung ist der Prozess der Aufnahme von Informationen über die Sinne.
Sinneskanäle	Der Mensch nimmt die Umwelt mit 6 Sinnen wahr: ❶ Gesichtssinn ❷ Gehörsinn ❸ Tastsinn ❹ Geruchssinn ❺ Geschmackssinn ❻ Gleichgewichtssinn
auditive Wahrnehmung	Wahrnehmung durch die Ohren
visuelle Wahrnehmung	Wahrnehmung durch die Augen
kinästhetische Wahrnehmung	Wahrnehmung durch Gefühl und durch Bewegung
selektive Wahrnehmung	Bei der **selektiven Wahrnehmung** werden nur bestimmte Aspekte der Umwelt wahrgenommen und andere ausgeblendet. Aus einer Vielzahl von Informationen werden unbewusst nur solche ausgewählt, die der Einstellung oder Absicht des Betrachters entsprechen.
Wahrnehmung	abhängig vom Reiz: ● Auffälligkeit, Häufigkeit, Intensität und Veränderung abhängig von der Person: ● individuelle Aufmerksamkeit, Wünsche und Erwartungen, Gefühlslage, körperlicher Zustand, Grundbedürfnisse, Empfangssituation
Feedback	ist eine Rückmeldung über die Wirkung

Feedback geben	● in Ich-Form
	● persönlich
	● achtsam
	● aufbauend
	● beschreibend
	● konkret
	● sofort
	● brauchbar
	● als Angebot

Feedback annehmen	● schweigend
	● als Herausforderung
	● dankend

Wissen

Wiederholungsfragen und Testaufgaben zu Lerneinheit 2

1. Erklären Sie den Begriff Wahrnehmung mit einem Beispiel.

2. Welche Sinne stehen den Menschen zur Verfügung?

3. Erklären Sie, warum nicht alle Sinne gleichwertig eingesetzt werden.

4. Nennen Sie ein Beispiel für eingeschränkte Wahrnehmung.

5. Was bedeutet kinästhetische Wahrnehmung?

6. Erklären Sie den Begriff selektive Wahrnehmung. Warum erleichtert sie uns das Leben? Wo liegt die Gefahr?

7. Von welchen Faktoren hängt unsere Wahrnehmung ab?

8. Was sollen Sie beachten, wenn Sie jemandem eine Rückmeldung geben?

SbX

Alle SbX-Inhalte zu dieser Lerneinheit finden Sie unter der ID: 1130.

Lerneinheit 3
Wirkung durch Körpersprache

Die Sprache des Körpers ist direkter Ausdruck der Persönlichkeit eines Menschen. Jeder Mensch ist einmalig und unverwechselbar und hat damit auch eine ganz eigene Körpersprache. Einige körpersprachliche Zeichen sind allgemein verständlich, andere können wir erst verstehen, wenn wir mehr über unser Gegenüber wissen.

Körpersprache wird auch als nonverbale Kommunikation bezeichnet.

Der Informationsfluss der nonverbalen Kommunikation verläuft über die Kanäle unserer Sinne. Ein Großteil der Informationen wird unbewusst aufgenommen. Neben den visuell wahrgenommenen Informationen – ihnen wird in der nonverbalen Kommunikation ein hoher Stellenwert beigemessen (Mimik und Gestik) – haben auch die übrigen Sinne eine enorme Bedeutung für das durch nonverbale Kommunikation gesteuerte Verhalten.

Bewusste nonverbale Kommunikation bezieht sich auf den verbalen Inhalt und ergänzt oder ersetzt diesen.

Durch bewussten Einsatz von Mimik und Gestik verstärken und steuern wir die Wirkung unserer Sprache.

Sie lernen hier

- **Wesentliches über Mimik, Gestik und Bewegung,**
- **wie Körpersprache unser Verhalten beeinflusst,**
- **den Zusammenhang zwischen Körperhaltung und Stimmung kennen und**
- **worauf Sie bei Kleidung und Körperpflege achten sollen.**

 **Lernen**

SbX ID: 1131

1 Mimik
Ein Lächeln wirkt Wunder.

Das Mienenspiel wird als **Mimik** bezeichnet. Die Mimik zeigt unsere **Grundstimmung** an. Wenn wir uns freuen, zeigen wir einen typischen Gesichtsausdruck, ebenso wenn wir uns ärgern, uns ekeln oder traurig sind. Diese Gefühlsregungen spiegeln sich oft in minimalen Veränderungen des Gesichts wider.

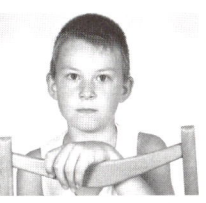

Von den 26 **Gesichtsmuskeln** des Menschen sind 11 für die **Mimik** verantwortlich.

„Wir haben keinen Dialog gebraucht, wir hatten Gesichter." (Billy Wilder, amerikanischer Filmregisseur österreichischer Herkunft)

Die Signale der Mimik, ausgedrückt durch Augen, Mund und Gesichtsmuskeln, sind mehrdeutig und müssen in der Gesamtsituation interpretiert werden.

Sie haben große Wirkung und lassen uns sympathisch oder unsympathisch wirken.

Es ist schwierig, die Gesichtsmuskeln zu kontrollieren. Mimikforscher haben mittlerweile herausgefunden, dass die obere Gesichtshälfte unterdrückte Emotionen zeigen kann. Anders als die untere Gesichtshälfte kann man sie nämlich nicht so gut bewusst steuern.

Wenn wir vermeiden wollen, dass negative Werturteile über unsere Mimik zum Ausdruck kommen, müssen wir versuchen, die Einstellung zu ändern, nicht die Mimik zu beeinflussen. Denn eine positive Einstellung führt auch zu einem positiven Ausdrucksverhalten.

Entspannen Sie so oft wie möglich Mund- und Kinnpartie, denn häufig wirken wir abweisend, wenn wir konzentriert sind. Eine freundliche Mimik erleichtert jedes Gespräch.

Unsere Einstellung kommt in der Mimik zum Ausdruck. Was wir denken, steht uns auf der Stirn geschrieben.

Blickkontakt signalisiert Offenheit und Zuwendung. So fühlen sich Ihre Gesprächspartner ernst genommen und Sie können erkennen, ob Ihr Gegenüber versteht, was Sie sagen.

Unsere Mimik und unsere Laune beeinflussen einander wechselseitig. Das bedeutet: Sind wir fröhlich, lachen wir. Und setzen wir ein Lachen auf, verbessert sich auch automatisch unsere Stimmung – zumindest bis zu einem gewissen Grad. Bei anderen Grundstimmungen wie Ekel, Trauer, Angst, Überraschung und Wut funktioniert das genauso. Die Gesichter, die wir dabei ziehen, haben alle eine biologische Ursache: Wenn wir uns ekeln, rümpfen wir die Nase und versuchen dadurch, schlechten Geruch nicht einzuatmen.

Unsere Körpersprache beeinflusst unser Verhalten!

P Praxisaufgaben

P 1:

Dass es einen Zusammenhang zwischen Muskelbewegung und innerem Gefühl gibt, macht ein Selbstversuch deutlich: Ziehen Sie die Augenbrauen hoch und versuchen Sie jetzt aggressiv zu sein. Das ist kaum möglich, man wirkt eher komisch. Wenn Sie aber die Augenbrauen zusammenziehen, klappt es mit der Aggression. Eine Körperbewegung kann Gefühle blockieren, aber sie kann sie auch erzeugen. Und sie kann auf andere Personen als Reiz wirken, noch bevor wir uns dessen bewusst sind.

P 2:

Beobachten Sie sich einmal im Spiegel und versuchen Sie zu analysieren, wie Ihre Mimik wirkt. Holen Sie dazu auch die Rückmeldung von Bekannten ein. Wirken Sie so, wie Sie wirken wollen?

P 3:

So verbessern Sie Ihre Laune: Halten Sie einen Stift mit den Zähnen fest, ohne ihn mit den Lippen zu berühren. Das beansprucht die Gesichtsmuskulatur ähnlich wie Lächeln oder Lachen und führt zu einer Hormonausschüttung im Gehirn, die tatsächlich die Laune verbessert. Das ist wissenschaftlich nachweisbar.

P 4:

Betrachten Sie die untenstehenden Fotos: Versuchen Sie die Mimik zu deuten und die Gefühle der Personen zu erkennen.

Foto zu **P 3**

2 Gestik
Was Sie meinen, „liegt auf der Hand".

Als **Gestik** werden die kommunikativen Bewegungen insbesondere der Arme und Hände bezeichnet. Unsere Gestik kann unsere Sprache ersetzen, begleiten und unterstützen.

Gesten sind Bewegungen der Arme und Hände. Sie können Sprache begleiten oder ersetzen.

Der Körper ist niemals stumm. Gesten wirken unmittelbar. Sie helfen, Sachverhalte besser zu erklären und zu verstehen. Sie übermitteln zusätzlich zur Sprache ein **optisches Signal**. Gesten erlauben uns aber auch Verständigung ohne Sprache, z.B. bei großer Distanz zwischen den Gesprächspartnerinnen oder Gesprächspartnern. Gestik kann unsere Glaubwürdigkeit unterstreichen. Sie ist stimmig, wenn sie spontan von innen kommt.

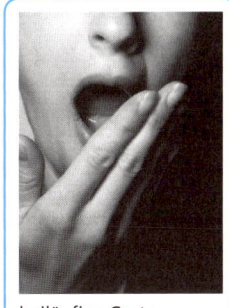

beiläufige Geste

Die **Sprache der Hände** ist verschieden – je nach Nationalität, Persönlichkeit und Anlass.

Gesten können der bewussten Kommunikation dienen:

Arten von Gesten	Funktion	Beispiele
standardisierte und schematische Gesten	Handzeichen ersetzen Wörter und Wortgruppen.	„essen", „schlafen", „Nein", „Komm her!" Begrüßung Hinzeigen auf etwas
symbolische Gesten	Handzeichen ersetzen Stimmungen, Gedanken und Bewertungen.	Daumen drücken, „Super" kulturell unterschiedlich
Gesten verschiedener Berufsgruppen	spezielle Handzeichen	z.B. Börsenmakler, Flugplatzlotsen
kodierte Gesten	Handzeichen als eigene Sprache	Gebärdensprache

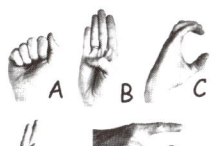

Die **Gebärdensprache** besteht aus Finger- und Handzeichen.

- **Beiläufige Gesten** sind Handlungen mit unbeabsichtigter Aussagekraft, z.B. sich kratzen, husten, gähnen, Glieder strecken, essen usw. All dies kann einem Beobachter Informationen über unsere Stimmung und unser Befinden übermitteln.

Während z.B. in Italien die Menschen sprichwörtlich „mit Händen und Füßen" reden, sind Mitteleuropäer mit diesem Ausdrucksmittel sehr viel zurückhaltender.

- **Redegesten,** die Sprache nur begleiten, sind individuell und von Persönlichkeit und Kulturkreis der Gesprächspartner/innen abhängig.

Es hängt sehr stark von Ihrer persönlichen Art, von Ihrem Temperament ab, inwieweit Ihre Hände unterstreichen und verdeutlichen.

gestikulieren: Gesten machen, mit Händen und Füßen reden

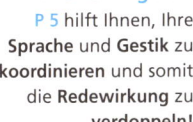

Praxisaufgabe P 5 hilft Ihnen, Ihre **Sprache** und **Gestik** zu **koordinieren** und somit die **Redewirkung** zu **verdoppeln!**

P 5:
Beschreiben Sie ein imaginäres Bild oder eine Szenerie **gleichzeitig** mit Worten und Händen.

Zum Beispiel: „Ich hätte gern einen großen Ball von einem Meter Durchmesser." Gleichzeitig beschreiben Sie einen großen Kreis mit den Händen.

Es mag faszinierend sein, ein „Wörterbuch der Körpersprache" zu lesen. In vielen Büchern werden Deutungen der körpersprachlichen Signale angeboten. Doch Vorsicht:

Bis heute konnte niemand eindeutig den Beweis erbringen, dass bestimmte Gesten (z.B. das Verschränken der Arme) auch eine ganz bestimmte Bedeutung haben. Sicher ist nur: Jede Geste wirkt. Die Frage ist dabei: Wirkt sie so, wie ich möchte, dass sie wirkt?

Halten Sie sich aufrecht! Beeinflussen Sie sich selbst!

3 Körperhaltung und Bewegung
„Der Körper ist der Übersetzer der Seele ins Sichtbare."
(Christian Morgenstern)

> Körper, Sinne und Seele sind immer in Bewegung.
> Bewegung bedeutet Leben – innerhalb und außerhalb des Körpers.

Haben Sie sich schon einmal beobachtet, wenn Sie in Hochstimmung sind? Ihr Körper strafft sich. Sie gehen erhobenen Hauptes umher und möchten die Welt umarmen. Sie strahlen die Mitmenschen an und Energie aus. Ganz anders eine Person mit „gedrückter" Stimmung.

Praxisaufgabe Ⓟ

P 6:

Formulieren Sie einen negativen Gedanken, z.B. „Heute wird mir die Lernarbeit zu viel." Fühlen Sie sich ein. Was ändert sich an Ihrer Haltung, den Schultern, dem Oberkörper, den Schritten?

Denken Sie weiterhin an die viele Arbeit. Aber nehmen Sie jetzt bewusst eine aufrechte Haltung ein. Heben Sie den Kopf und halten Sie die Hände in Körpermitte. Jetzt können Sie den Schwierigkeiten mit mehr Distanz begegnen. Die veränderte Haltung führt zu veränderter Vorgehensweise.

❗

Achten Sie beim Reden auf eine gerade, aber lockere Körperhaltung. Verlagern Sie das Gewicht auf beide Beine. So haben Sie einen guten Stand. Wenn Sie die Arme offen an der Seite hängen lassen, können Sie sie jederzeit für Gestik einsetzen.

Die Körperhaltung sowie die räumliche Relation zwischen den Personen bestimmen die Intimität, die Zuneigung, den Status und die Macht zweier Gesprächspartner. Körperhaltung und räumliche Distanz können nicht unabhängig voneinander betrachtet werden, da sie in Verbindung miteinander Absichtscharakter haben – Körperbewegungen sind meist intentionale Bewegungen.

Abstand halten

Um die angemessene Distanz zu wahren, müssen wir einander mit viel Taktgefühl begegnen, denn wir lassen nicht jeden gleich nahe an uns heran. Es ist wichtig, dass **Raumansprüche** akzeptiert werden.

Tipp: Achten Sie immer auf die passende Distanz! Zu große Nähe wirkt oft aufdringlich und zu weite Distanz kann überheblich wirken!

Menschen achten in der Regel sorgfältig auf einen angemessenen Abstand zum Nachbarn. In einem Restaurant mit leeren Tischen wählt man nicht den Tisch, an dem schon andere Personen sitzen. Man bleibt auf Distanz. Dabei handelt es sich immer um das Bedürfnis nach einem Schutzraum, um den Wunsch nach einem eigenen Platz. Diesen Bereich verteidigen wir mit unbewussten Signalen.

Niemand schätzt es, wenn jemand unerlaubt in seine private Zone eindringt. Die meisten Menschen reagieren darauf mit körperlichem Rückzug und schaffen so wieder Abstand: Man geht weg oder wendet sich ab. Manche drücken ihr Unbehagen auch durch Signale aus: Finger trommeln oder Beine in eine andere Richtung übereinanderschlagen. Diese nonverbalen Zeichen werden vielfach benützt, um mitzuteilen, dass man sich gestört fühlt.

Wenn Sie merken, dass Ihr Gesprächspartner zurückweicht, so sind Sie ihm zu nahe gekommen. Beachten Sie die Gefühle Ihres Gesprächspartners und halten Sie den Abstand, der für Sie beide angenehm ist.

Wir unterscheiden:

- **Intime Distanz (0–60 cm):** So nahe dürfen uns nur Eltern, Geschwister und gute Freundinnen und Freunde kommen. Sind wir gezwungen, aus Raumnot (z.B. im Fahrstuhl) in diese Nahzone von Unbekannten einzudringen, so vermeiden wir Blickkontakt, um Abstand zu halten.
- **Persönliche Distanz (60–120 cm):** In diesem Bereich werden Gespräche geführt und Hände geschüttelt.
- **Gesellschaftliche Distanz (ab 120 cm):** beim Kontakt mit Ranghöheren, Unbekannten oder Geschäftspartnern.
- **Öffentliche Distanz (ab 400 cm):** Je höher der soziale Status einer Person, desto größer ist die ihm zugestandene Zone. Dieser Abstand ist aber auch wichtig für Einzelpersonen, die größeren Menschengruppen gegenübertreten, wie z. B. bei Veranstaltungen zwischen Redner und Publikum.

SbX

Weiterführende Informationen zum Thema Körpersprache finden Sie in der Linkliste im SbX unter der ID: 1131.

4 Äußere Erscheinung
Der erste Eindruck kann entscheidend sein.

Der Mensch wird meist nach seinem Äußerem und seinem Auftreten beurteilt. Welchen Eindruck Sie auf andere Menschen machen, entscheidet sich bereits innerhalb der ersten drei bis fünf Sekunden.

Eine Untersuchung zeigt, dass wir zu 55% von Kleidung und Körpersprache beeindruckt sind und nur zu 7% von Inhalten. 38% machen Tonlage und Stimme aus.

Unsere Gesamterscheinung hat eine **Signalfunktion:**

Menschen aller Kulturkreise schmücken, bemalen und kleiden sich. So machen sie auf sich aufmerksam oder dokumentieren die Zugehörigkeit zu einer bestimmten Gruppe. Sie „äußern" sich.

Jede Gemeinschaft hat einen **Kleidungscode,** manchmal auch eine bestimmte Haartracht. Kleidung muss zum Anlass passen: Schuluniformen, Nationaltracht, Abendkleidung, Faschingskostüm ...

Freizeitkleidung bringt Ihren individuellen Stil zu Geltung, locker, lässig, sportlich, bequem, farbenfroh oder etwas verrückt.

Kleidung kann als Signal auch missverstanden werden. So kann es zu sehr unangenehmen Erfahrungen in fremden Kulturen führen. Praktische, informelle Kleidung (wie z.B. Shorts bei Männern oder ärmellose Tops bei Frauen) wird in manchen Ländern außerhalb des Strandes als ungehörig oder gar unhöflich empfunden.

Es ist vielfach belegt: Kleider machen Leute!

> Wir haben keine zweite Chance, einen guten ersten Eindruck zu machen!

> **overdressed:** für den Anlass zu festlich oder förmlich gekleidet
> **underdressed:** für die Veranstaltung zu wenig festlich gekleidet

Auch im **Berufsleben,** besonders wenn man mit vielen Menschen zu tun hat, ist es wichtig, die richtigen Signale zu setzen.

Hilfreich ist, Kollegen und Mitarbeiter der Firma zu beobachten und sich anzupassen. Zurückhaltung bei Farben und Accessoires, außer in der Mode- und Werbebranche, gilt in fast allen Berufen.

Ordentliche Kleidung beim **Vorstellungsgespräch** signalisiert dem Interviewer Professionalität und Achtung vor der Firma.

Passend gekleidet sind Sie, wenn Sie folgende Regeln beachten:
- Wählen Sie etwas aus, das zu Ihrer Person passt.
- Achten Sie darauf, dass alle Kleidungsstücke in tadellos sauberem und heilem Zustand sind.
- Die Farben der Kleidungsstücke sollten dezent sein.
- Die Schuhe sollten geputzt sein und keine hohen Absätze haben.
- Für Mädchen eignen sich: Kleid, Rock (nicht zu kurz), Hose oder Kostüm, Bluse ohne zu tiefen Ausschnitt, Strümpfe
- Für Burschen: Hemd, (evtl. Krawatte), Jackett und frisch gebügelte Hose

Das bewährt sich nicht:
- Neonfarben, grelle Farben
- Mustermix
- alles zu Auffällige/Aufdringliche (zu viel Schmuck, Parfüm/Aftershave ...)
- bauchfreie Shirts
- sichtbare String-Tangas
- Hosen, die beim Beugen Körperteile entblößen, die verdeckt gehören

Achten Sie auf tägliche Körperpflege, Mundhygiene und gewaschene Haare. Auch Körpergerüche (z.B. nach dem Verzehr von Knoblauch) werden von Ihren Mitmenschen wahrgenommen, aber nicht immer lösen sie positive Empfindungen aus.

> **Berufskleidung** soll dem Firmenimage entsprechen. Was man täglich anzieht, soll auf die Aufgaben im beruflichen Tätigkeitsbereich zugeschnitten sein.

> Sie haben bestimmt schon die Erfahrung gemacht, dass ein gepflegter Körper, saubere Kleidung und ein „ansprechendes" Äußeres Sie als Gesprächspartner attraktiv machen und viel zu Ihrem Erfolg beitragen.

 **Üben**

Praxisaufgaben

Gruppenarbeit
Mimik

P 7:

Bilden Sie Gruppen zu je 4 oder 5 Personen. Bringen Sie der Reihe nach verschiedene Gefühle mimisch zum Ausdruck: Freude, Überraschung, Liebe, Ärger, Langeweile, Schmerz, etc.

Partnerarbeit
Gestik

P 8:

Versuchen Sie, folgende Aussagen einem Klassenkameraden oder einer Klassenkameradin durch Körpersprache mitzuteilen:

„Komm her!"
„Geh weg!"
„Willst du das auch kosten?"
„Ich habe zu viel gegessen."
„Fass das nicht an!"
„Hier fühle ich mich wohl."
„Das schmeckt bitter."
„Wie langweilig!"
„Beruhige dich!"
„Weiß ich nicht."

P 9:

Erraten Sie eine Speise, die pantomimisch gegessen wird:

Alle Teilnehmer/innen sitzen im Kreis, jeder hat einen Zettel gezogen. Auf diesem Zettel steht eine Speise. Durch charakteristische Essbewegungen sollen die anderen erraten, um welche Speise es sich handelt (z.B. Spaghetti, Pfirsich …).

Bewegung

P 10:

Spielen Sie die folgenden Situationen vor:

- Sie stehen an einer Mauer (einem Geländer) und beobachten Passanten.
- Sie stellen sich bei einer Firma vor und haben Ihre Unterlagen unter dem Arm.
- Sie gehen zu einer Veranstaltung. Es ist schon spät. Sie wollen rechtzeitig dort sein.
- Sie sind nach einem Wandertag auf dem Heimweg. Sie sind schon müde.

 **Sichern**

Signale der Mimik
werden ausgedrückt durch Augen, Mund und Gesichtsmuskeln. Sie können nur schwer kontrolliert werden. Mimik ist eng verknüpft mit unseren Gefühlen.

Freundliche Mimik
wird erreicht durch eine positive innere Einstellung.

Gesten
können Sprache ersetzen, begleiten oder werden unbewusst ausgeführt.

- standardisierte Gesten (ersetzen Wortgruppen)
- symbolische Gesten (übermitteln Gedanken und Bewertungen)
- Gesten verschiedener Berufsgruppen (übermitteln Informationen)
- Gebärdensprache

Körperhaltung und Bewegung
verraten unsere Stimmung.

Distanzzonen

- **Intimabstand (0–60 cm):** Familienmitglieder und gute Freunde
- **persönlicher Abstand (60–120 cm):** Bekannte, Kollegen, Nachbarn
- **gesellschaftlicher Abstand (120–400 cm):** Vorgesetzte, Unbekannte …
- **öffentlicher Abstand (400 cm +):** Einzelpersonen und Gruppen bei Vorträgen, Veranstaltungen usw. im öffentlichen Raum

Kleidung und Äußeres

- sind kulturell unterschiedlich
- Kleidung muss zum Anlass passen.
- Berufskleidung ist abhängig von beruflicher Position und Tätigkeit.
- Ein gepflegtes Äußeres und saubere Kleidung sind wesentlich für erfolgreichen Umgang mit Mitmenschen.

Wissen

Wiederholungsfragen und Testaufgabe zu Lerneinheit 3

1. Was drückt Mimik aus?

2. Warum ist Mimik schwer zu kontrollieren?

3. Beschreiben Sie körperliche Veränderungen bei verschiedenen Stimmungslagen:
   a) positive Überraschung
   b) Müdigkeit
   c) Angst

4. Nennen Sie verschiedenen Arten von Gesten und ihren Einsatz.

5. Welche körperlichen Merkmale zeigt eine energiegeladene Person?

6. Warum ist in angemessener Weise „Abstand halten" wichtig bei Gesprächen?

7. Welche „Raumzonen" werden unterschieden?

8. Worauf sollen Sie beim Vorstellungsgespräch achten?

Lerneinheit 4
Stimme macht Stimmung

SbX

Alle SbX-Inhalte
zu dieser Lerneinheit
finden Sie unter der
ID: 1140.

Erfolg bei Kontakten und Beziehungen hängt auch von einer bewusst eingesetzten Stimme ab. Denn ob Sympathie und Vertrauen entstehen, ob andere begeistert sind oder sich überzeugen lassen, entscheidet sich oft schon nach wenigen Sätzen.

„Der Ton macht die Musik." Wir alle haben ein feines Gespür. Aber tun wir auch etwas für die optimale Wirkung unserer Stimme?

Der bewusste Umgang mit der Stimme wirkt sich nicht nur positiv auf unsere Gesprächspartner aus, sondern auch auf uns selbst. Die Atmung vertieft sich, die Haltung wird aufrechter, wir agieren gelassener. Wir strahlen Wärme und Verbindlichkeit aus.

Sie lernen hier,
- welche Organe an der Stimmbildung beteiligt sind,
- was durch unsere Stimme vermittelt wird,
- welche Rolle Atmung und Haltung spielen,
- wie Sie besser und tiefer atmen,
- wie Sie den Klang Ihrer Stimme verbessern können und
- wie sich gute Artikulation auswirkt.

Lernen

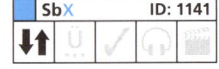
SbX   ID: 1141

1 Hintergrundwissen zur Stimme
Das Ausatmen ist der Ursprung jeden Tons.

Ihre **Indifferenzlage,** also Ihre günstigste Stimmlage, können Sie herausfinden, indem Sie locker auf „hm" vor sich hin brummen. Beim ökonomischen Sprechen pendeln Sie um Ihre Indifferenzlage.

Unsere Stimme entsteht in einem komplexen System, zu dem mehrere Körperpartien gehören: Nasen-, Mund- und Rachenraum ebenso wie Lunge und Zwerchfell. Durch das Ausatmen von Luft und die Spannung der Stimmlippen (und Stimmbänder), die im Kehlkopf sitzen, entsteht ein Ton.

resonare: widerhallen, ertönen

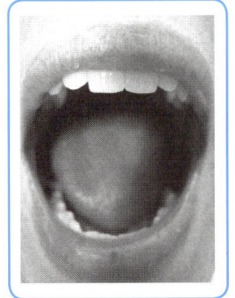

Nach dem Einatmen ziehen sich Bauch- und Zwerchfellmuskulatur zusammen und drücken die ausgeatmete Luft gegen die elastischen Stimmlippen. Dadurch werden diese in Schwingung versetzt. Der Kehlkopfklang entsteht, unsere hörbare, individuelle „Visitenkarte".

Beim normalen Atmen sind die Stimmlippen entspannt, damit die Luft ungehindert ein- und ausströmen kann. Soll ein Ton erzeugt werden, werden die Stimmlippen angespannt. Die Höhe des Grundtons hängt von der Länge und Dicke der Stimmlippen ab. Je kürzer und schmäler die Stimmlippen sind, je schneller die Schwingungen sind, desto höher ist die Stimme.

Unsere Stimme ist Ausdruck der eigenen Befindlichkeit und Stimmung.

Stimmtraining ist Persönlichkeitsbildung. Das Ergebnis der Arbeit an der Stimme ist Lebensfreude und Kontakt zu sich selbst, sowie zu den anderen.

Jeder hat einen bestimmten Stimmumfang zur Verfügung, welcher vom höchsten und vom tiefsten Ton abgegrenzt ist. Die günstigste Stimmlage liegt im unteren Drittel des individuellen Stimmumfangs (= Indifferenzlage).

Die Klangfarbe der Stimme wird gebildet und verstärkt durch die **Resonanzräume** – Mund- und Nasenhöhle sowie Rachenraum. In einem unverkrampften Körper schwingen sämtliche Knochen mit. Das kann man vor allem bei Babys beobachten.

Fehlt unserem Körper Spannung, so fehlt diese auch den Stimmlippen. Zurückhaltung im (Atem-)Ausdruck lässt unsere Stimme tiefer, gehaucht und dadurch undeutlicher werden. Ganz anders, wenn wir guter Laune sind – wir atmen tiefer ein und aus. Unsere Stimme klingt klarer, lauter und kräftiger. So vermittelt auch unsere Stimme Emotionen.

Praxisaufgaben

P 1:
Beobachten Sie, wie sich Ihre Stimme verändert, je nachdem, ob Sie gestresst sind oder ob Sie entspannt sind.

P 2:
Variieren Sie Ihre Stimme und spielen Sie mit Emotionen, indem Sie abwechselnd die Wörter „Ja" und „Nein" sprechen – laut, leise, kräftig, kurz, lang etc.

Spüren Sie Ihre Gefühle dabei und beobachten Sie die Wirkung. Welche Attribute könnte man der Stimme zuordnen (erfreut, nachdenklich, begeistert, mürrisch, aggressiv, freundlich, hilf-los ...)? Bei welcher Stimmung geht die Tonlage hinauf, bei welcher hinunter?

Versuchen Sie, die verschiedenen Stimmqualitäten nun mit Sätzen, die Ihnen spontan einfallen, auszudrücken.

Attribut:
charakteristisches Merkmal

Vermeiden Sie Dialekt in beruflichen Situationen. Regionale Sprechgewohnheiten wirken sich auch auf die Lautbildung der Hochsprache aus. Bedenken Sie, dass es unter Umständen Menschen gibt, die Sie nicht verstehen, wenn Sie Dialekt sprechen.

2 Die Haltung
Hinter dem stehen, was man sagt

Eine falsche Haltung führt nebenbei zu Verspannungen und Fehlbelastungen, die auf Dauer die Bewegungsfreiheit einschränken können.

Eine gute Grundhaltung sorgt für eine funktionierende Atmung und somit für eine natürliche, klangvolle Stimme.

Betrachten Sie die untenstehende Grafik und erkennen Sie die Auswirkungen von Fehlhaltungen auf unser Atemvolumen und auf die Qualität unserer Stimme. Durch einen verspannten Nacken oder einen runden Rücken wird der Kehlkopf belastet.

❶ Durchgestreckte Knie bewirken eine ungünstige Dauerspannung im Körper.

❷ Aufrechte Haltung sorgt für optimale Stimmfunktion.

❸ Ihre Bewegungen sollen von einem ständigen Anspannen und Entspannen gekennzeichnet sein. So wird auch Ihre Stimme beweglich.

Die nebenstehende Grafik zeigt unterschiedliche Fehlhaltungen und die Auswirkungen dieser auf die Qualität unserer Stimme.

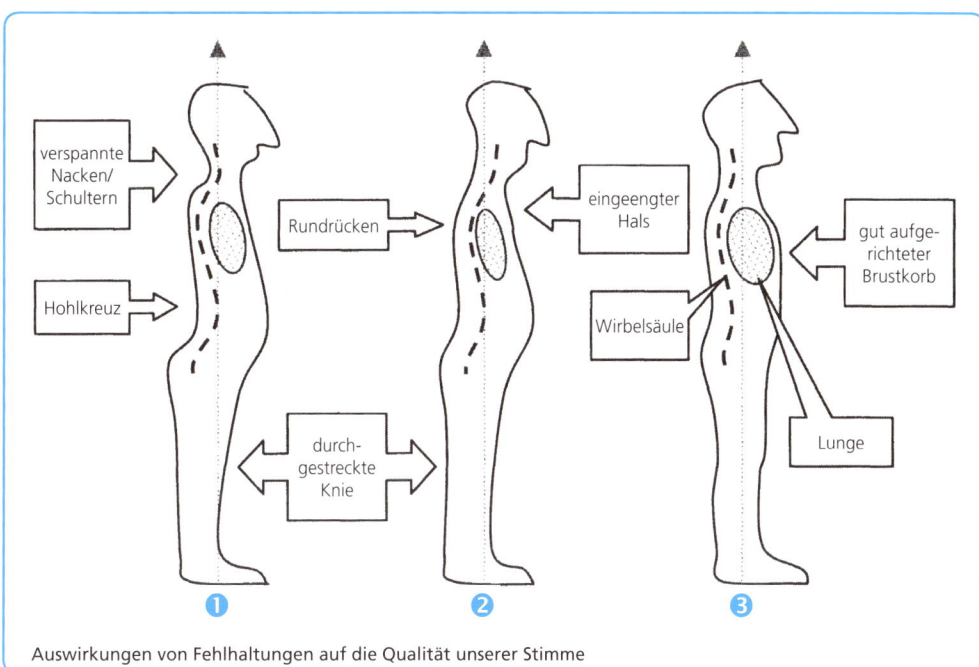

Auswirkungen von Fehlhaltungen auf die Qualität unserer Stimme

Praxisaufgabe

P 3 ist eine **Grund-haltungs-Übung:** Durch diese Übung finden Sie den richtigen Stand!

P 3:

- Stellen Sie sich auf, die Füße etwa hüftbreit auseinander!
- Die Knie sollen beweglich bleiben (leichte Federung).
- Richten Sie Ihre Wirbelsäule auf, indem Sie mit Ihrer Hand an den Nacken fassen und Ihre Wirbelsäule und den Kopf nach oben ziehen.
- Der Kopf soll frei beweglich sein.
- Entspannen Sie Kiefer und Mund.
- Wippen Sie anschließend einige Male auf die Zehenspitzen, um die Beine in eine mittlere Spannung zu bringen.
- Bleiben Sie nun stehen und achten Sie darauf, dass Sie die Knie nicht ganz durchdrücken.

3 Die Atmung
Nicht aus der Puste kommen

Wie wichtig der Atem für die Stimmleistung ist, merken wir oft erst dann, wenn er uns fehlt, nämlich bei **körperlicher Belastung.**

profitieren: Nutzen haben, Gewinn ziehen

Unsere Stimme profitiert von einer guten Koordination zwischen Atem, Bewegung und Sprechen.

Entscheidend für die Verlängerung des Redeflusses ist nicht etwa ein größeres Lungenvolumen, sondern das Vertiefen der Atmung.

Freies, volles Atmen ist eine wichtige Lebens-quelle: Es versorgt das Gehirn mit Sauerstoff und gibt der Stimme Fülle!

Damit eine tiefe Atmung überhaupt möglich ist, benötigt der Bauch Platz. Strömt Luft in die Lunge ein, so weitet sich der Rumpf besonders im Unterbauch und in den Flanken. Die wichtigs-te Atemmuskulatur ist das Zwerchfell. Es trennt den Brust- vom Bauchraum. Wir können das Zwerchfell weder fühlen noch willkürlich beeinflussen. Es folgt den Impulsen unseres Gehirns zum Ein- und Ausatmen und sichert die Sauerstoffversorgung.

Langsames, gleichmäßiges Einatmen und etwas längeres, gleichmäßiges Ausatmen beruhigt und lockert.

Praxisaufgaben

Die **Bauchatmung** wird auch Zwerchfellatmung genannt. Die Bauchatmung ist eine normale, ruhige Atmungs-form. Es ist die gesündeste Form der Atmung. Es wird weniger Energie verbraucht als bei der Brustatmung, der Blutdruck wird gesenkt, und es fördert die Verdauung durch die Massage der Eingeweide.

P 4:

Atem-Wahrnehmungsübung (kann auch im Liegen durchgeführt werden)

- Stellen Sie sich auf, die Füße etwa hüftbreit auseinander.
- Legen Sie eine Hand auf den Solarplexus (= Oberbauch, Bereich zwischen Bauchnabel und Rippen).
- Atmen Sie entspannt aus und ein.
- Spüren Sie, wie sich die Bauchdecke beim Ausatmen senkt und beim Einatmen hebt. Lassen Sie den Atem fließen und erspüren Sie bei geschlossenen Augen Ihren persönlichen Rhyth-mus.

P 5:

Atemstrom-Übung

- Formen Sie Ihre Lippen so, als wollten Sie eine Kerze ausblasen.
- Stellen Sie sich vor, Ihre Lunge sei eine Quelle, aus der Wasser nach draußen fließt.
- Auf diesem Wasserstrom fahren kleine und größere Schiffe. Ihre Nebelhörner machen „fööh", föööh" in unterschiedlichen Tonhöhen. Während der Strom unaufhörlich fließt, setzen die Nebelhörner ein und aus.
- „Tuten" Sie in unterschiedlichen Tonhöhen und Lautstärken und lassen Sie den Atem ein-fach weiter strömen.
- Wenn Ihre Lunge entleert ist, entspannen Sie den Unterbauch und lassen Sie frischen Atem einfließen. „Inspiration" erfolgt ohne unsere bewusste Mithilfe.
- Jetzt können Sie von vorne beginnen.

Merken Sie sich: Wir sprechen beim Ausatmen!

Bei Lampenfieber passiert es manchmal, dass der Stimmeinsatz gleichzeitig mit dem Einatmen einsetzt. Dies führt zu einem falschen Atemrhythmus und stört den Redefluss erheblich. In so einem Fall bewusst ausatmen, einatmen und neu mit der Stimme einsetzen!

Vermeiden Sie geräusch-
volles, tiefes Einatmen.
Dabei holt man meist
mehr Luft, als man ei-
gentlich braucht.

Hyperventilation (Überbeatmung) bezeichnet eine Überfunktion der Atmung, die sich verstärkt in Stress-Situationen einstellt. Die Atmung geht zu schnell und zu flach, das Blut wird mit zu viel Sauerstoff angereichert. Man hat das Gefühl, dass einem schwarz vor Augen oder schwindelig wird. In so einem Fall sollten Sie sich hinsetzen und Ihren Atem beruhigen, indem Sie auf „tsss" ausatmen. Folgen Sie dem natürlichen Einatemimpuls, d.h., Sie holen nicht aktiv Luft, sondern lassen sich „inspirieren".

4 Artikulation – Eindruck durch Ausdruck
Ausbalancierte Gesichtsmuskeln sind die Grundlage für deutliche Artikulation.

Um Nuscheln vorzubeugen und den Mundraum, der zur Verstärkung des Stimmklangs unentbehrlich ist, auszunutzen, lassen Sie den Unterkiefer locker und öffnen Sie den Mund beim Sprechen. Halten Sie Unterkiefer und Zunge beweglich.

Praxisaufgaben
Modulationsübung

P 6:
Trainieren Sie Ihre Aussprache und Ihr Stimmvolumen, indem Sie die Vokale a-e-i-o-u von einem zum anderen langsam durch Umformung des Mundraumes „modellieren".

Bei nachlässiger Artikulation („nuscheln") werden die Resonanzräume ungenügend ausgenützt. Die Sprache ist schwer verständlich. Wird lauter gesprochen, ohne die Artikulation zu verbessern, so schadet man der Stimme durch Pressen.

Anti-Nuschel-Übung

P 7:
Hängen Sie beim Sprechen zunächst bewusst einen offenen Vokal an: „Ein(ä) Schrank(ä), Regal(ä), Heizung(ä) und(ä) ein(ä) Klavier(ä).

Lesen Sie nun den gleichen Satz und versuchen Sie sich vorzustellen, an jedes Wort einen offenen Vokal anzuhängen. Nicht aussprechen, nur vorstellen. Merken Sie, wie sich die Stimme wie von selbst öffnet?

Lesen Sie beliebige Textstellen eines Buches in dieser Weise laut vor.

Korken-Übung

P 8:
Nehmen Sie einen Weinkorken oder Ihren abgeknickten Daumen locker zwischen die Schneidezähne.

Sprechen Sie so einen Text komplett durch, ohne den Korken zu verlieren bzw. den Daumen aus dem Mund zu nehmen. Sie werden merken, dass anschließend Ihre Artikulation präziser ist.

5 Stimmdynamik
Atemstrom, Spannung und Melodie laufen beim Sprechen gleichzeitig, aber unterschiedlich ab.

SbX
Im SbX finden Sie eine
Linkliste zu Stimm-
trainingsübungen sowie
zum überzeugenden
Reden unter der ID: 1141.

Die Spannung in der Muskulatur steigt im Verlauf des Sprechens, während der Atem gleichmäßig fließt. Unabhängig davon bewegt sich die Sprachmelodie. Durch entschlossenes Beenden des Satzes kann sich die Muskulatur schnell wieder entspannen, um erneut mit voller Kraft zur Verfügung zu sein. Das macht eine bewegliche und dynamische Ausdrucksweise möglich.

Dynamisch ist eine Sprechweise, die sehr lebendig ist. Wörter werden sinnvoll betont (laut/leise), die Sätze werden melodiös gesprochen (hohe/tiefe Stimme), Satzteile werden manchmal kurz, manchmal gestreckt gesprochen (dynamisches Sprechtempo). So werden Ihre Zuhörer/innen gepackt und Ihr Vortrag wird lebhaft und bleibt besser im Gedächtnis.

Zur Steigerung der Aufmerksamkeit können Sie bewusst **Spannungs-Pausen** einsetzen. Kleinstmögliche Pausen während des Sprechens, die die Atemmuskulatur entspannen, wirken sich auch positiv auf unnötige Körperspannung (Mimik, Gestik, Haltung) aus.

Inspiratorische Pausen dienen der gedanklich-emotionalen Eingebung.

inspirieren:
zu etwas anregen

Praxisaufgaben

P 9:
Geben Sie durch unterschiedliche Betonung den Aussagen eine neue Bedeutung.

- „**Ich** bin achtzehn."
- „Ich **bin** achtzehn."
- „Ich bin **achtzehn.**"

Sprechen Sie auf diese Weise auch die folgenden Sätze:

- „Du gehst in die Schule!"
- „Das blaue Hemd will ich nicht."
- „Hat er das zu dir gesagt?"
- „Haben Sie das gesehen?"

P 10:
Setzen Sie Pausen, um Spannung zu erzeugen:

- „Jetzt – erst recht."
- „Das – aber nicht."
- „Die Kleinen – zuerst, die Großen – später."
- „Dieser Mann ist – talentiert."
- „Diese Frau ist – professionell."
- „Dieses Haus ist – ein Traum."
- „Dieser Spitzname ist – eine Zumutung."

P 11:
Experimentieren Sie mit dem folgenden Satz. Kombinieren Sie beim Sprechen die Betonung mit Tempo, setzen Sie Pausen und ändern Sie die Lautstärke.

> „Obwohl auch geflüsterte Worte sehr verletzend sein können und lautstarke Auseinandersetzungen auch etwas Befreiendes haben, so kann man doch durch Zügelung der Stimme den Zündstoff aus dem Feuer nehmen und sich auf eine sachlichere Ebene begeben."
>
> (Quelle: Anno Lauten, Stimmtraining – live)

Bei ausdrucksvollem, ökonomischem Sprechen wirken **Atmung**, **Stimme**, **Mimik** und **Gestik** zusammen.

Üben

Praxisaufgaben

Körperwahrnehmung

P 12:
Versuchen Sie, Ihren Körper wahrzunehmen. Legen Sie sich auf eine Decke am Boden und nehmen Sie bei geschlossenen Augen Ihre Körperteile wahr, wie sie den Boden berühren.

„Stehendes Pendel"

P 13:
Stellen Sie sich mit etwa schulterbreit gegrätschten Füßen auf. Bei geschlossenen Augen pendeln Sie nun langsam vor und zurück. Lassen Sie die Abstände dazwischen nach und nach kleiner werden, bis Sie in der Mitte zum Stillstand kommen. Verweilen Sie kurz ruhig und gelassen und machen sie die gleiche Übung anschließend von links nach rechts. Versuchen sie dabei, das Gleichgewicht zu halten und die Muskeln nicht zu verkrampfen.

Änderung der Tonqualität hören

P 14:

Stellen Sie sich bequem hin und legen Sie den Kopf in den Nacken. Sprechen Sie in mittlerer Stimmhöhe ein „o" und senken Sie beim Weitertönen des Vokals langsam das Kinn. Anschließend wiederholen Sie die Übung, beginnen jedoch mit gesenktem Kopf (das Kinn berührt das Brustbein).

Dabei ist eine deutliche Veränderung der Tonqualität zu beobachten. Am besten ist der Ton in der Mittelposition. Bei gesenktem Kopf wird der Kehlkopf eingeengt und dadurch in seiner Funktion eingeschränkt. Beim in den Nacken gelegten Kopf ist der Kehlkopf in sehr hoher Position und er verspannt sich dadurch. Die Mittelposition ist sowohl für den Kehlkopf als auch für die Resonanz am günstigsten

P 15:

Tragen Sie die Gedichte von James Krüss vor. Bemühen Sie sich um eine deutliche Aussprache und einen lebhaften Vortrag.

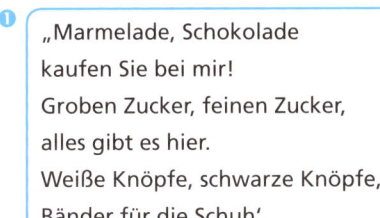

❶

„Marmelade, Schokolade
kaufen Sie bei mir!
Groben Zucker, feinen Zucker,
alles gibt es hier.
Weiße Knöpfe, schwarze Knöpfe,
Bänder für die Schuh'.

Garn und Faden gibt's im Laden,
greifen Sie nur zu!
Vogelfutter, frische Butter,
Mehl und Fett und Grieß.
Große Gurken, kleine Gurken,
sauer oder süß."

❷

Das Feuer

Hörst du, wie die Flammen flüstern,
knicken, knacken, krachen, knistern,
wie das Feuer rauscht und saust,
brodelt, brutzelt, brennt und braust?

Siehst du, wie die Flammen lecken,
züngeln und die Zunge blecken,
wie das Feuer tanzt und zuckt,
trockne Hölzer schlingt und schluckt?

Riechst du, wie die Flammen rauchen,
brenzlig, brutzlig, brandig schmauchen,
wie das Feuer, rot und schwarz,
duftet, schmeckt nach Pech und Harz?

Fühlst du, wie die Flammen schwärmen,
Glut aushauchen, wohlig wärmen,
wie das Feuer, flackrig-wild,
dich in warme Wellen hüllt?

Hörst du, wie es leiser knackt?
Siehst du, wie es matter flackt?
Riechst du, wie der Rauch verzieht?
Fühlst du, wie die Wärme flieht?

Kleiner wird der Feuersbraus:
ein letztes Knistern,
ein feines Flüstern,
ein schwaches Züngeln,
ein dünnes Ringeln –
aus.

◎ Sichern

Stimme	entsteht im Kehlkopf durch das Ausatmen von Luft bei Anspannung der Stimmlippen
Resonanzräume	verstärken den Klang der Stimme und schwingen mit: Mundhöhle, Nasenhöhle, Rachenraum, Brusthöhle.
Indifferenzlage	Stimmlage in der für jeden Menschen individuellen Tonhöhe, in der mühelos gesprochen wird
Zwerchfell	wichtigster Atemmuskel; er trennt Brust- und Bauchhöhle voneinander
Hyperventilation	entsteht, wenn das Blut durch zu schnelle Atmung mit zu viel Sauerstoff angereichert wird

Artikulation	deutliche Aussprache bei der Lautbildung
Sprechdynamik	• Sprechweise (laut/leise) • Sprechmelodie (hoch/tief) • Stimmklang (Artikulation und Einstellung der Rednerin oder des Redners) • Sprechtempo, Pausensetzung • Betonung

Wissen

Wiederholungsfragen zu Lerneinheit 4

1. Welche Organe sind an der Stimmbildung beteiligt?

2. Wie entsteht ein Ton?

3. Warum ist die Höhe des Grundtons nicht bei allen Menschen gleich?

4. Was bedeutet Indifferenzlage?

5. Wie wirkt sich unser Befinden auf die Stimme aus?

6. Bei welcher Körperhaltung hat unsere Stimme den besten Klang?

7. Was ist die Aufgabe des Zwerchfells?

8. Welche Auswirkung hat schlechte Artikulation?

9. Was bedeutet Sprechdynamik?

2

Soziale Interaktion – Gespräche führen

Menschen, die miteinander kommunizieren, stimmen ihr Verhalten aufeinander ab. Diese Fähigkeit wird eingesetzt, um zu konkretem, gemeinsamem Handeln zu gelangen, wie es ein Gespräch darstellt. Voraussetzung für das Gelingen eines Gesprächs ist die Interpretation des Gehörten und ein gemeinsamer Wortschatz.

Entscheidend ist, dass man Regeln für bestimmte Gesprächssituationen kennt und einhält. Auch positive persönliche Einstellungen und Gefühle tragen zum Gelingen von Gesprächen bei.

In diesem Kapitel lernen Sie:
- wie Sie ein Gespräch führen
- welche Botschaften unausgesprochen beim Reden mitschwingen
- welche Wirkung Sie durch Redeweise erzielen können
- welche Fragetechniken Sie einsetzen können
- Wesentliches zu Diskussion und Debatte

Ein **Dialog** ist eine mündlich oder schriftlich zwischen zwei oder mehr Personen geführte Rede und Gegenrede. Das Gegenteil des Dialogs ist der **Monolog**, das Gespräch einer Person mit oder vor sich alleine.

Lerneinheit 1
Der Dialog

Dialoge finden zwischen Menschen statt. Menschen sind empfindsame Wesen und haben sowohl eine rationale als auch eine emotionale Veranlagung. In diesem Spannungsfeld werden Gespräche geführt. Für das Gelingen von Dialogen genügt nicht nur ein guter Wille, sondern alle müssen gewisse Spielregeln einhalten. Jeder Mensch hat seine eigene Erfahrung, Erziehung und Prägung – das muss mitbedacht werden, wenn der Dialog erfolgreich sein soll.

Sie lernen hier,
- **was die vier Seiten einer Nachricht sind,**
- **wie man Sachinformation zuhörerorientiert formulieren kann,**
- **wie Sie mit richtigen Fragen, Bitten oder Anweisungen zum Vermeiden von Missverständnissen beitragen können und**
- **was aktives Zuhören ist.**

Lernen

Das **Modell der 4 Seiten** ist ein Kommunikationsmodell von **Friedemann Schulz von Thun,** einem deutschen Psychologen und Kommunikationswissenschaftler.

„Es hört doch jeder nur, was er versteht."

(**Johann Wolfgang von Goethe** gilt als bedeutendster deutscher Dichter und herausragende Persönlichkeit der Weltliteratur.)

1 Der Sachinhalt einer Nachricht
Jede Nachricht enthält verschiedene Botschaften.

> „Haben Sie meine E-Mail nicht gelesen?" „Die Schuhe kosten 120 €." „Der Tank ist leer." „Bei deiner Bluse fehlt ein Knopf." „Der Urlaub ist vorbei." „Hier ist Rauchverbot." „Wir müssen reden." „Da bin ich anderer Ansicht." „Woher kommen Sie denn jetzt?" „Das ist mein Handy."

Diese Sätze wirken unverdächtig, wenn sie nur so dastehen. Stellen Sie sich dazu zwei handelnde Personen vor und schon bekommen diese Aussagen ganz neue „Seiten".

Friedemann Schulz von Thun bezeichnet den eigentlichen Satz („Das ist mein Handy.") als eine **Nachricht** und die einzelnen Anteile als **Botschaften,** die mitschwingen. Botschaften können viel wichtiger sein, als die gesprochene Aussage. So fallen manchmal bei Dialogen schon wesentliche Entscheidungen, ehe das Gespräch richtig in Gang gekommen ist.

Das **Modell der 4 Seiten** einer Nachricht hilft uns, zu verstehen, warum das Miteinander-Reden so komplex und dadurch störanfällig ist.

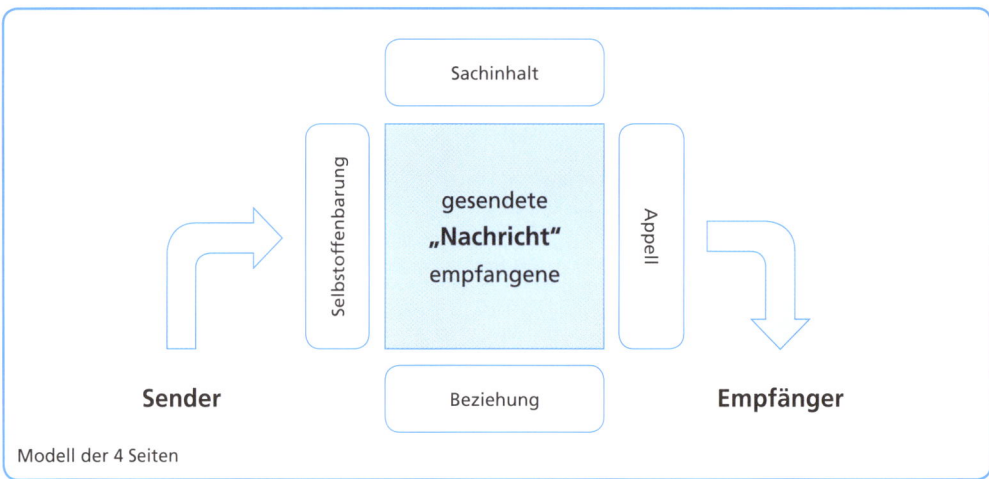

Modell der 4 Seiten

Die 4 Seiten einer Nachricht

- **Sachinhalt:** transportiert Tatsachen, über die ich informiere
- **Beziehung:** übermittelt, wie ich etwas meine und wie wir zueinander stehen
- **Selbstoffenbarung:** enthält meine Bedürfnisse, Wünsche und Gefühle
- **Appell:** damit will ich auf den Empfänger Einfluss nehmen

Klar ist, dass wir nicht auf allen vier Seiten gleichwertig senden. Vielfach steht eine Seite mehr im Vordergrund: Das, was ich wirklich sagen will, ist in einer Botschaft verpackt.

Die Empfangssituation stellt sich in gleicher Weise dar. Auch Zuhörende haben die Möglichkeit, eine Botschaft „herauszuhören". Ist es aber auch die, die ich meine?

Zum Beispiel:

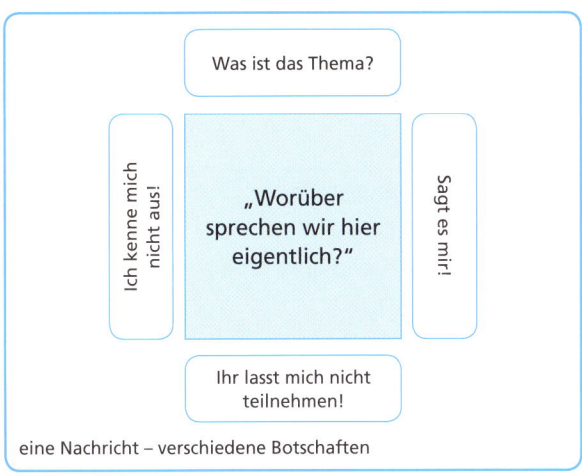

eine Nachricht – verschiedene Botschaften

effektiv: wirkungsvoll

Wir sehen, wie wichtig es ist, effektiv zu senden. Doch das ist gar nicht so leicht. Für das Übermitteln von Sachinformation müssen wir lernen, die „4 Verständlichmacher" einzusetzen. Dies gilt sowohl für gesprochene als auch für geschriebene Sprache.

Die 4 Verständlichmacher

Zuhörerorientiert formulieren: Die „4 Verständlichmacher" sorgen für rasche Informationsaufnahme beim Zuhörer und entlasten das Gedächtnis!

Beachten Sie: Hauptsatz – Nebensatz – Punkt!

„Jedes überflüssige Wort wirkt seinem Zweck gerade entgegen." (Arthur Schopenhauer, deutscher Philosoph)

Achten Sie darauf,
- **einfach** zu formulieren, geläufige Wörter zu verwenden, den Wissensstand der Gesprächspartner/innen zu bedenken, Fremdwörter zu vermeiden, Fachbegriffe zu erklären.
- **systematisch und logisch** zu sprechen oder zu schreiben, beim Vortrag eine Gliederung vorzustellen, Gedanken zu ordnen, Zuhörende durch einen Wortschwall nicht zu überfordern, Schriftliches übersichtlich zu gestalten.
- **kurz und prägnant** „zur Sache" zu kommen, kurze Hauptsätze zu verwenden, Worte treffend zu wählen, Anliegen anzusprechen, Füllwörter (z.B. „sozusagen", „eigentlich") zu vermeiden, Überflüssiges wegzulassen.

Anektdote: kurze, meist witzige Geschichte

- **zusätzliche Anregungen** zu geben und Abwechslung zu bieten – durch „Bilder", Vergleiche, Beispiele, Erlebnisse, Anekdoten.

Praxisaufgabe

P 1:
Erklären Sie den Begriff „Feuer": a) mit Worten   b) mit einer Zeichnung

Schaffen Sie Klarheit für den Empfänger!

W-Fragen: wer, was, wann, wie, wo und warum?

Anweisungen zu erteilen ist eine Kunst, die man trainieren kann. Dafür eignen sich die 6 W-Fragen:

- **Wer** soll etwas tun?
- **Was** soll getan werden?
- **Wann** soll es geschehen?
- **Wie** soll es durchgeführt werden?
- **Wo** soll es durchgeführt werden?
- **Warum** soll es gemacht werden?

Vorteile des zuhörerorientierten Informierens

Achten Sie auf die richtige Wortwahl!

für den Sender	für den Empfänger
Wenn Sie verständlich informieren, ● erwecken Sie den Eindruck von Sachkenntnis; ● kann sich der Hörer besser auf Sie einstellen; ● wird Ihnen der Hörer auch weiter zuhören; ● können Sie den Hörer besser überzeugen.	Als Zuhörer können Sie klar formulierte Information ● aufnehmen, ohne zu ermüden; ● besser verstehen; ● optimal nutzen.

Sprechen wir von der gleichen Sache?

Imitation: Nachahmung

Vom ersten Lebenstag an lernen Menschen Sprache durch **Beobachtung** und **Imitation**. Neue Wörter sind immer mit Erfahrungen verknüpft. Jede Erfahrung birgt auch ein bestimmtes Gefühl in sich und dieses Gefühl wird bei uns allen mit dem Wort „gespeichert".

Beispiele:

> Schaukel ⇨ Ich habe Spaß.
>
> heiß ⇨ Es tut weh.
>
> Hund ⇨ Ich habe Angst./Ich fühle mich beschützt.
>
> Hoppala ⇨

Welches Gefühl verknüpfen Sie mit „Hoppala"?

Praxisaufgabe **P**

P 2:
Suchen Sie weitere Beispiele.

Assoziation: Verknüpfung von Vorstellungen

Was sind Ihre Assoziationen zum Thema Schule?

Im Laufe des Lebens erwerben wir eine Reihe von verschiedenen Gefühlsinhalten zusätzlich zu den Bedeutungen. Einzelne Wörter können aber bei verschiedenen Personen andere Assoziationen und Erinnerungen auslösen.

Zum Beispiel:

Die Kernbedeutung des Wortes „Schule" ist uns allen klar. Zusätzlich haben wir alle eine bestimmte Vorstellung und ein bestimmtes Gefühl, wenn dieser Begriff genannt wird. Dies hängt mit dem eigenen Erleben zusammen und kann angenehme Erinnerungen an Freundschaft, Spaß und Gemeinschaft oder Unbehagen in uns auslösen.

Wer Dialog will, muss erkennen und verstehen lernen, dass jeder Mensch seine eigene Geschichte, seine eigenen Erfahrungen und dadurch seine eigene Prägung hat. Bei allen Dialogen und Handlungen eines Menschen spielen immer Bilder aus der Kindheit mit. Können wir die Gefühle unserer Gesprächspartner/innen verstehen, so wissen wir, was gemeint ist.

Praxisaufgabe **P**

P 3:
Notieren Sie zu den Stichworten je 3 Begriffe, die Ihnen spontan dazu einfallen:

Stichwort	Assoziation
Fitness	
Familie	
Krankenhaus	
Verantwortung	

Was fällt Ihnen spontan zum Thema Krankenhaus ein?

Vergleichen Sie anschließend Ihre Assoziationen mit anderen. Haben Sie sehr unterschiedliche Erinnerungen und Gefühle? Können Sie die Assoziationen von anderen nachempfinden? Tauschen Sie Erfahrungen aus.

Praxisaufgabe P

P 4:

Versetzen Sie sich in die Lage anderer Menschen:

● Was bedeuten Ferien für eine alleinerziehende Mutter?
● Was für das Kind?

Ferien	Mutter:	Kind:
Arbeit	Bauarbeiter/in:	Architekt/in:
Zeltfest	Besucher/in:	Ortsbewohner/in:

2 Was ich über mich aussage

Mit jedem Satz, den ich sage, erfährt mein/e Gesprächspartner/in auch etwas über meine Person.

Es ist wichtig, „stimmig" zu sein zwischen dem **inneren Erleben** und der **äußeren Situation.**

Die Art, wie ich rede und argumentiere, wie ich mich bewege und was mich innerlich bewegt, sagt etwas über mich aus. In diesen Anteil der Nachricht sind meine Wünsche, meine Ängste oder das, was mir wichtig ist, verpackt. Mit dabei könnte die Angst sein, nicht genug Anerkennung zu finden. Wie werde ich von anderen wahrgenommen? Bin ich mir nicht sicher, so versuche ich, die eigenen positiven Seiten ins helle Licht zu rücken und negativ empfundene Anteile der eigenen Person zu verbergen.

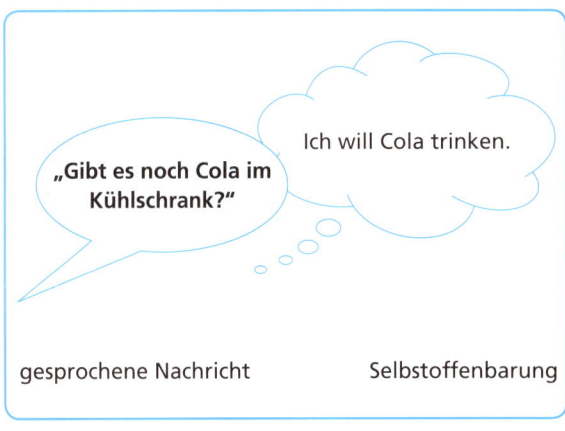

„Gibt es noch Cola im Kühlschrank?"

Ich will Cola trinken.

gesprochene Nachricht   Selbstoffenbarung

Botschaften auf der Selbstoffenbarungsseite nennt man auch **Ich-Aussagen.** Nicht immer sind sie explizit ausgedrückt: Unklare Nachrichten entschlüsselt der Empfänger häufig falsch.

Im nebenstehenden Beispiel ist die Kommunikation misslungen, da der Wunsch nicht klar genug geäußert wurde. Der Wortlaut der Nachricht enthält einen Vorwurf. Eigentlich sollte eine Bitte formuliert werden. Was die empfangende Person hört, ist die Botschaft auf der Beziehungsseite.

Zum Beispiel:

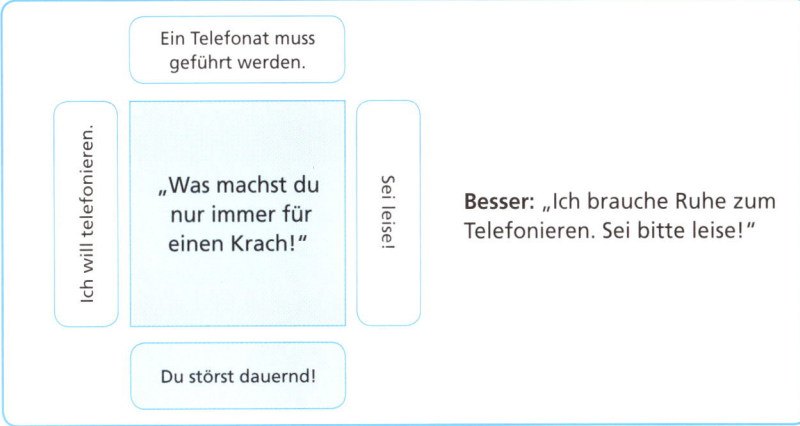

Ein Telefonat muss geführt werden.

Ich will telefonieren.

„Was machst du nur immer für einen Krach!"

Sei leise!

Besser: „Ich brauche Ruhe zum Telefonieren. Sei bitte leise!"

Du störst dauernd!

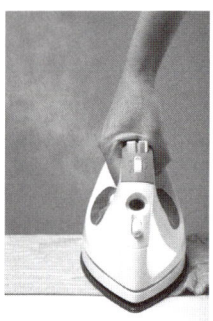

Je genauer wir sagen, was wir eigentlich wollen, desto eher besteht die Aussicht, dass wir bekommen, was wir brauchen!

Um etwas bitten

Vielfach erwarten wir, dass andere unsere unausgesprochenen Wünsche erahnen und darauf reagieren. Tun sie das nicht, so sind wir enttäuscht. Es ist aber unmöglich, Bedürfnisse und Wünsche unserer Mitmenschen immer klar zu erkennen.

Zum Beispiel:

> „Alles was ich möchte ist, dass du mehr bei der Hausarbeit mithilfst."
>
> Dieser Bitte kann nicht so leicht entsprochen werden, da sie noch zu unklar ist. Wobei soll geholfen werden? Wie oft? Wann?
>
> **Besser:** „Könntest du bitte regelmäßig das Bügeln übernehmen?"
> „Kannst du heute noch einkaufen gehen?"

Manchmal ist es hilfreich, wenn der **Grund für eine Bitte** genannt wird:

„Borgst du mir bitte dein Heft zum Nachschreiben. Ich habe am Freitag eine Prüfung über diesen Stoff."

Tipps:

> ● Verwenden Sie positive Handlungssprache.
> ● Formulieren Sie konkrete Tätigkeiten, die andere auch ausführen können.
> ● Bedenken Sie auch: Eine Bitte ist keine Forderung. Eine freundliche Bitte zu formulieren bedeutet noch nicht, dass sie auch erfüllt wird.

3 Was ich von dir halte und wie wir zueinander stehen
Aus einer Nachricht geht auch hervor, wie der Sender zum Empfänger steht (Beziehungsseite).

Die **Beziehungsseite** der Nachricht ist ein wesentlicher Faktor. Bei jeder Aussage macht die Sachinformation nur einen Teil dessen aus, was Gesprächspartner einander sagen wollen, auch wenn manchmal behauptet wird, es gehe nur um die Sache. Niemand kann Signale der Inhaltsebene senden, ohne Analog-Signale der Beziehungsebene mitzuschicken.

„In Menschen wie in der Sprache ist alles Beziehung."
(Antoine de Rivarol, französischer Schriftsteller)

Die **Körpersprache** zeigt: Was hält der Sender vom Empfänger?

Die **Körpersprache** bringt zum Ausdruck, welcher Art die Beziehung zwischen den Gesprächspartnern ist. Unausgesprochen wird gehört, was die Stimme vermittelt. Folglich fühlt man sich akzeptiert, geschätzt, nicht ernst genommen oder gar verletzt.

Beziehungsbotschaften beeinflussen auf Dauer das Selbstbild des Empfängers. Deshalb ist wertschätzendes, respektvolles Verhalten gefragt.

Es kann aber auch sein, dass eine starke Überempfindlichkeit auf Seiten des Empfängers jede sachliche Kritik zu einem Angriff auf seine Person verzerrt. Diese persönliche Betroffenheit verhindert dann ein sachliches Gespräch.

Zum Beispiel:

> „Das haben wir aber immer anders gemacht!"
> Was vermittelt der Sender auf der Beziehungsseite?

Praxisaufgabe

P 5:
Diskutieren Sie das folgende Beispiel: Welche Botschaft herrscht Ihrer Meinung nach in der Aussage vor? Markieren Sie das Feld. Vergleichen Sie Ihr Ergebnis mit anderen.

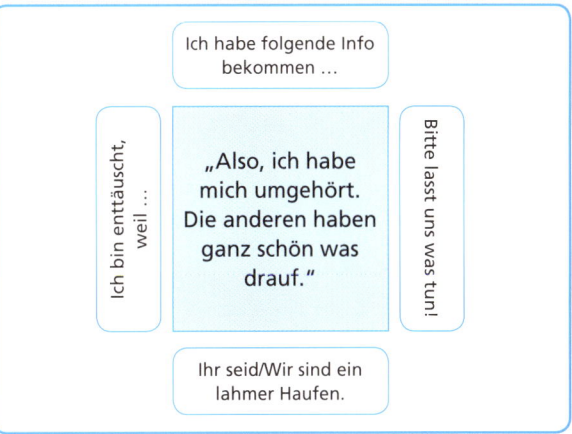

 Achten Sie auf Ihre Stimmführung. Verletzende Botschaften werden besonders über den Tonfall vermittelt.

4 Wozu ich dich veranlassen möchte
Viele Nachrichten haben den Zweck, auf den Empfänger Einfluss zu nehmen.

Appell: Aufforderung, Ermahnung

Dies ist völlig klar bei **offenen Appellen** wie Befehlen, Anweisungen, Geboten und Verboten.

Man unterscheidet zwei Komponenten:

❶ den **Ausdruck** und
❷ die **Wirkung**.

Das Schreien eines Kindes ist ein Ausdruck von Schmerz.

Die Appellwirkung ist, dass die Eltern zu Hilfe eilen.

Die Wirkung von Appellen ist jedoch begrenzt. Niemand wird mehr zu Hilfe eilen, wenn dauernd gejammert wird.

Als Leitsatz gilt, was Ruth C. Cohn folgendermaßen formuliert hat: „Nicht alles, was echt ist, will ich sagen, doch was ich sage, soll echt sein ..."

Ruth C. Cohn ist Psychologin und Begründerin der Themenzentrierten Interaktion (TZI).

Wozu möchte ein schreiendes Kind seine Eltern veranlassen?

Das Modell der vier Seiten lässt sich auch auf nonverbale Nachrichten anwenden.

Zum Beispiel:
Zwei Nachbarjungen verständigen einander durch ein Signal. Das könnte Folgendes bedeuten:

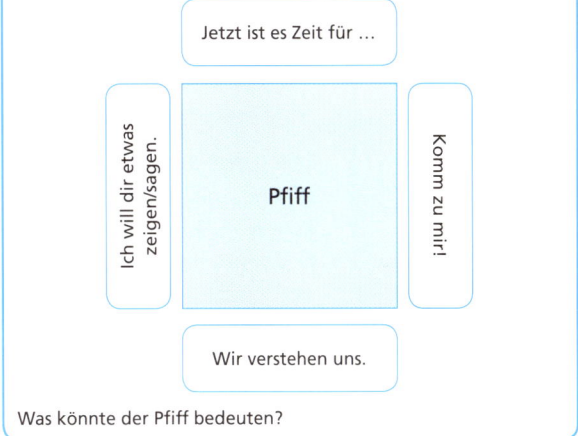

5 Zuhören und Verstehen
Die Deutung liegt beim Empfänger

Ein Empfänger hat 4 Ohren für die 4 Seiten einer Nachricht:

❶ Sach-Ohr
❷ Selbstoffenbarungsohr
❸ Beziehungsohr
❹ Appellohr

❶ **Das Sach-Ohr:** Mit diesem Ohr höre ich den Sachinhalt einer Nachricht und könnte bei einem zu „großen" Sach-Ohr die zwischenmenschlichen Töne überhören.

❷ **Das Selbstoffenbarungsohr:** Damit nehme ich wahr, aus welcher persönlichen Situation jemand etwas sagt. Betrifft es ihn mehr als mich?

Kinder bis 5 Jahre können noch nicht mit allen 4 Ohren hören.

Kindern bis zum 5. Lebensjahr fehlt die Fähigkeit, sich in andere hineinzuversetzen. Sie sind noch nicht in der Lage, diese Unterscheidung zu treffen. So nehmen sie zum Beispiel Wutausbrüche immer persönlich, da sie die angespannte Situation eines anderen Menschen nicht erkennen.

Bei verstärktem Hören auf die Selbstoffenbarung besteht aber auch die Gefahr des Psychologisierens. Wenn man bei jeder Aussage folgert, dass der andere zum Beispiel eine gerechtfertigte Kritik nur äußert, weil es ihm selbst „gerade so schlecht geht", so entzieht man sich der Sachebene.

❸ **Das Beziehungsohr:** Wer zu sehr mit dem Beziehungsohr hört, macht sich das Leben oft schwer, da er jede Botschaft auf sich persönlich bezieht. Die Sachseite der Nachricht wird vernachlässigt, die Selbstoffenbarungsbotschaft des Senders ignoriert.

❹ **Das Appellohr:** Menschen mit einem großen Appellohr versuchen, es allen recht zu machen. So wird bei Witzen gelacht, auch wenn man sie gar nicht komisch findet. Auf eigene Bedürfnisse wird weniger geachtet und die Sachebene wird kaum wahrgenommen.

„Solange man selbst redet, erfährt man nichts."
(Marie von Ebner-Eschenbach)

Viele Experten und Expertinnen auf dem Gebiet der Kommunikation sind der Ansicht, dass **Zuhören** und nicht etwa Sprechen die wichtigste Voraussetzung für einen geglückten Dialog ist. Zuhören sollen wir nicht nur einmal da und einmal dort, wie es sich gerade ergibt.

Zuhören sollte ein für unser Leben bestimmender Grundfaktor sein. Bewusstes Zuhören schafft Verständnis.

„Die Sprache ist ein unvollkommenes Werkzeug. Die Probleme des Lebens sprengen alle Formulierungen."
(Antoine de Saint-Exupéry, französischer Schriftsteller)

Beim Empfangen von Nachrichten sind für uns 3 Dinge von Bedeutung:

❶ Was vernehme ich an Worten und Sätzen?
❷ Was meint mein/e Gesprächspartner/in?
❸ Warum meint er/sie das?

Kennen Sie den Satz: „Das hab ich zwar so gesagt, aber das war nicht so gemeint."?

Thomas Gordon (1918–2002) erkannte durch seine Erfahrungen in der Arbeit mit Kindern und Jugendlichen die große Bedeutung der Kommunikation und gewaltfreien Konfliktlösung.

Zwischen dem, was wir auszudrücken imstande sind, und dem, was wir denken und fühlen, besteht manchmal eine große Kluft. Unsere Sprache ist ein unvollkommenes Transportmittel. Nach **Thomas Gordon** spricht der Mensch „verschlüsselt", in Form eines Codes. Also ist der Hörer/die Hörerin ständig darum bemüht, diesen Code zu entschlüsseln, um herauszufinden, was gemeint ist.

So wie der Sender mit einer Nachricht vier Botschaften übermittelt, kann der Empfänger mit „vier Ohren" hören. Er kann versuchen, den Sachinhalt zu verstehen oder die Stimmung des Sprechers zu erkennen (Selbstoffenbarung). Er ist von der Art, wie gesprochen wird, betroffen (Beziehung) und kann herausfinden, was er jetzt tun sollte (Appell).

Der Empfänger hat die Wahl, auf welcher Seite der Nachricht er reagieren will. Es liegt an ihm, wo er „auf Empfang" ist. Kommunikationsprobleme entstehen dann, wenn die wichtigste Botschaft des Senders auf einer Seite liegt, die der Empfänger gerade nicht hört.

In vielen Gesprächssituationen ist es ratsam, **alle 4 Seiten** mitzuteilen. So bleibt kein Raum für Vermutungen, Fantasien und Interpretationen.

Beachten Sie: Als wahr gilt nicht das, was der Sprecher sagt, sondern das, was der Zuhörer letztlich versteht!

Zum Beispiel:

> „Typisch Valerie!"
> - Was ist typisch für sie? (Sache)
> - Was soll sie tun? (Appell)
> - Was brauche ich? (Selbstoffenbarung)
> - Wie stehe ich zu ihr? (Beziehung)

Wirksame Kommunikation	
senden	**empfangen**
• **Meine Klarheit** in der Wortwahl	• **Meine Wahrnehmung** mit allen Sinnen offen
• **Meine Stimmigkeit** als Übereinstimmung aller Signale	• **Mein Verständnis** mit dem ich dem Wahrgenommenen Bedeutung gebe

Aktiv Zuhören

Um wirklich zu verstehen, muss man dem Sprecher/der Sprecherin die ungeteilte Aufmerksamkeit schenken, hinter der die Einstellung steht, den anderen mit seinen Vorstellungen genauso ernst zu nehmen wie sich selbst.

Tipps

> Aktives Zuhören bedeutet Aufmerksamkeit zu signalisieren, indem man:
> - sich einander zuwendet und den Sprecher/die Sprecherin anblickt
> - Ermunterungssignale (Kopfnicken, „mhm" ...) sendet
> - Fragen stellt
> - Gefühle anspricht
> - ausreden lässt
> - durch Wiederholen und Paraphrasieren Rückmeldung gibt, ob richtig verstanden wurde

paraphrasieren: umschreiben, mit eigenen Worten wiedergeben

Formulierungshilfen zur Wiedergabe:

Tipps

> „Du meinst, dass ... „   „Also du empfindest ..."
> „Für dich ist ..."   „Ich habe den Eindruck ..."
> „Wenn ich dich richtig verstanden habe, so ..." „Ich habe das Gefühl ..."
> „Habe ich richtig verstanden, dass ..."   „Ist es so, dass du ... findest ..."

Stellen Sie beim Zuhören Zwischenfragen und machen Sie Kurzzusammenfassungen. Damit geben Sie Ihrem Gegenüber die Gewissheit, dass Sie ihm zuhören!

Zum Beispiel:

„Ein Vierer! – gut oder schlecht?"

Eine Schülerin hält ihr Schularbeitenheft in den Händen und ruft: „Ein Vierer!"

Diese Aussage kann Unterschiedliches bedeuten.

Stellt die Note die Rettung vor einer drohenden Prüfung dar? Dann ist sie erleichtert. Die Rückmeldung könnte lauten: „Du freust dich über diese Note." Oder: „Es scheint so, als sei dir ein Stein vom Herzen gefallen."

Die gleiche Note könnte aber auch ganz andere Empfindungen bewirken. Kennt jemand bessere Ergebnisse von sich, so könnten im Ausruf auch Enttäuschung oder Zorn zu hören sein. Die richtige Rückmeldung auf diese Botschaft würde daher lauten:

„Du bist niedergeschlagen." Oder: „Du ärgerst dich."

Partnerarbeit
Entschlüsseln Sie Botschaften:

In P 6 werden Sie erleben, dass wir nicht immer gleich einen „Treffer" landen mit unseren Interpretationen!

P 6:

Arbeiten Sie zu zweit. Machen Sie eine Aussage. Ihre Partnerin/Ihr Partner gibt Ihnen Rückmeldung mit aktivem Zuhören und versucht, durch Nachfragen die Botschaft zu entschlüsseln.

Antworten Sie auf die Fragen nur mit Nein (bzw. Ja), und zwar so lange, bis die Botschaft verstanden wurde. Anschließend Rollentausch.

Zum Beispiel:

> „Ich freue mich schon auf das Tennisspielen!"
> „Du freust dich auf die Bewegung?"
> „Nein."
> „Du meinst, du bist froh, hier wegzukommen?"
> „Nein."
> „Meinst du damit, du freust dich schon, deine Partnerin wieder zu sehen?"
> „Ja."

Gruppenarbeit

P 7:

Meine persönliche Meinung: Trainieren Sie, Ich-Aussagen zu formulieren und aktiv zuzuhören. Bilden Sie Kleingruppen von 3 bis 4 Personen. Sprechen Sie über „Warum ich (k)einen Hund möchte". Begründen Sie Ihre Meinung und sprechen Sie in der Ich-Form. Vermeiden Sie Wörter wie „man " und „es". Nach Ihrem Statement fasst ein anderes Gruppenmitglied ihre Aussage zusammen. Sie bestätigen, ob alles richtig verstanden wurde. Anschließend Rollentausch.

6 Fragen stellen
Durch die richtigen Fragen kommt das Gespräch in Gang.

„Wenn du eine weise Antwort verlangst, musst du vernünftig fragen."
(Johann Wolfgang von Goethe)

Wer fragt, führt!

Gezielte Fragetechnik ist für Informationsaustausch im beruflichen Umfeld unumgänglich. Die richtige Frage zu stellen, ist aber auch im privaten Bereich wirkungsvoll, signalisiert sie doch Aufmerksamkeit und Interesse.

Durch Fragen können Sie:

- ein Gespräch lenken
- herausfinden, was Ihrem Gesprächspartner/Ihrer Gesprächspartnerin wichtig ist
- mehr von Ihrem Gesprächspartner/Ihrer Gesprächspartnerin erfahren und dadurch mehr wissen
- besser auf die jeweilige Situation eingehen

Fragearten

Offene Frage

❶ Offene Frage

Fragepronomen: wer, was, wann, wo, wohin, wie, warum …

Die **offene Frage** lässt dem Gesprächspartner viele Antwortmöglichkeiten offen. Er kann erklären, erzählen und begründen. Offene Fragen beginnen meist mit einem **Fragepronomen**. Offene Fragen eignen sich für ausführliche Gespräche.

Zum Beispiel:
> Welche Erfahrungen hast du mit … gemacht?
> Was denkst du über …?
> Wie hat dir der Film gefallen?

Schließende Frage

❷ Schließende Frage

Die **schließende Frage** ist eine Entscheidungsfrage und führt zu einer kurzen und klaren Antwort: „Ja" oder „Nein". Sie beginnt mit einem Verb oder Hilfsverb. Gespräche lassen sich auf diese Art nicht entwickeln, sondern werden „geschlossen".

Zum Beispiel:
> Hat dir der Film gefallen?
> Habe ich mich klar genug ausgedrückt?
> Passt dir diese Zeit?

Alternativfrage

❸ Alternativfrage

Die **Alternativfrage** gibt dem Befragten die Wahlmöglichkeit für die Antwort bereits vor. Dadurch ist sie gleichzeitig auch einschränkend.

Zum Beispiel:
> Möchtest du Cola oder Fruchtsaft?
> Arbeitest du lieber in der Gruppe A oder B mit?
> Wollen Sie ein Einzelzimmer oder ein Doppelzimmer?

Kontrollfrage

❹ Kontrollfrage

Mit einer **Kontrollfrage** können wir überprüfen, ob wir den Gedankengang unseres Gesprächspartners richtig verstanden haben oder um Konkretisierung bitten.

Zum Beispiel:
> Wie meinst du das genau?
> Wir treffen uns also um 8 Uhr in der Halle?

Suggestivfrage

❺ Suggestivfrage

Suggestion: starke seelische Beeinflussung, Willensübertragung

Mit der **Suggestivfrage** möchten wir erreichen, dass sich der Gesprächspartner unserer Meinung anschließt. Durch die Wortwahl wird er zur gewünschten Antwort gelenkt.

Zum Beispiel:
> Es macht dir doch sicherlich nichts aus, noch etwas zu warten?
> Du meinst doch auch, dass …?

Rhetorische Frage

❻ Rhetorische Frage

Auf die **rhetorische Frage** erwartet niemand wirklich eine Antwort. Gute Redner setzen sie ein, um beim Publikum Interesse zu wecken und Gedankengänge zu erläutern.

Zum Beispiel:
> Was ist das Neue an unserem Produkt? Erstens …
> Denken Sie, ich würde das tun? Nein, meine Meinung ist vielmehr …

SbX

Weiterführende Informationen zum Thema Dialog finden Sie in der Linkliste im SbX, ID: 1211.

Rhetorische Fragen können aber auch Unmut ausdrücken.

Zum Beispiel:
> Wieso kommst du immer zu spät?
> Habe ich dir das nicht schon so oft gesagt?
> Du meinst doch nicht, dass ich mir das gefallen lasse?

2 Soziale Interaktion

 **Üben**

Praxisaufgaben

P 8:

Erklären Sie die folgenden Begriffe sprachlich und durch eine Zeichnung: vortragen, joggen, Schonkost, Behörde, Zerwürfnis, Ort.

um etwas bitten

P 9:

Formulieren Sie Bitten für die folgenden Situationen:

❶ Sie benötigen mehr Platz. Ihr/e Sitznachbar/in hat viele ihrer/seiner Sachen auf der Schulbank ausgebreitet.

❷ Sie wollen sich abends mit einer Freundin in einem Lokal treffen. Sie bitten ihren Bruder/Vater, Sie hinzubringen.

❸ Sie haben Schwierigkeiten mit einem Stoffgebiet im Unterricht. Was sagen Sie zur Lehrkraft?

❹ Sie sind verspätet am Bahnhof eingetroffen. Am Schalter steht eine lange Reihe von Reisenden. Ihr Zug fährt gleich ab und Sie benötigen noch eine Fahrkarte.

❺ Sie haben den Schülerausweis verloren. Was tun Sie, um eine neuen zu bekommen?

die 4 Seiten einer Nachricht

P 10:

Analysieren Sie die folgenden Aussagen. Überlegen Sie, wer was zu wem sagen könnte. Notieren Sie die möglichen mitschwingenden Botschaften.

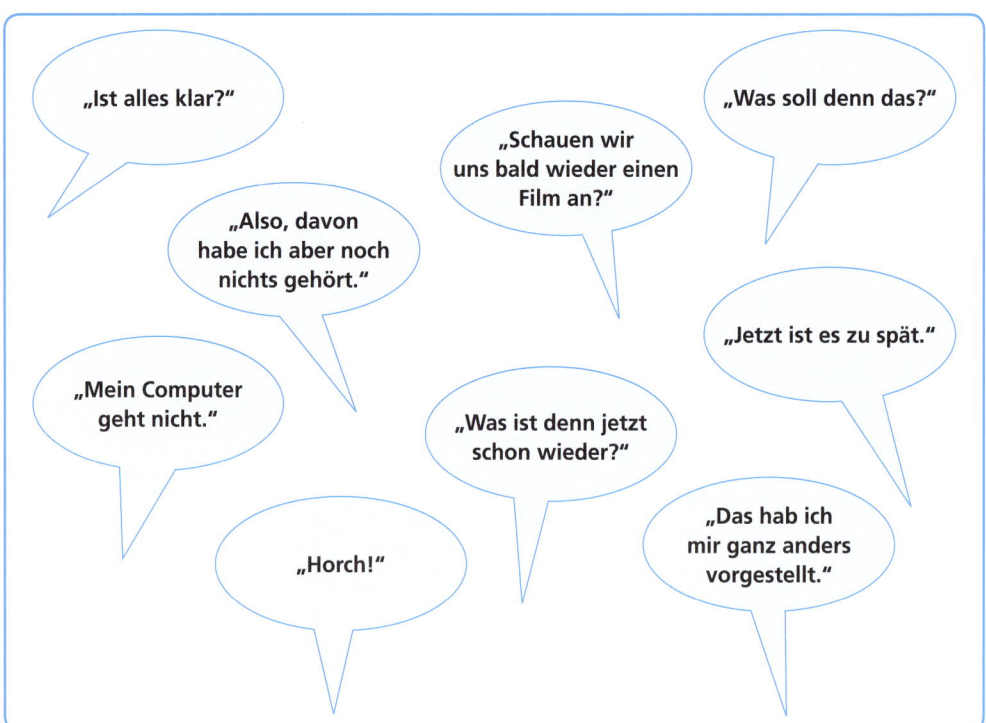

Informations-weitergabe

P 11:

Fünf Schülerinnen und Schüler verlassen den Klassenraum. In der Klasse wird eine Fabel vorgelesen. Eine Schülerin oder ein Schüler erhält die Aufgabe, diese Geschichte der ersten hereinkommenden Person zu erzählen. Diese gibt die Information an die nächste hereinkommende Person weiter. Wer an der Reihe war, nimmt Platz. Die Informationsweitergabe wird beobachtet, bis alle Schülerinnen und Schüler wieder in der Klasse sind.

Anschließend wird das Ergebnis besprochen.

Fabel: kurze, belehrende Erzählung, in der Tiere wie Menschen sprechen und handeln

P 12:

Um welche **Arten von Fragen** handelt es sich? Sammeln Sie weitere Beispiele:

❶ Fährst du mit deinen Eltern oder mit deinen Freunden auf Urlaub?

❷ Meinen Sie nicht auch, dass wir ein strengeres Jugendschutzgesetz brauchen?

❸ Hast du den Hund schon gefüttert?

❹ Wie schaffen Sie es, neben der Arbeit auch noch Zeit für Ihr Hobby zu finden?

❺ Wer war da noch dabei?

❻ Was hat dich an diesem Buch interessiert?

❼ Wer hört schon auf mich?

❽ Also, du meinst, das sollten wir anders lösen?

 **Sichern**

die 4 Seiten einer Nachricht	Eine Nachricht enthält 4 Botschaften: ❶ Sachinformation ❷ Beziehungsinformation ❸ Selbstoffenbarung ❹ Appell
die 4 „Verständlichmacher"	helfen beim Vermitteln von Sachinformation: einfach, systematisch, kurz, anregend
Bitten, Anweisungen	Beachten Sie beim Formulieren von Bitten oder Anweisungen Folgendes: ● klar: Wer soll was wann wie oft machen? ● konkret: Sie sollen Handlungsverben enthalten. ● positiv: keine verneinenden Formulierungen ● höflich bzw. freundlich bei Wortwahl und Stimmführung
aktives Zuhören	bewusstes Zuhören, das Signale der Aufmerksamkeit enthält und durch Rückmeldungen oder Fragen sicherstellt, dass richtig verstanden wurde.
Fragearten	● offene Frage ● schließende Frage ● Alternativfrage ● Kontrollfrage ● Suggestivfrage ● rhetorische Frage

Wissen

1. Was ist eine Nachricht?

2. Was ist eine Botschaft?

3. Welche 4 Seiten hat eine Nachricht?

4. Warum hat ein Satz, von unterschiedlichen Personen ausgesprochen, nicht die gleiche Wirkung?

5. Nennen Sie Beispiele für Füllwörter.

6. In welcher Weise können Sie beim Reden anregend sein?

7. Warum haben wir bei gleichen Begriffen unterschiedliche Assoziationen?

8. Was müssen Sie beachten, wenn Sie eine Anweisung geben?

9. Erklären Sie den Begriff aktives Zuhören.

10. Geben Sie je ein Beispiel für:
    a) eine offene Frage
    b) eine schließende Frage
    c) eine rhetorische Frage
    d) eine Kontrollfrage

SbX

Alle SbX-Inhalte
zu dieser Lerneinheit
finden Sie unter der
ID: 1220.

Eric Berne (1910–1970),
Begründer der Trans-
aktionsanalyse (TA) und
bedeutender amerikani-
scher Psychiater

Lerneinheit 2
Wirkung durch Redeweise

Die Art, wie wir miteinander umgehen, wirkt sich auf die Art unseres Miteinanders aus. In dieser Lerneinheit wollen wir einen Blick auf die Redeweise werfen.

Eine Möglichkeit, Kommunikation zu analysieren und dadurch Störungen zu beheben, bietet das Modell der Transaktionsanalyse (TA). Der Begründer dieses Modells ist der amerikanische Psychiater Eric Berne. Berne definiert verschiedene Ich-Zustände der Persönlichkeit, die mit dazugehörenden Verhaltensmustern verbunden sind.

Sie lernen hier,
- **welche Ich-Zustände eine Person nach dem Modell der Transaktionsanalyse hat,**
- **wann sich diese Facetten der Persönlichkeit entwickeln,**
- **welche Auswirkungen das auf die Kommunikation hat und**
- **wie Sie Störungen gezielt vorbeugen können.**

2 Soziale Interaktion

Lernen

SbX ID: 1221

SbX

Eine Linkliste zur
Wirkung durch die
Redeweise finden Sie
im SbX unter der
ID: 1221.

1 Das Funktionsmodell
Unsere Ich-Zustände

Eine Möglichkeit, die Kommunikation auf der Beziehungsseite zu untersuchen, bietet die **Transaktionale Analyse**. **Eric Berne** geht davon aus, dass sich in jeder Persönlichkeit 3 verschiedene Schichten des Ich entwickeln:

- Eltern-Ich
- Erwachsenen-Ich
- Kindheits-Ich

Wenn wir miteinander kommunizieren, sprechen wir jeweils ein bestimmtes Ich in unserem Gegenüber an, z.B. das Kind im anderen oder den Erwachsenen.

Die Beziehung zu unseren
Mitmenschen verläuft ent-
weder **komplementär** (sich
gegenseitig ergänzend)
oder **symmetrisch**
(spiegelgleich).

Das **Funktionsmodell von Berne** gibt einen Überblick über verschiedene Grundeinstellungen des Menschen und Verhaltensmöglichkeiten, die sich uns bieten. Grundsätzlich können wir uns bei der Gestaltung unserer Beziehungen zu anderen „größer machen" (Eltern-Ich), von gleich zu gleich sprechen (Erwachsenen-Ich), oder „kleiner machen" (Kindheits-Ich).

Bei allen Ich-Zuständen kommt der **Betonung** zentrale Bedeutung zu. Sie entscheidet in erster Linie darüber, von welchem Ich-Zustand aus ich spreche und welchen Ich-Zustand ich im Gesprächspartner anspreche. Darüber hinaus wirken auch Mimik, Gestik und Wortwahl.

Die Grundanlage dieser psychischen Struktur ist bei allen Menschen gleich. Die meisten Menschen bevorzugen einen Ich-Zustand aufgrund ihrer persönlichen Lebensgeschichte, ohne sich dessen bewusst zu sein.

Auf der nächsten Seite finden Sie eine Übersicht über die 3 Ich-Zustände.

Alles, was ein Kind seine Eltern tun sah und sagen hörte, ist im **Eltern-Ich** aufbewahrt (= angelerntes Lebenskonzept).

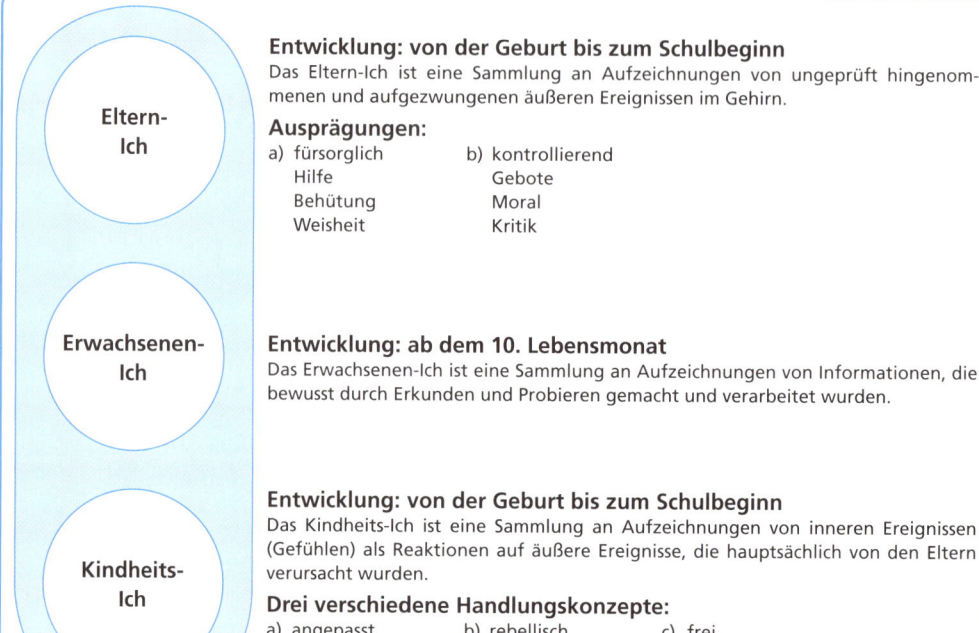

Entwicklung: von der Geburt bis zum Schulbeginn
Das Eltern-Ich ist eine Sammlung an Aufzeichnungen von ungeprüft hingenommenen und aufgezwungenen äußeren Ereignissen im Gehirn.

Eltern-Ich

Ausprägungen:

a) fürsorglich
   Hilfe
   Behütung
   Weisheit

b) kontrollierend
   Gebote
   Moral
   Kritik

Erwachsenen-Ich: gedachtes Lebenskonzept

Erwachsenen-Ich

Entwicklung: ab dem 10. Lebensmonat
Das Erwachsenen-Ich ist eine Sammlung an Aufzeichnungen von Informationen, die bewusst durch Erkunden und Probieren gemacht und verarbeitet wurden.

Das **Kindheits-Ich** ist eine Datenkombination aus Gesehenem, Gehörtem, Gefühltem und Verstandenem (= gefühltes Lebenskonzept).

Kindheits-Ich

Entwicklung: von der Geburt bis zum Schulbeginn
Das Kindheits-Ich ist eine Sammlung an Aufzeichnungen von inneren Ereignissen (Gefühlen) als Reaktionen auf äußere Ereignisse, die hauptsächlich von den Eltern verursacht wurden.

Drei verschiedene Handlungskonzepte:

a) angepasst
   nachgiebig

b) rebellisch
   trotzig

c) frei
   neugierig
   natürlich

2 Das Eltern-Ich
Die Verhaltensweisen und Regeln der Eltern

Eltern-Ich: Aus Liebe, Hilfe, Fürsorge, Geboten, Verboten, Moral und Weisheit entwickelt sich unser **Gewissen**.

Im **Eltern-Ich** haben wir alles das aufbewahrt, was wir in der frühen Kindheit wahrnehmen, insbesondere die Handlungen und Aussagen unserer Eltern. Diese Tatsachen werden ohne Korrektur registriert.

Hier finden wir, was uns unsere Eltern vermittelt haben: ihre inneren Einstellungen, ihre Fürsorge, Liebe und moralischen Haltungen.

Zum Beispiel:

„Ein Junge weint nicht!"
„Darüber spricht man nicht!"
„Sei freundlich!"

Viele **Gebote** und **Verbote** regnen auf das kleine Kind nieder:
„Du darfst nie ...",
„Du musst immer ..."

Sie bedeuten nicht nur **Einschränkung,** sondern auch **Schutz:**
„Lass die Schere liegen!"

Auch Koseworte und Aufmunterungen unserer Eltern sind hier aufgezeichnet. Wenn wir mit diesem Ich sprechen, formulieren wir wie unsere Eltern in unserer Kindheit. Der negative Aspekt – das **kritische Eltern-Ich** – enthält unsere Vorurteile und Werturteile.

	Worte	Stimme	Mimik/Gestik
fürsorgliches Eltern-Ich	„Es ist schon gut." „Mach dir keine Sorgen." „Jeder macht Fehler." „Du bist schon o.k." „Mach das lieber nicht, weil ..." „Gut gemacht ..."	beruhigend, mitfühlend, aufmunternd	lächelnd, entspannt, offene Gesten, ausgestreckte Arme, Hand auf Schulter
kritisches Eltern-Ich	„Du musst ..." „Man tut ..." „Du solltest/solltest nicht ..." „immer" „unfähig" „total falsch" „absolut richtig"	laut, hart, scharf, sarkastisch, spöttisch	angespannt, aggressiv, gerunzelte Stirn, kritischer Blick, gehobener Zeigefinger, kopfschüttelnd

Das **Eltern-Ich** kann fürsorglich oder kritisch sein.

3 Das Erwachsenen-Ich
Die Stimme der Vernunft

Mit Hilfe des Erwachsenen-Ich kann das kleine Kind allmählich den Unterschied feststellen zwischen dem, was ihm beigebracht wurde, und dem, was es auf eigene Faust begreifen kann.

Aus Vernunft, Intellekt, analytischem Denken, Schlussfolgerungen und Reflexion entsteht **Urteilskraft!**

Unser **Erwachsenen-Ich** ist die Stimme der Vernunft und sollte unsere Entscheidungen am meisten beeinflussen. Hier überprüfen wir, ob Normen und Wertsetzungen noch gültig sind. Stimmt es, dass große Hunde gefährlich sind? Ist es notwendig, vor dem Essen die Hände zu waschen? Ebenso werden die Gefühle des Kindheits-Ich nach Überdenken der jeweiligen Situation angepasst. Welche Gefühle können gefahrlos ausgedrückt werden? Ist es angebracht, überall sofort loszubrüllen?

Wir entwickeln die Fähigkeit zu unterscheiden.

	Worte	Stimme	Mimik/Gestik
Erwachsenen-Ich	Alle Fragen mit „W": „Wie ...?", „Was ...?" „Wer ...?", „Wann ...?" usw. Aussagen mit „wahrscheinlich ..." „möglich ..." „verglichen mit ..." „Meiner Ansicht nach ..." „Ich denke ..." „Ich kann ..."	selbstbewusst, sachlich, ruhig, verbindlich, neutral, klar und deutlich	Gesicht zugewandt, offen und direkt, aufmerksam, nachdenklich, entspannt, aktives Zuhören, angemessene Gestik, aufrechte Haltung

4 Das Kindheits-Ich
Unsere Gefühlswelt

Im **Kindheits-Ich** sind die inneren Ereignisse, also die Reaktionen des kleinen Menschen auf das, was er erlebt, aufgezeichnet.

Die gespeicherten Aufzeichnungen stehen später als wertvoller Teil der Persönlichkeit zur Verfügung. Im Kindheits-Ich liegen die schöpferischen Fähigkeiten und das Vermögen, Gefühle zu empfinden und auszudrücken. (Wir sind fröhlich, traurig oder verärgert. Wir hüpfen, tanzen, schmollen ...)

Dieser Teil in uns ist neugierig. (Was ist das? Ich will es ausprobieren.)

Das Kind kann aber auch neidisch, unverschämt und rücksichtslos sein. (Das will **ich** haben. Das ist **mir** doch egal.)

Säuglinge und Kleinkinder haben wenige sprachliche Mittel und reagieren daher mit **Gefühlen** auf die Handlungen der Erwachsenen.

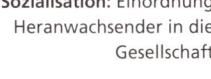

Sozialisation: Einordnung Heranwachsender in die Gesellschaft

Da Erziehung ein langwieriger Sozialisierungsprozess ist, der auch viele schmerzliche Frustrationserlebnisse enthält, werden auch negative Gefühle aufgezeichnet.

Wenn ein Mensch von Gefühlen gepackt wird, hat sein **Kindheits-Ich** die Führung übernommen. Wer fühlt und handelt wie damals, befindet sich in seinem Kind-Ich-Zustand.

2 Soziale Interaktion

Das **Kindheits-Ich** kann frei, angepasst oder rebellisch sein.

Kindheits-Ich: Unsere Talente und Spiele, unser Spaß, unsere Neugier, Kreativität und unser „Erleben" führen zu **Gefühlen** und **Spontaneität!**

	Worte	Stimme	Mimik/Gestik
freies Kindheits-Ich	„Ich ..." „will" „brauche" „glücklich" „wütend" Superlative Kraftausdrücke „Spitze!"	meist laut, übersprudelnd, gefühlsbetont, begeistert, authentisch	offener Mund, glänzende Augen, Arme hoch, tanzend, händereibend
angepasstes Kindheits-Ich	„Wenn ich muss ..." „Also gut ..." „Wozu soll das gut sein?" „Es ist allen gleichgültig, wie es mir geht." „Wenn du meinst ..." „Ich sollte ..."	leise, unsicher, stockend, folgsam, brav, quengelnd, weinerlich, unterwürfig, zerknirscht, jammernd	Blick nach unten, beißt sich auf die Lippen, spitzer Mund, hängende Schultern, Achselzucken
rebellisches Kindheits-Ich	„Warum sollte ich?" „Wer gibt dir das Recht, mir zu sagen, was ich tun soll?" „Das ist nicht fair." „Das werde ich nicht ..." „Das ist ja blöd." „Mach es doch alleine."	wütend, laut, bockig, protestierend, gezogene Silben, lustlos	abweisend, Nase rümpfen, verstockt, starrer Blick ins Leere, Fäuste ballen, hochgezogene Schultern, gesenkter Kopf

Ein Mensch trägt alle menschlichen Erlebens- und Verhaltensmöglich-keiten in sich.

Die Ich-Zustände sind unterschiedlich ausgeprägt und können sich im Laufe unseres Lebens durch Erfahrungen, die wir machen, verändern. Wenn wir unvoreingenommen und offen für neue Beziehungen sind, so kann unser **Erwachsenen-Ich** größer werden. Die Entscheidung, wie wir uns mit innerer und äußerer Realität auseinandersetzen, liegt bei uns. Treffen wir Entscheidungen, müssen Daten aus dem Kindheits-Ich, dem Eltern-Ich und dem Erwachsenen-Ich verarbeitet werden. Das kann auch zu inneren Konflikten führen (Krisen der Persönlichkeit).

Praxisaufgabe P

P 1:
Überlegen Sie, welche der folgenden Wesens-merkmale zu den drei Persönlichkeiten A, B und C passen könnten:

- Person : überlegt, selbstbewusst, konsequent, geduldig, Gefühle auslebend, realistisch
- Person : spontan, schöpferisch, neidisch, selbstbewusst, liebenswürdig, leichtsinnig
- Person : traditionsbewusst, angepasst, mitfühlend, liebenswürdig, pedantisch

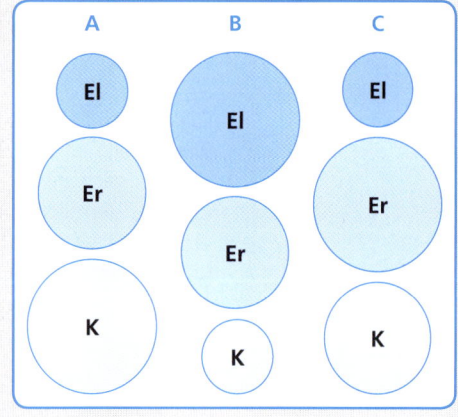

5 Transaktionen

Transaktionen sind Mitteilungen, die zwischen den verschiedenen Ich-Zuständen der Gesprächspartner ablaufen.

Transaktion: von lateinisch transactio Übereinkunft, Abschluss

Die Aussage der ersten Person und die Entgegnung der zweiten Person ergibt eine vollständige **Transaktion.** Ein Gespräch besteht meist aus vielen einzelnen Transaktionen.

Entscheidungsfreiheit und die Fähigkeit zur Konfliktbewältigung setzen die Kenntnis voraus, dass jeder Mensch die drei Aspekte der Persönlichkeit in sich trägt (= drei Ich-Zustände).

Komplementär-Transaktion:
wenn die Sender den gleichen Ich-Zustand ansprechen oder die Nachrichten sich ergänzen

Komplementär-Transaktion

EI = Eltern-Ich
Er = Erwachsenen-Ich
K = Kindheits-Ich

Die Einstellung der Gesprächspartner untereinander soll der Anschauung „Ich bin o. k. – Du bist o. k." entsprechen.

Man unterscheidet **Komplementär-Transaktionen** und **Über-Kreuz-Transaktionen.**

Zum Beispiel:

A: „Hast du die Blumen gegossen?"
B: „Ja, gestern."

Das Erwachsenen-Ich richtet die Frage an den Erwachsenen im anderen. Dieser antwortet auf der gleichen Ebene (= Komplementär-Transaktion).

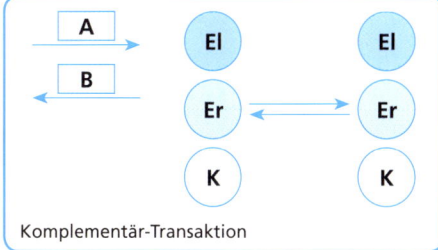
Komplementär-Transaktion

Komplementär-Transaktion

Zum Beispiel:

A: „Ich komme mit dem Computer einfach nicht zurecht."
B: „Es wird schon klappen, wenn ich dir das Programm erkläre!"

Das Kindheits-Ich wendet sich an das Eltern-Ich und von dort wird die Antwort gegeben (= Komplementär-Transaktion.)

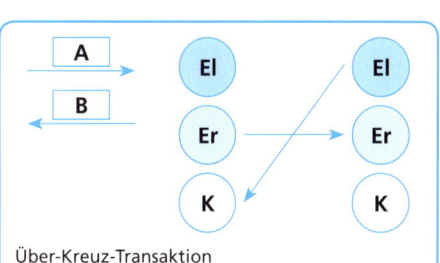
Komplementär-Transaktion

Über-Kreuz-Transaktion

Das folgende **Beispiel** ist eine Über-Kreuz-Transaktion:

A: „Weißt du, wo meine Sonnenbrille ist?"
B: „Hast du sie schon wieder verloren?"

Die Frage geht vom Erwachsenen-Ich aus, doch als Reaktion wendet sich das Eltern-Ich in Vorwurfshaltung an das Kindheits-Ich.

Über-Kreuz-Transaktion

Ein Gespräch mit **parallelen Transaktionen** verläuft störungsfrei und ist prinzipiell endlos angelegt.

Eine **gekreuzte Transaktion** führt zu einem Bruch im Gesprächsfluss und benötigt eine Neu-Orientierung.

autoritär: streng, herrschsüchtig, tyrannisch

Beziehungen (in der Schule, am Arbeitsplatz, bei gesellschaftlichen Zusammenkünften) verlangen, dass Verhaltensweisen der jeweiligen Situation angepasst werden. Das geschieht, indem die verschiedenen Ich-Zustände abwechselnd aktiviert werden.

Ein Faktor, der verantwortlich dafür ist, welcher Ich-Zustand gerade verwirklicht wird, ist die Art und Weise, wie jemand angesprochen wird. Spricht man jemanden auf autoritäre Weise an, so fühlt sich der andere in seine Kindheit versetzt und reagiert entsprechend.

Was tun Sie, wenn Ihnen das passiert?

Tipp

> Wechseln Sie in das Erwachsenen-Ich. Stellen Sie eine sachliche Frage, um es auch dem Gesprächspartner zu ermöglichen, die Ebene zu wechseln.

2 Soziale Interaktion

Wenn wir wollen, können wir unsere Ich-Zustände bewusst wechseln: Im Fasching wird das **Kindheits-Ich** aktiviert.

Ein Ich-Zustand kann aber auch willentlich aktiviert werden: z.B. in der Faschingsatmosphäre (Kind), wenn ältere Menschen mit Kleinkindern spielen (Kind) oder wenn Kinder kurzzeitig für jüngere Geschwister Verantwortung übernehmen müssen (Erwachsener).

Manche Menschen wechseln ihre Ich-Zustände sehr leicht. Ein liebevolles Wort oder ein strenges Gesicht genügen, um das Kindheits-Ich zu aktivieren. Andere sind in einem Ich-Zustand „befangen" und wechseln nur schwer.

Erfahrung hat gezeigt, dass Kommunikation auf der Inhaltsebene nicht zielführend ist, wenn verurteilend (kritisches Eltern-Ich) oder mürrisch (rebellisches Kind) miteinander gesprochen wird. Auch das jammernde Kindheits-Ich („Ich kann das nicht.") muss zuerst getröstet werden, um eine sachliche Gesprächsbasis zu finden.

Sind die Botschaften stimmig (komplementäre Transaktionen), kann sich Kommunikation ungestört fortsetzen.

Was können Sie im Fall einer überkreuzten Transaktion tun?

Tipps

- ● Überspielen Sie die Situation durch einen Themenwechsel.
- ● Gleichen Sie bei einem weiteren Aspekt desselben Themas Ihre Ich-Zustände einander an.
- ● Führen Sie ein offenes Klärungsgespräch, um die gute Beziehung wiederherzustellen.

Üben

Praxisaufgaben

unsere Ich-Zustände

P 2:

Entscheiden Sie anhand der Betonung, die Sie den Sätzen geben würden, um welchen Ich-Zustand es sich im Einzelnen handelt:

1. „Ach nein, nicht schon wieder Fisch! Das hängt mir zum Hals raus."

   Ich-Zustand:

2. „Karl, trink nicht so viel, du musst noch fahren!"

   Ich-Zustand:

3. „Herr Ober, die Rechnung bitte."

   Ich-Zustand:

4. „Entspann dich einfach und genieß den Augenblick."

   Ich-Zustand:

5. „Ach bitte, lassen Sie uns doch noch rein. Wir sind auch ganz leise."

   Ich-Zustand:

6. „Wer zu spät kommt den bestraft das Leben!"(Michael Gorbatschow in einer Rede 1989)

   Ich-Zustand:

7. „Houston, wir haben ein Problem!" (Meldung des Astronauten James A. Lovell aus Apollo 13 am 14.4.1970)

Ich-Zustand:

8. „Ich seh dir in die Augen, Kleines!" (Humphrey Bogart 1943 im Film „Casablanca")

Ich-Zustand:

9. „Wenn möglich, wäre mir Barzahlung am liebsten."

Ich-Zustand:

10. „Darf ich dich vielleicht mal was fragen?"

Ich-Zustand:

11. „Ist doch meine Sache, ob ich rauche."

Ich-Zustand:

12. „Gibt es Beweise?"

Ich-Zustand:

Transaktionale Analyse:

Zeichnen Sie in P 3 die Pfeile ein. Sind die Aussagen des Senders sachlich (Erwachsenen-Ich), fürsorglich/vorwurfsvoll (Eltern-Ich) oder spontan und gefühlsbetont (Kindheits-Ich)? Wie reagiert der Empfänger?

P 3:

Obwohl die Transaktionale Analyse hier nur in Ansätzen besprochen werden kann, versuchen Sie, die Kommunikationsmuster der folgenden Dialogbeispiele zu erkennen:

Beispiel 1:

A: „Die Arbeit ist bis Freitag abzuliefern."
B: „Was? Ich werde noch verrückt."

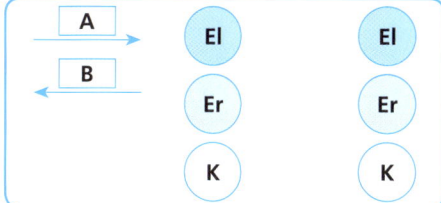

Beispiel 2:

A: „Um 22 Uhr musst du ins Bett gehen!"
B: „Nie darf ich mir einen Film fertig anschauen!"

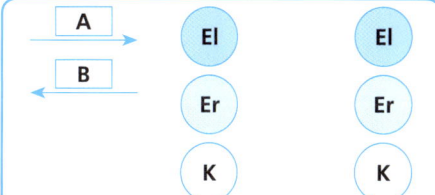

Beispiel 3:

A: „Hast du das Telefonbuch gesehen?"
B: „Ich habe es auf den Schrank gelegt."

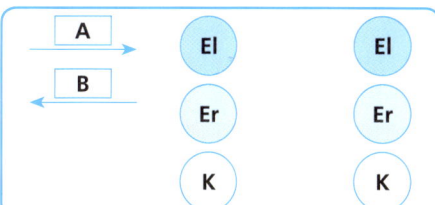

Beispiel 4:

A: „Schau her, ich habe es geschafft!"
B: „Super!"

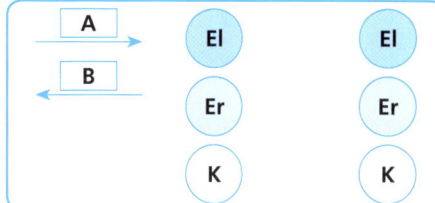

Beispiel 5:

A: „Können Sie das nochmals überarbeiten?"
B: „Mist!"

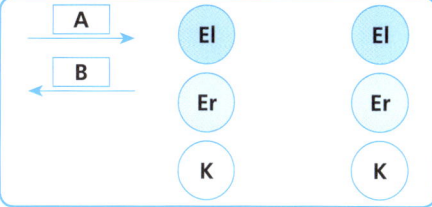

 **Sichern**

Eltern-Ich	entwickelt sich von Geburt an bis Schulbeginn
	Das Eltern-Ich enthält Einstellungen und Verhaltensweisen, die wir von unseren Vorbildern, besonders von den Eltern, übernommen haben.
	Es gibt zwei Ausprägungen: fürsorgliches Eltern-Ich und kritisches Eltern-Ich.
Erwachsenen-Ich	entwickelt sich ab dem 10. Lebensmonat ein Leben lang. Informationen werden aufgenommen, bewusst verarbeitet und in die Persönlichkeit integriert.
Kindheits-Ich	entwickelt sich von Geburt an bis Schulbeginn

3 unterschiedliche Handlungskonzepte können unterschieden werden:
- freies Kind-Ich (mit unseren Talenten und natürlichen Gefühlen)
- angepasstes Kind-Ich
- rebellisches Kind-Ich

Transaktionen	sind Mitteilungen, die zwischen den Ich-Zuständen der Gesprächspartner ablaufen. Ein Gespräch besteht aus vielen wechselnden Transaktionen.
parallele Transaktionen	verlaufen zwischen den gleichen Ich-Zuständen von Sprechenden
überkreuzte Transaktionen	verlaufen zwischen unterschiedlichen Ich-Zuständen von Sprechenden. Kommunikationsstörungen sind eine mögliche Folge.

 **Wissen**

Wiederholungsfragen zu Lerneinheit 2

1. Welche Ich-Zustände werden im Kommunikationsmodell der Transaktionsanalyse unterschieden?

2. Sind Ich-Zustände einer Persönlichkeit einer Entwicklung unterworfen? Begründen Sie Ihre Aussage.

3. Welcher Ich-Zustand ist bei einem Konflikt aktiviert?

4. Welcher Ich-Zustand hilft im Konfliktfall eine Lösung zu finden?

5. Welche Transaktionen führen nicht zu Kommunikationsstörungen?

6. Wie können Sie bei einer Kommunikationsstörung reagieren, um sie zu beheben?

Lerneinheit 3
Diskussion und Debatte

SbX

Alle SbX-Inhalte zu dieser Lerneinheit finden Sie unter der ID: 1230.

Eskalation: Steigerung, Ausweitung

Entscheidungssituationen sind oft Stress-Situationen, weil sie in ein Ergebnis münden sollen. Weniger schwierig sind Plauderrunden, bei denen man sich nur über dies und jenes austauscht. Gute Gespräche laufen locker und zwanglos ab. Aber selbst harmlose Unterhaltungen können zu einer Auseinandersetzung um Anerkennung und Respekt werden. Fingerspitzengefühl und wertschätzende Gesprächskultur bewahren uns vor Eskalationen. Wem es gelingt, den eigenen Standpunkt zu behaupten und Entscheidungen sachlich begründet herbeizuführen, hat wesentliche Kompetenzen für das Berufsleben erworben.

Sie lernen hier,
- **was eine Debatte ist,**
- **was eine Diskussion ist,**
- **welche Aufgaben Diskussionsleiter/innen haben,**
- **wie Sie sich als Diskussionsteilnehmer/in verhalten sollen,**
- **welche Mittel Sie beim Argumentieren einsetzen können,**
- **was Kommunikationssperren sind und**
- **wie Sie ein Gespräch wieder aufnehmen können.**

Lernen

SbX   ID: 1231

1 Redeverhalten im Alltag
Wie kommunizieren Sie?

Wichtige Entscheidungen im Leben treffen wir bewusst. Wir entscheiden uns für die richtige Ausbildung, den passenden Beruf, das günstigste Auto. Kaum jedoch beachten wir die Form, in der wir kommunizieren. Wir alle haben Stärken und Schwächen.

Überprüfen Sie selbst: Wo liegen Ihre Stärken in der Kommunikation?

Überprüfen Sie sich selbst	trifft zu	trifft nicht zu
Ich vergeude Zeit mit Plaudereien.	☐	☐
Ich sage „Ja", wo ich „Nein" sagen sollte.	☐	☐
Manchmal rede ich über irgendetwas, weil mir Schweigen peinlich ist.	☐	☐
Ich erzähle umständlich und ohne Höhepunkt.	☐	☐
Ich neige dazu, das zu sagen, was andere hören wollen.	☐	☐
Es fällt mir schwer, meine Gedanken zu ordnen.	☐	☐
In Stress-Situationen kann ich keine klaren Gedanken fassen.	☐	☐
Ich weiß, dass ich mich in Diskussionen zu wenig einbringe.	☐	☐
Mir fehlt der Mut, meine Meinung klar auszusprechen.	☐	☐
Es kommt vor, dass ich kurz angebunden reagiere.	☐	☐
Ich neige dazu, nicht richtig zuzuhören.	☐	☐
Ich habe immer eine Antwort parat.	☐	☐
Rasche Lösungen sind mir am liebsten.	☐	☐
Ich sage nur etwas, wenn ich mir ganz sicher bin.	☐	☐
Ich nehme oft Stellung zu dem, was andere gesagt haben.	☐	☐
Ich lasse mich leicht überreden.	☐	☐
Ich beharre auf meiner Meinung.	☐	☐
In Wirklichkeit verwende ich eigentlich häufig auch gewisse Füllwörter, oder?	☐	☐

Suchen Sie sich zwei Bereiche, an denen Sie in der nächsten Zeit arbeiten wollen, um Ihr Kommunikationsverhalten zu verbessern. Bitten Sie eine Freundin/einen Freund als Lernpartner/in um Unterstützung. Halten Sie Ihre persönlichen Vorsätze schriftlich fest. Bitten Sie Ihre Lernpartnerin/Ihren Lernpartner um Bestätigung.

Bestätigung

❶ Ich werde

❷ Ich werde

Datum, Unterschrift   Bestätigt von

---

2 Die Debatte
Eine Debatte ist ein Streitgespräch auf gehobenem Niveau.

Debatte: ital. battere = schlagen, stoßen; frz. battre = prügeln, dreschen, schlagen

Debatte

„Jede Niederlage beginnt damit, dass man den Standpunkt des Gegners anerkennt." (Winston Spencer Churchill, 1874–1965, bedeutendster britischer Staatsmann des 20. Jahrhunderts).

Eine **Debatte** ist ein kämpferisches Gespräch nach festen Regeln, das auf eine praktische Streitfrage Antwort gibt. Eine Streitfrage ist eine Frage, auf die man nur mit „Ja" oder „Nein" antworten kann, wobei die Antwort bei den Befragten umstritten ist.

Eine **Debatte** verlangt eine Entscheidung. Sie setzt voraus, dass bereits so viel an Klärung erreicht ist, dass sinnvoll entschieden werden kann. Die Debatte wird besonders im politischen Bereich eingesetzt, z.B. als Parlamentsdebatte.

Ziel einer Debatte ist nicht Verständigung, sondern der Sieg über die andere Gruppe.

In einer **Debatte** werden in Rede und Gegenrede die Interessen der Gruppen dargestellt. Im Verlauf der Debatte konzentriert man sich darauf, die Schwächen des Gegners festzustellen und die eigene Position zu stärken. Die Vorteile der eigenen Meinung und die Nachteile der gegnerischen Ansichten werden aufgezeigt. Es kommt darauf an, herauszustellen, was für und gegen die fragliche Maßnahme spricht, also: Welche Gründe die Entscheidung tragen. Ein Entgegenkommen liegt nicht im Sinne der Debatte.

Die Darstellung des Für und Wider ist leichter durchzuführen, wenn sie von mehreren Rednern übernommen wird, die für die Dauer der Debatte in ihrer jeweiligen Rolle bleiben.

Die Leiterin oder der Leiter einer Debatte hat darauf zu achten, dass die gegnerischen Parteien (Gruppen) beim Thema bleiben und die vorher ausgemachte Redezeit einhalten. Weiters dürfen keine beleidigenden oder bewusst unwahren Äußerungen gemacht werden. Jede Gruppe hat das Recht auf ein Schlusswort.

Abstimmungen in einer Debatte stellen nicht fest, wer recht oder gar die Wahrheit hat. Abstimmungen sollen helfen, zu einer gemeinsamen Entscheidung in der Sache zu gelangen. Die Themen sollten Fragen sein, die eine **generelle Regelung** benötigen, weil die fragliche Maßnahme oder ihr Unterlassen grundsätzlich jeden treffen kann. Nur solche Fragen verlangen nach Debatten. Es geht um öffentliche, um politische Angelegenheiten, nicht um Privatsachen. („Soll die Polizei innerstädtische Brennpunkte per Video überwachen?")

Praxisaufgabe **P**

P 1:
Führen Sie eine Debatte in der Klasse durch.

❶ Wählen Sie ein Thema:
 ○ Schuluniformen – ja oder nein?
 ○ Politische Werbung in der Schule?
 ○ Soll eine Zentralmatura eingeführt werden?
 ○ Ganztagsschule oder Beibehaltung des heutigen Schulsystems?

❷ Bilden Sie zwei Gruppen (Befürworter/innen und Gegner/innen) und bereiten Sie sich inhaltlich gemeinsam auf die Argumente vor. Jede Person präsentiert anschließend in der Debatte ein Argument/einen Gesichtspunkt.

❸ Legen Sie die Redezeit pro Beitrag fest. Nehmen Sie auf einander gegenüberstehenden Stühlen Platz.

❹ Der Redebeitrag wechselt von einer Gruppe zur anderen. Es muss sofort auf die Ausführungen des Vorredners/der Vorrednerin eingegangen werden, bevor das eigene Argument dargelegt wird.

❺ Es gibt ein einführendes Statement und ein Schlusswort. Das Publikum stimmt nach der Debatte ab.

3 Die Diskussion
„Nicht Sieg sollte der Sinn der Diskussion sein, sondern Gewinn."
(Joseph Joubert, französischer Schriftsteller)

Eine Diskussion ist ein Gespräch zwischen zwei oder mehreren diskutierenden Personen, in dem meist über ein oder mehrere bestimmte Themen gesprochen (diskutiert) wird, wobei jede Seite ihre Argumente vorträgt.

Diskussion: von lat. discutio, cussi (quatio) = zerschlagen, zertrümmern, aber auch abschütteln und (gerichtlich) prüfen, untersuchen, verhören

diskutieren: besprechen, erörtern, sich mit einer Sache auseinandersetzen

Diskussionsrunde

2 Soziale Interaktion

Eine **Diskussion** ist ein Gespräch ohne feste Regeln, das auf eine offen gestellte Frage Antwort sucht, das heißt: auf eine Frage, die man nicht mit „Ja" oder „Nein" beantworten kann. Diskussion beschränkt sich auf Klärung. Ziel ist es, verschiedene Standpunkte, Meinungen und Argumente zu hören und Sichtweisen auszutauschen. Ein Konsens ist denkbar, aber nicht erforderlich.

Konsens: Zustimmung, Übereinstimmung

Voraussetzungen für eine sinnvolle Diskussion:

- klares Thema
- begrenzter Kreis von Diskutanten und Diskutantinnen
- räumliche Voraussetzungen
- Moderator/in, Leiter/in (bei öffentlichen Diskussionen)

„Verfallen wir nicht in den Fehler, bei jedem Andersmeinenden entweder an seinem Verstand oder an seinem guten Willen zu zweifeln."
(Otto Fürst von Bismarck, genannt der Eiserne Kanzler, 1815–1898, deutscher Staatsmann)

Diskussionsleiter/innen sind höflich in der Form, aber zielstrebig und bestimmt in der Sache. Sie steuern den Ablauf der Diskussion. Die wichtigste vorbereitende Tätigkeit ist der Entwurf einer Verlaufsplanung (Fragen an die Teilnehmer/innen).

Gliederungsvorschläge:

- Ist-Zustand → Ursachen → Folgerungen
- Gemeinsamkeiten → Probleme → Lösungsmöglichkeiten
- Behauptung → Gegenbehauptung → Kompromiss

Die Aufgaben einer Diskussionsleiterin oder eines Diskussionsleiters:

Tipps

- Er/Sie eröffnet die Diskussion mit einer kurzen Einführung in das Thema.
- Er/Sie stellt Fragen, die in der Runde diskutiert werden.
- Er/Sie erteilt in der Reihenfolge der Meldungen das Wort.
- Er/Sie sorgt für Fairness und gleiche Redezeit.
- Er/Sie kann Teilnehmer/innen direkt ansprechen.
- Er/Sie kann Teilnehmern das Wort entziehen.
- Er/Sie zieht Zwischenbilanz und fasst zusammen.
- Er/Sie sorgt dafür, dass niemand vom Thema abschweift.
- Er/Sie selbst nimmt nicht Stellung und ist unparteiisch.
- Er/Sie schließt die Diskussion.

Diskussion

Die **Diskussionsteilnehmer/innen** sollten mit dem Thema vertraut sein oder sich inhaltlich gut vorbereiten. Da es nicht darum geht, über andere zu „siegen", sondern andere Sichtweisen kennenzulernen, muss die innere Bereitschaft, den eigenen Standpunkt gegebenenfalls zu ändern, vorhanden sein. Wesentlich ist, eine Balance zwischen „überzeugen wollen" und sich „überzeugen lassen" zu finden. So können neue Aspekte entstehen.

Um den reibungslosen Verlauf einer Diskussion zu gewährleisten, darf es weder zu persönlichen Angriffen noch zu Schreiduellen kommen.

Die Sitzordnung für eine Diskussion sollte so gestaltet sein, dass jeder jeden sieht: am runden Tisch (kleiner Gruppen) oder an Tischen, die in Hufeisen-Form angeordnet sind. Der **Diskussionsleiter/**Die **Diskussionsleiterin** sitzt in der Mitte.

„Die Leute streiten im Allgemeinen nur deshalb, weil sie nicht diskutieren können." (**Gilbert Keith Chesterton,** englischer Schriftsteller und Journalist)

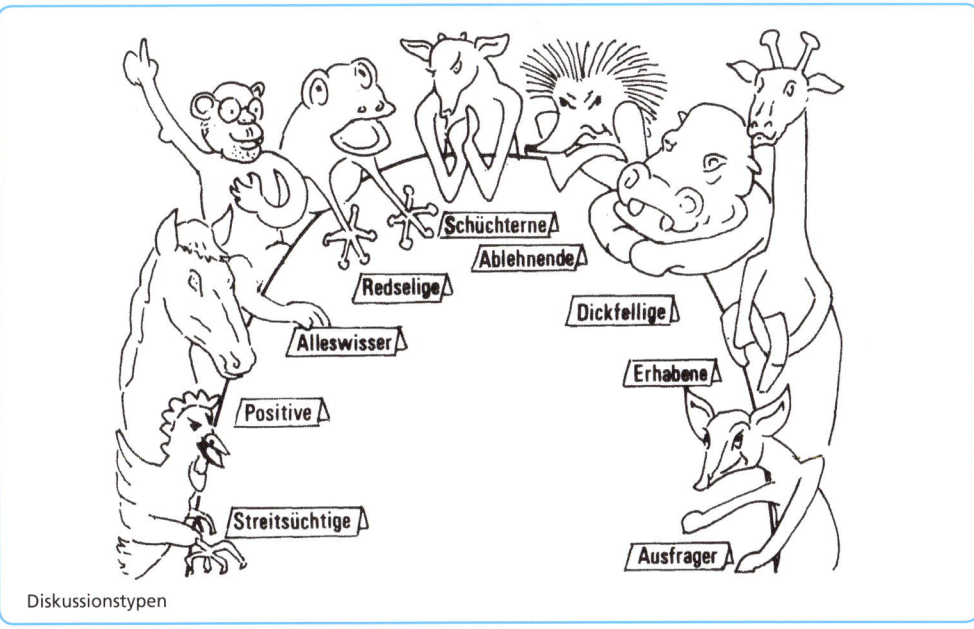

Diskussionstypen

Regeln für eine gute Diskussion:

Tipps

- andere nicht unterbrechen
- zuhören
- sich im richtigen Augenblick zu Wort melden
- kurz und sachlich argumentieren
- auf Vorredner eingehen (evtl. Notizen machen)
- systematisch und logisch sprechen
- Behauptungen beweisen
- andere Meinungen respektieren
- nicht immer auf das Gleiche zurückkommen
- keine Kommunikationssperren verwenden (befehlen, drohen, kritisieren, beschimpfen, interpretieren, ablenken)

Diese Mittel können in der Argumentation eingesetzt werden:

Unterschiedliche Argumentationsmodelle finden Sie in **Kapitel 3: Rhetorik,** Seite 77 ff.

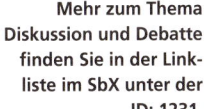

Mehr zum Thema Diskussion und Debatte finden Sie in der Linkliste im SbX unter der ID: 1231.

- **Tatsache** (Zahlen, Fakten)
- **Widerspruch** (Gegenbehauptung)
- **Folgerung** (logisch, von Ursache auf Wirkung)
- **Beispiel** (veranschaulichen, erläutern)
- **Vergleich** (Beispiel)
- **Einschränkung** (Situation)
- **Kehrseite** („Ja, aber")

Kommunikationssperren sind Formulierungen, die einen Gesprächserfolg unmöglich machen.

4 Kommunikationssperren
Es gibt Kommunikationssituationen, in denen wir plötzlich spüren, dass sich innerlich alles sperrt.

Kommunikationssperren sind Sätze, die uns blockieren. Wir werden am Weitersprechen gehindert, da wir uns abgewertet, nicht akzeptiert oder bevormundet fühlen. Das lässt uns verstummen. „Kommunikationssperren" können den Verlauf eines Gesprächs oder einer Diskussion abrupt verändern. In Gesprächssituationen, in welchen sie verwendet werden, entsteht Ärger, Zorn oder Rückzug durch Schweigen. Alles sperrt sich innerlich und hindert am Weitersprechen. Gefühle werden verletzt, Menschen fühlen sich herabgesetzt oder lächerlich gemacht.

Was wir in vielen wichtigen Gesprächssituationen brauchen, ist **aktives Zuhören.**

„Die wahre Kunst der Kommunikation liegt darin, nicht nur das Richtige am richtigen Ort zur richtigen Zeit zu sagen, sondern das Falsche im verlockenden Augenblick ungesagt zu lassen."
(Dorothy Nevel, interkulturelle Trainerin und Sprachlehrerin)

Typische Kommunikationssperren

anordnen, befehlen

- Hör auf damit!
- Sag doch mal was.

warnen, ermahnen, drohen

- Sag das nicht noch einmal.
- Das tu ja nicht!

beraten, Lösungen vorgeben, Vorschläge machen

- Warum versuchst du es nicht einmal anders?
- Die beste Lösung ist …

belehren

- Lass mich einmal die Fakten nennen.
- Die Tatsachen sprechen für etwas anderes.

predigen, gut zureden

- Erledige das doch sofort!
- Aber du kannst das doch besser.

urteilen, kritisieren

- Was für dumme Argumente!
- Du kannst keinen klaren Gedanken vorbringen.

lächerlich machen, beschimpfen

- Das fällt auch nur einem Vollkoffer ein.
- Sie reden, als hätten Sie noch nie etwas davon gehört.

interpretieren, analysieren

- Du hast da offensichtlich ein Problem damit.
- Ihnen fehlt wohl der nötige Ernst für diese Sache.

ausfragen, verhören

- Wann sind Sie denn zu dieser Einstellung gekommen?

trösten, bemitleiden

- Morgen denken Sie wieder anders darüber.
- Nimm das nicht so ernst, was er sagt.

ablenken

- Na, lassen wir das. Reden wir über etwas anderes.

Wie kann man das Gespräch wieder in Gang setzen?

Tipps

- Bleiben Sie ruhig, atmen Sie durch.
- Fordern Sie den Gesprächspartner/die Gesprächspartnerin auf, sachlich zu bleiben und Argumente zu nennen.
- Fragen Sie nach, was konkret gemeint ist oder wie es gemeint ist.
- Wenn Sie eine Äußerung verletzend oder abwertend empfunden haben, teilen Sie dies sofort mit und ersuchen Sie Ihre Gesprächspartnerin/Ihren Gesprächspartner, sachlich zu bleiben.

Üben

Praxisaufgaben

Gruppenarbeit
Kreisgespräch

P 2:

Äußern Sie Ihre Meinung zu einem vorgegebenen Thema. Wenn Sie ausgesprochen haben, schauen Sie Ihre Nachbarin/Ihren Nachbarn direkt an und übergeben ihr/ihm das Wort. Er/Sie wiederholt das Gesagte, kommentiert es und fügt eigene Gedanken hinzu.

Gruppenarbeit
Sprichwörter und
Assoziationen

Assoziation:
Verknüpfung von
Vorstellungen

P 3:

In einer Gesprächsrunde werden Gedanken und Assoziationen zu verschiedenen Sprichwörtern zum Ausdruck gebracht.

a) Sammeln Sie Sprichwörter und schreiben Sie je ein Sprichwort auf ein vorbereitetes Kärtchen. Legen Sie die Kärtchen verdeckt auf den Tisch.

b) Ein Gruppenmitglied beginnt und zieht ein Kärtchen, liest das Sprichwort laut vor und spricht einige Sätze darüber. Welche Bedeutung hat es? Woran erinnert es? Welche Gedanken löst es aus?

c) Die Aussagen werden von der Gruppe nicht kommentiert. Andere können ebenfalls Gedanken dazu äußern. Wenn keine Wortmeldungen kommen, wird ein neues Kärtchen gezogen …

Gruppenarbeit
Fragwürdige
Behauptungen –
Stimmen Sie zu?

P 4:

Arbeiten Sie in Kleingruppen zu dritt. Lesen Sie die folgenden Behauptungen, diskutieren Sie und sammeln Sie Pro- und Kontrapunkte in Stichworten. Versuchen Sie, sich auf einen gemeinsamen Standpunkt zu einigen.

Behauptung	ja, nein, zum Teil	weil … vor allem wenn … obwohl …
Jeder ist im Grunde egoistisch.		
Wo ein Wille ist, ist auch ein Weg.		
Ein Arzt ist verpflichtet, immer die Wahrheit zu sagen.		
Ein Urlaub muss genau geplant sein.		
Der goldene Mittelweg ist immer der beste.		

Sichern

Debatte	Streitgespräch nach festen Regeln mit anschließender Abstimmung
Diskussion	Auseinandersetzung mit einem Thema in Gesprächsform mit der Zielsetzung, verschiedene Sichtweisen einzuholen und Meinungen auszutauschen
Diskussionsleiter/in	ist für Einführung in das Thema und den Ablauf der Diskussion verantwortlich

2 Soziale Interaktion

Teilnehmer/innen	● bringen eigene Meinung ein
	● argumentieren
	● halten sich an Gesprächsregeln

Kommunikations-sperren

behindern oder blockieren das Gespräch:
- anordnen, befehlen
- warnen, drohen
- beraten, Lösungen vorgeben
- belehren
- predigen, gut zureden
- urteilen, kritisieren
- lächerlich machen, beschimpfen
- interpretieren, analysieren
- ausfragen, verhören
- trösten, bemitleiden
- ablenken

Wissen

Wiederholungsfragen zu Lerneinheit 3

1. Was ist eine Debatte?

2. Wozu werden Debatten eingesetzt?

3. Was ist eine Diskussion?

4. Welche Aufgaben hat der/die Diskussionsleiter/in?

5. Worauf sollen die diskutierenden Teilnehmer/innen achten?

6. Mit welchen Mitteln kann eine Argumentation erfolgreich aufgebaut werden?

7. Was sind Kommunikationssperren? Nennen Sie Beispiele.

SbX

Alle SbX-Inhalte zu dieser Lerneinheit finden Sie unter der ID: 1240.

Prävention: Vorbeugung, Verhütung

Mediation: Vermittlung, ein Konfliktlösungs- und Vermittlungsverfahren

artikulieren: in Worte fassen, betonen

Lerneinheit 4
Der Konflikt

Freundliche Kommunikation zu entwickeln gelingt uns am ehesten, wenn wir auf ein höfliches Gegenüber treffen. Was passiert aber, wenn wir auf eine Art angesprochen werden, die uns weniger behagt? Wie reagieren wir auf unangenehme Fragen, Unterstellungen oder Provokationen? Viele Spannungen und Konflikte tauchen erst gar nicht auf, wenn wir unsere sprachliche Ausdrucksweise um die nötigen Methoden und Techniken erweitern und richtig reagieren. Schon allein durch aktives Zuhören kann viel zur Entspannung beigetragen werden. Konfliktmanagement bedeutet vor allem auch Konfliktprävention. Methoden und Elemente der Mediation ergänzen das Handwerkszeug und dienen allen, die im Alltag und Berufsleben neue Umgangsformen einsetzen wollen.

Sie lernen hier,

- wie Sie Konfliktsituationen besser meistern können,
- wie Sie Gefühle richtig artikulieren,
- wie Sie eine Ärgermitteilung machen, ohne zu verletzen,
- welche Aufgaben ein Mediator/eine Mediatorin hat und
- welche Verlaufsphasen eine Mediation hat.

Lernen

SbX ID: 1241

1 Der Konfliktbegriff
Zwischenmenschliche Konflikte gehören zu unserem Alltag.

Konflikt: Auseinandersetzung, Streit, Uneinigkeit, Verstimmung (von lateinisch confligere = aneinandergeraten, kämpfen)

Intention: Absicht, Bestreben

Zwischenmenschliche Konflikte können überall dort entstehen, wo Menschen mit unterschiedlichen Intentionen, Wertvorstellungen, Bedürfnissen und Wünschen zusammentreffen. Die grundlegende Form eines Konflikts ist der **Streit.** Ein Streit ist gekennzeichnet durch zwei sich gegenüberstehende Personen oder Gruppen, die verschiedene Positionen bezogen haben und Ziele haben, die für die Beteiligten unvereinbar scheinen. Denken, Wahrnehmen, Fühlen und Wollen der unterschiedlichen Personen prallen aufeinander. Häufig ergibt sich daraus ein Kampf ums Recht-Haben, an dessen Ende Gewinner und Verlierer zu finden sind. Es kann aber auch sein, dass der eigene Gewinn nicht mehr als der Verlust des Gegners ist.

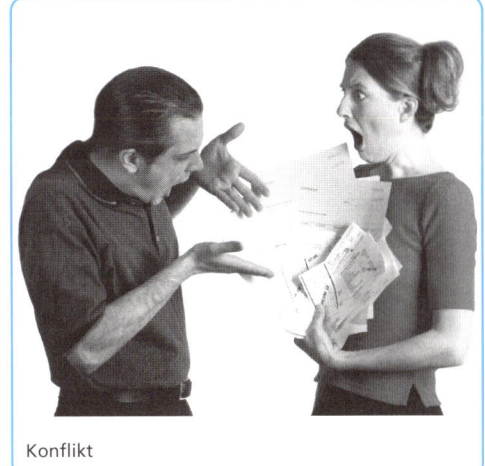

Konflikt

Konfliktauslöser

Konfliktauslöser:
- Einstellungen
- Überzeugungen
- Vorurteile
- Gefühle
- Stimmungen
- Erwartungen
- Befürchtungen

- unbedachte Äußerungen oder Witze
- nonverbale Zeichen, die falsch gedeutet wurden
- Versprechen, die nicht eingehalten wurden
- schlechte Laune
- aufgestaute Wut, die mit einer anderen Situation in Zusammenhang ist
- Stress, hohe Belastung
- Kommunikationsprobleme
- Missverständnisse
- Rollenprobleme

Praxisaufgabe **P**

P 1:

Wie erlebe ich Konflikte? Versetzen Sie sich in Gedanken in eine Konfliktsituation, in die Sie verwickelt waren, und versuchen Sie, Ihre Gefühle dabei zu beschreiben. Erstellen Sie ein Symbol oder eine kleine Zeichnung für den Konflikt. Wie viele Personen waren in den Konflikt verwickelt? Welchen Titel könnte man dem Konflikt geben?

Im Konflikt fühlte ich mich …	mein Bild
Ich reagierte mit …	

Die Eskalationsstufen eines Konflikts

Konflikte, die nicht gelöst werden, können sich zuspitzen.

Verdeckte Widerstände bilden eine **Vorform des Konflikts.** Offener Protest führt zu einer Verhärtung der Standpunkte. Debatten und Schwarz-Weiß-Denken können folgen. Die Situation ist emotionalisiert und verfahren. Das Einfühlungsvermögen geht verloren. Taten werden gesetzt und Verbündete gesucht. Öffentliche Angriffe zielen auf den Gesichtsverlust der Gegner/innen. Dann ist der Schritt zu Drohung nicht mehr weit. In der Folge werden erste „Vernichtungsschläge" verpasst. Wenn weitere Verletzungen folgen oder gar Gewalt, so gibt es kaum einen Weg zurück – beide beteiligte Personen/Gruppen verlieren.

❾ Gemeinsam in den Abgrund (totale Konfrontation, Vernichtung)

„Wer nach Rache strebt, hält seine eigenen Wunden offen."
(**Sir Francis Bacon,** 1561–1626, englischer Philosoph und Staatsmann)

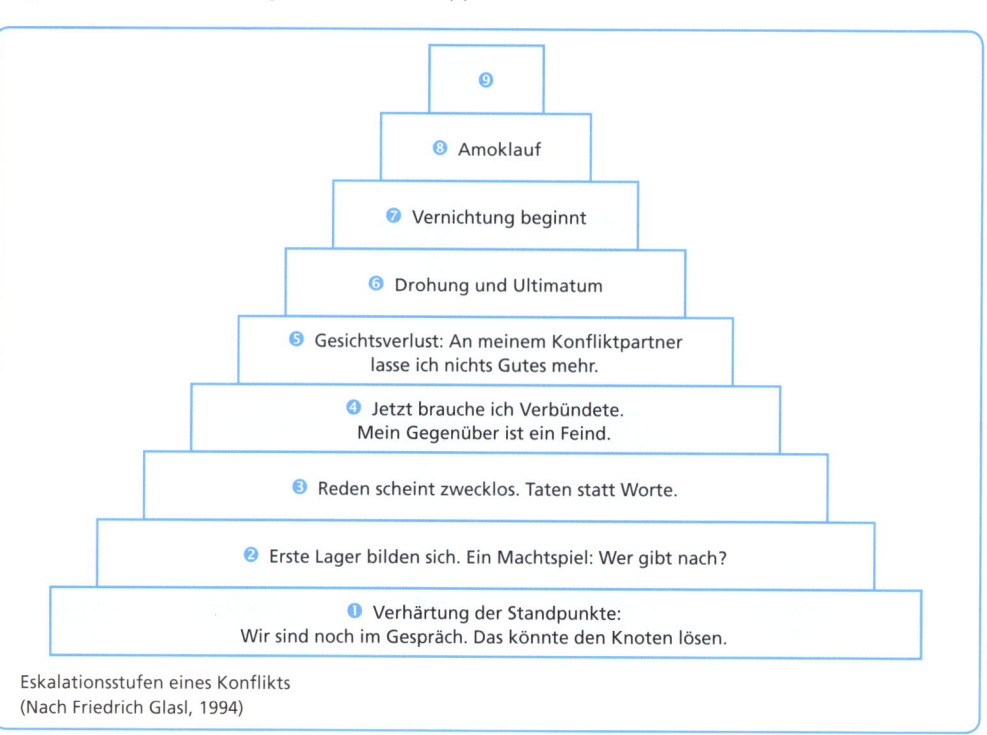

Eskalationsstufen eines Konflikts
(Nach Friedrich Glasl, 1994)

Konfliktbewältigungsmechanismen

Verständlicherweise nehmen viele Menschen Konflikte als bedrohlich für die eigene Person wahr. Gespräche in Konfliktsituationen werden von den meisten Menschen als risikoreich erlebt. In unserer Entwicklung haben wir unterschiedliche Verhaltensweisen erlernt, auf eine riskante Situation zu reagieren. Manche werden durch Konfliktanlässe herausgefordert, den eigenen Standpunkt zu behaupten. Sie kämpfen. Andere leiden unter den negativen Gefühlen, die in Konfliktsituationen entstehen. Deshalb weichen sie Konflikten lieber aus. So können sie der Bedrohlichkeit einer weiteren Eskalation entgehen. Wieder andere akzeptieren die Situation, obwohl sie nicht einverstanden sind, da sie glauben, dass sich doch nichts ändern lasse. Sie verdrängen den Konflikt.

Bei einem **Kompromiss** grenzt man den Konflikt sachlich und zeitlich ein und schließt eine Übereinkunft, bei der beide Konfliktparteien das Gesicht wahren können. Um einen Konsens zu erreichen, bemühen sich beide Konfliktparteien, unter gegenseitiger Respektierung, eine Lösung zu finden und die Beziehung zu klären.

Ein **Kompromiss** (Übereinkunft, Mittelweg, Ausgleich) ist die Lösung eines Streites durch Verzicht beider Seiten auf einige der gestellten Forderungen.

Aggression: Angriff

destruktiv: zerstörerisch, hinderlich

Aggression und Konflikt

Vielfach erleben wir Aggression als destruktives Verhalten in Zusammenhang mit Konflikten.

Starke Gefühle wie Wut und Zorn, aber auch Enttäuschung können Auslöser für **aggressives Verhalten** sein.

Frustration: Erlebnis einer Enttäuschung

Wenn uns Frustration und extremer Stress zu zerstörerischen und gewalttätigen Handlungen verleiten, so müssen wir lernen, auf solche Gefühle anders zu reagieren.

vital: lebenswichtig

Aggression ist nicht nur negativ, sondern steht uns auch als **vitale Energie** zur Verfügung:

Initiative: Tatkraft, Entschlossenheit

- um etwas anzupacken
- um Initiative zu zeigen
- um sich durchzusetzen
- um gegen ungünstige Bedingungen zu kämpfen
- um zu konkurrieren
- um sich zu wehren
- um sich abzugrenzen

2 Handlungsansätze im Konflikt
Konfliktmanagement bedeutet konstruktiven Umgang mit schwierigen Situationen wie Konflikten.

„Wir sollten von den Chinesen lernen – sie haben die gleichen Schriftzeichen für Krise und Chance."
(Richard von Weizsäcker, Jurist und Politiker)

Manche Herausforderungen müssen wir annehmen. Entscheidungen können auch wehtun, aber in vielen schmerzlichen Erfahrungen liegen Lernchancen. Wir können lernen, die Welt mit anderen Augen zu sehen, Mut zu fassen und unsere Energie für neue Wege einzusetzen.

Konflikte kann man auch in einem anderen Licht sehen.

2 Soziale Interaktion

Stagnation: Stillstand
konstruktiv: dienlich, einfallsreich

Ein gut geführter Konflikt kann Stagnation verhindern und Initialzündung für Veränderung sein. Wenn man sich konstruktiv darum bemüht, Lösungen zu finden, so kann man Auseinandersetzungen zufriedenstellend schlichten.

Praxisaufgabe

P 2:

Erinnern Sie sich an einen Konflikt, der zur Zufriedenheit aller gelöst wurde. Beantworten Sie die folgenden Fragen:

❶ Was war der Anlass/Auslöser für den Streit?

❷ Worum ging es eigentlich?

❸ Wie konnte der Konflikt beigelegt werden?

Weichen wir Konflikten aus, so bleibt das Thema offen und stellt sich zu einem späteren Zeitpunkt erneut. Doch nicht alle Konflikte sind lösbar. Eine „Lösung" gibt es nur dann, wenn die Ursachen für den Konflikt beseitigt werden können. Viele Konflikte können nur „bewältigt", d.h. bearbeitet und handhabbar gemacht werden. Damit wird für Entspannung gesorgt.

Richtlinien für den Umgang bei Konflikten:

Tipps

- Betrachten Sie Ihre Gegner/innen als Partner/innen. Bemühen Sie sich um Fairness.
- Formulieren Sie das Problem oder die Streitfrage neu (wertneutrale Beschreibung, Sachlichkeit ohne Angriff).
- Sprechen Sie Bedürfnisse, Wünsche, Gefühle und Bedenken aus (Ich-Botschaften).
- Hören Sie aktiv zu und stellen Sie Fragen im Bedarfsfall.
- Lassen Sie den anderen/die andere ausreden.
- Unterscheiden Sie zwischen Beobachtung und Bewertung.
- Vermeiden Sie Drohungen und Schuldzuweisungen.
- Seien Sie zurückhaltend mit Verallgemeinerungen und Interpretationen.
- Beachten Sie Ihre Körpersignale. Was drücken sie aus?
- Suchen Sie nach einem gemeinsamen Nenner. Gemeinsamkeiten und wiederhergestellte gegenseitige Wertschätzung ebnen den Weg zur Lösung.
- Schlagen Sie Alternativen für eine Lösung vor.

Unsere Gefühle

„Sobald sich Gefühle in festen Begriffen ausdrücken lassen, hat ihre Stunde geschlagen."
(Paul Valéry, französischer Dichter)

Gefühle

Dr. Marshall B. Rosenberg (1934 in Ohio) hat das **Konzept der Gewaltfreien Kommunikation (GFK)** entwickelt.

Marshall B. Rosenberg hat erkannt, wie wichtig es im gewaltfreien Umgang miteinander ist, auf die Sprache zu achten, um Verständnis zu erzielen. Gefühle sind Auslöser von Handlungen. Häufig sprechen wir jedoch das Wort **fühlen** oder **Gefühl** aus, ohne wirklich ein Gefühl zu nennen.

Die folgenden Aussagen beschreiben nicht das, was wir fühlen, sonders was wir denken und wie wir eine Situation interpretieren.

Negative Beispiele:

> „Ich habe das Gefühl, dass mir kein faires Angebot gemacht wurde."
> „Ich habe das Gefühl, es ist sinnlos."
> „Ich habe das Gefühl, du manipulierst mich."
> „Ich fühle mich übergangen."

P Praxisaufgabe

P 3:
Machen Sie einen Test: Ersetzen Sie „Ich habe das Gefühl ..." oder „Ich fühle mich ..." durch „Ich bin ...". Ist das Ergebnis ein sinnvoller Satz mit einem Gefühlsausdruck?

Vergleichen Sie dazu **Lerneinheit 1: Der Dialog** (die vier Seiten einer Nachricht), Seite 37.

Beispiel	Umwandeln in
„Ich habe das Gefühl, du manipulierst mich. Ich fühle mich übergangen."	„Ich bin ..., du manipulierst mich. Ich bin übergangen."

Sinnlose Aussagen: Weder „du manipulierst mich" noch „übergangen" drückt ein Gefühl aus, sondern ist die Interpretation von Handlungen, die andere Menschen gesetzt haben. Anders im folgenden Beispiel:

Beispiele	Umwandeln in
„Ich fühle mich zufrieden."	„Ich bin zufrieden."
„Ich fühle mich erleichtert."	„Ich bin erleichtert."

Formulieren Sie Anschuldigungen in Ich-Botschaften um.

Das Ende jedes konstruktiven Konfliktgespräches sind abfällige Bemerkungen. Verächtliche Schuldzuweisungen und Gesten machen die Aussicht auf einen lösungsorientierten Verlauf des Streits zunichte. Einen großen Anteil am Gelingen des klärenden Gesprächs hat dabei die Art und Weise, wie wir unserem Gegenüber das Problem mitteilen. Hier bewährt sich das Senden einer **Ich-Botschaft**.

!

Ich-Botschaften, auch **Selbstoffenbarungen,** sind Äußerungen, die die eigene Meinung und die eigenen Gefühle mitteilen.

Eine **Ich-Botschaft** ist eine Aussage mit hohem Selbstoffenbarungsanteil. Man nennt das eigene Anliegen und die eigenen Gefühle, ohne die andere Person anzugreifen. So wird konkretes Verhalten zum Problem und nicht die Person.

In einer **Du-Botschaft** wird dagegen eine direkte, bewertende Meinung der angesprochenen Person gegenüber geäußert, die das als Angriff erlebt. Gefühle, Denkweisen, Bedürfnisse der angesprochenen Person werden thematisiert bzw. abgewertet. Als Folge reagiert der Empfänger entsprechend negativ.

Ich-Botschaften können diese Spirale durchbrechen. Dadurch wird Einlenken und Nachgeben leichter. Es entsteht eine Atmosphäre der Offenheit.

Ich-Botschaften – Du-Botschaften

Praxisaufgabe **P**

P 4:
Wandeln Sie die **Du-Botschaften** in **Ich-Botschaften** um.

Du-Botschaft	Ich-Botschaft
„Du störst hier."	„Ich kann nicht arbeiten, wenn ich keinen Platz habe."
„Du rufst einfach nie an!"	„Ich mache mir Sorgen, wenn du nicht anrufst."
„Du bestimmst immer alles!"	„Ich möchte auch mitentscheiden."
„Du bist aber wirklich nur noch unterwegs!"	
„Du machst mich noch verrückt."	
„Hol dir doch deine Sachen selber."	
„Immer machst du so einen Mist."	

frame (engl.) = Rahmen
Reframing: eine Situation aus einem anderen Blickwinkel betrachten

Positiv umdeuten (Reframing)

Wir wissen: Die Einschätzung und Bewertung einer Handlung ist subjektiv, unsere Wahrnehmung ebenfalls. Manchmal ärgern wir uns über einen Vorfall, ohne die genauen Hintergründe zu kennen. Wir haben keine Gewissheit darüber, ob unsere Interpretation (eine Bewertung) die richtige ist. Es lohnt sich jedoch, darüber nachzudenken. Jedes Ding hat mindestens zwei Seiten und wir bestimmen die Bedeutung von Dingen, Personen und Situationen immer auch mit.

Reframing hilft, nicht in der „Opferrolle" zu verharren, sondern aktiv zu werden, eine andere Perspektive einzunehmen. Mit dieser Strategie, eine Situation von einer anderen Seite aus zu betrachten, erschließen wir uns neue Handlungsalternativen.

Zum Beispiel:

> Sie haben sich mit einem Freund verabredet. Er ist nicht gekommen. (Beobachtung)
>
> Für Sie bedeutet das, dass er sich nicht (mehr) für Sie interessiert. (Bewertung)

Es könnte aber auch bedeuten, dass

- er etwas Dringendes zu erledigen hatte.
- er einfach vergessen hat.
- er Probleme mit dem Auto hat.
- jemand zu Besuch gekommen ist.
- Ort oder Zeitpunkt missverständlich festgelegt worden sind.
- er verhindert ist, Sie aber nicht mehr rechtzeitig verständigen konnte.

Gruppenarbeit

P 5:
Bilden Sie Kleingruppen mit 6 Klassenkameraden und -kameradinnen. Jede/r beschreibt auf einem Blatt Papier einen Vorfall oder eine Situation, die ein Problem darstellt und fügt die eigene Interpretation hinzu. Anschließend wird das Blatt im Uhrzeigersinn weitergereicht und jeweils eine andere mögliche Bedeutung dazu notiert.

Wenn jede/r das eigene Blatt wieder in Händen hält, liegen 5 weitere Bedeutungsmöglichkeiten des eigenen Problems schriftlich vor.

„Wenn Folgendes eintritt …, so bedeutet es für mich, dass …"
„Es könnte aber auch sein, dass …"

3 Grenzen setzen
Ärger rechtzeitig mitteilen, bevor es zu spät ist.

Grenzen schützen das Leben und die Interessen jedes Menschen. Im sozialen Miteinander ist es wichtig, die eigenen Grenzen zu kennen und die unserer Mitmenschen zu respektieren. Jede **Grenzverletzung** ärgert oder kränkt uns.

Wenn wir unsere eigenen Grenzen nicht kennen, können wir Grenzverletzungen durch andere nicht verhindern. Diese können in so einem Fall darüber gar nicht Bescheid wissen.

Teilen Sie klar mit, wo Ihre **Grenzen** liegen!

 Was hilft? Eine **klare Aussage,** in der eine **Grenze** oder **Grenzverletzung** mitgeteilt wird.

Zum Beispiel:

- „Ich möchte in der nächsten Stunde nicht gestört werden."
- „Danke Mama, ich hab schon genug gegessen."
- „Das lasse ich mir nicht gefallen."
- „Da mache ich nicht mit."

Sagen Sie nicht „Ja", wenn Sie „Nein" sagen wollen!

Wenn wir Grenzverletzungen sehr lange hinnehmen und erst spät reagieren, wird unsere Reaktion umso heftiger ausfallen. Viele tun sich schwer, der erlebten Grenzverletzung sofort Einhalt zu gebieten. Sie fühlen sich als Opfer. In der Folge werden sie selbst zum Täter, indem sie sich mit einer Gegengrenzverletzung rächen.

Um in diesen Kreislauf nicht hineingezogen zu werden, ist es wichtig, rechtzeitig „Stopp" zu sagen.

Eine wesentliche kommunikative Fähigkeit ist der **Umgang mit unserem Ärger.** Wie teilt man Ärger mit, ohne andere zu verletzen?

Viele achtlos geäußerte Bemerkungen enthalten eine negative Botschaft auf der Beziehungsseite und sind gleichzeitig unklar.

Zum Beispiel:

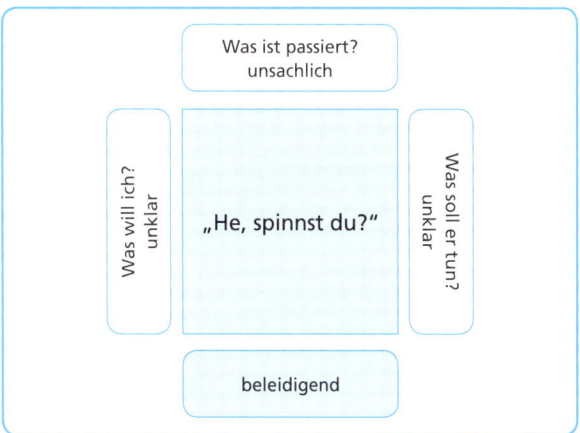

Eine Stunde Ärger kostet so viel Energie wie 8 Stunden Arbeit!

Ärger wohnt in unserem eigenen Denken. Viele Vorfälle, die zu täglichen kleinen Ärgernissen führen, geschehen nicht aus Rücksichtslosigkeit der anderen, sondern sind Missgeschicke, die jemandem passiert sind. Bei einer vorwurfsvollen Umgangsweise wie im Beispiel oben, hat der „Täter" keine Gelegenheit, sich zu entschuldigen, da er nicht einmal weiß, was er verursachte:

- Hat er eine Klassenkameradin gestoßen, die einen Becher Kaffee in der Hand hielt?
- Welche Gefühle/Wünsche sind im Spiel? Ist sie verärgert, weil der neue Pullover verschmutzt wurde?
- Will sie einen frischen Becher Kaffee? Soll er beim Aufwischen helfen?

Wesentlich ist, so zu formulieren, dass das Problem verstanden wird, aber keine Beleidigung durch die Wortwahl entsteht.

Beispiel für ein Grundmuster:

> „Es ist Folgendes passiert ..." /„Du hast ... gemacht ..."
> **(Tatsache beschreiben)**
>
> „Das hat mich geärgert/enttäuscht/beleidigt ...
> **(eigene Gefühle äußern),** weil ..."/
>
> „Jetzt muss ich ..." **(mögliche Konsequenzen nennen)**
>
> „Ich wünsche mir von dir ..." /„Ich möchte deshalb in Zukunft, dass ..." **(Verhaltensweisen festlegen; sagen, was man braucht)**
>
> „Du hast meine Mitschrift weitergereicht. Da bin ich ziemlich sauer, weil ich selber entscheiden will, wem ich sie borge. Ich möchte, dass du mir meine Unterlagen beim nächsten Mal gleich zurückgibst, wenn du mit dem Abschreiben fertig bist."

- Nehmen Sie Ihre eigenen Grenzen genauso ernst, wie die Ihrer Gesprächspartner/innen.
- Teilen Sie Ihre Grenzen möglichst vorher mit.
- Wenn Sie bei anderen Grenzen überschreiten wollen/müssen, so bitten Sie um Erlaubnis und warten auf Zustimmung (z.B. Anklopfen und vor der Tür stehen bleiben, bis man die Zustimmung zum Eintreten erhalten hat).

Legen Sie sich Ihre Worte bewusst zurecht. Ein freundliches, aber bestimmtes Verhalten führt zum Ziel. Das bedeutet:
- *Sie wissen genau, was Sie stört.*
- *Sie sind sich klar darüber, was Sie von der anderen Person wollen.*
- *Sie sprechen das Problem direkt an.*
- *Sie verhalten sich höflich.*

Toleranz: von lateinisch tolerare = hinnehmen, dulden

„Ignorieren ist noch keine Toleranz." (Theodor Fontane)

Toleranz: Hinnahme, Duldsamkeit

Grenzen dürfen überschritten werden, wenn wir tolerant sind. **Toleranz** bedeutet Duldsamkeit, Ertragen. Es bedeutet auch Großzügigkeit gegenüber Abweichungen von eigenen Vorstellungen und Normen. Dazu gehört das Respektieren von anderen Meinungen und Verhalten. Extrem tolerantes Verhalten verkommt jedoch zu Gleichgültigkeit.

Toleranzgrenze: Grenzüberschreitung als Ausnahme in begründeten Fällen. Wird die Begründung aber als nicht ausreichend empfunden, so bleibt Verärgerung zurück.

Zum Beispiel: nicht eingehaltene Terminvereinbarungen

4 Mediation – Vermittlung im Konflikt
Konfliktklärung nach bestimmtem Verfahren

Mediation: Vermittlung (von lateinisch media = zentral)

Mediation ist ein Konfliktlösungsverfahren, das in Amerika in den Siebzigerjahren durch „Neighbourhood Justice Centers" Verbreitung fand. Die Grundidee, dass eine nicht in den Konflikt verstrickte dritte Person zwischen den gegnerischen Personen vermittelt, geht auf jahrhundertealte Traditionen verschiedener Kulturen zurück.

Ausgangssituation für eine **Mediation** ist ein Streit oder eine gegensätzliche Positionierung zwischen zwei oder mehreren Personen oder Parteien. Mit Hilfe einer dritten Person (Mediator/in) wird ein Lösungsfindungsprozess eingeleitet. Die Verantwortung für die Lösung bleibt bei den Betroffenen. Wichtige Grundregel ist dabei, dass die Konfliktparteien an einer Einigung interessiert sind und freiwillig teilnehmen.

Mediatoren und Mediatorinnen („Streitschlichter/innen", Vermittler/innen) unterstützen die Beteiligten und sorgen für einen strukturierten Prozessverlauf. Sie sind unparteiisch und geben dem Konflikt neue Dynamik durch Nachfragen, Zuhören, Umformulieren und „Übersetzen" der Äußerungen aller Streitenden.

Mediation – Vermittlung im Konflikt

„Bei dem Streit um die Wahrheit bleibt der Streit die einzige Wahrheit."
(Rabindranath Tagore, indischer Philosoph)

In der Mediation wird davon ausgegangen, dass es möglich ist, eine Lösung zu finden, mit der alle Beteiligten zufrieden sind, sodass es keine Verlierenden gibt. Dazu braucht es einen sensiblen Umgang mit Gefühlen und die Bearbeitung von Sachebene und Beziehungsebene. Im Vordergrund der Aufmerksamkeit stehen die Gemeinsamkeiten und nicht die Unterschiede zwischen den Beteiligten. Der Konflikt wird in seine Bestandteile zerlegt, aber nicht diskutiert.

Konfliktlösung: Aus dem Gegeneinander entsteht ein Miteinander.

Der Ablauf einer Mediation

Einleitung

❶ Einleitung: Vertrauen schaffen

- Es gibt keinen Richter.
- Aber es gibt Regeln.

Klärung

❷ Klärung: ein Konflikt – zwei Wahrheiten

- „Was ist passiert?"
- Jede Person hat ihre eigene Sicht der Dinge.

Erhellung

❸ Erhellung: Motive und Gefühle herausfinden

- „Wie ging es dir dabei?" „Worüber hast du dich geärgert?"
- „Was hat dich verletzt?"
- Jede Person ist auf ihre Art verletzt.

Lösung

❹ Lösung: Jeder macht den ersten Schritt.

- „Was wünscht du dir vom anderen?"
- „Was bist du bereit zu tun, um den Konflikt zu beenden?"

Verhandeln und Kompromisse finden, Lösungen vorschlagen, Lösungen auswählen:

- Jede/r darf gewinnen (Win-win-Strategie).
- einen neuen Anfang machen

Vereinbarung

❺ Vereinbarung: Abmachungen gelten

- Wer macht was, wann und wo? Das wird schriftlich festgehalten.
- Alle unterschreiben.

[■ SbX]
Weiterführende Informationen zu den Themen Konflikt und Mobbing finden Sie in der Linkliste im SbX unter der ID: 1241.

Mediation wird bei Scheidungen, in Schule und Jugendarbeit, beim Täter-Opfer-Ausgleich, im Umweltbereich und in politischen Konflikten eingesetzt.

 **Üben**

Praxisaufgaben

Gefühle artikulieren

P 6:
Ordnen Sie die folgenden Ausdrücke der untenstehenden Tabelle zu:

angegriffen, beruhigt, empört, vernichtet, vergnügt, zärtlich, wütend, provoziert, gezwungen, zornig, betroffen, gelassen, schwungvoll, herabgesetzt, niedergeschlagen, miserabel, nicht unterstützt, verlassen, behaglich, motiviert, niedergemacht, frustriert, erschüttert, betrogen, gestört, entschlossen, gestresst, munter, bevormundet, mutlos, gehemmt, verzweifelt, apathisch, berauscht, eingeschüchtert, fasziniert, unbekümmert, froh, traurig, ruhig

apathisch: teilnahmslos, abgestumpft

Gefühle (Ich bin ...)	Interpretationen (Du hast ...)

der Unterschied

P 7:
Markieren Sie, in welchen Aussagen Sie etwas über die Gefühle der Person erfahren.
1. Ich habe das Gefühl, dass du mich echt akzeptierst.
2. Die Trennung von meinem Freund tut mir weh.
3. Ich bin neugierig auf deine Freundin.
4. Ich habe das Gefühl, du verschweigst mir was.
5. Ich bin echt sauer.
6. Die neuen Bestimmungen irritieren mich irgendwie.
7. Ich spüre doch, dass du was hast!
8. Ich habe das Gefühl, du bestimmst hier alles allein.
9. Ich habe Angst vor der Prüfung morgen.
10. Ich mache mir große Sorgen.

Welche Gefühle stecken dahinter?

P 8:
1. Ich habe das Gefühl, da läuft was schief.
2. Ich habe das Gefühl, ich werde übersehen.
3. Ich fühle mich ungeeignet für den Job.
4. Ich habe das Gefühl, die machen großen Druck.

Ärgermitteilung

P 9:

Formulieren Sie Ihren Ärger für die folgenden Situationen:

1. Eine Freundin hat Ihr letztes Geburtstagsgeschenk schon nach einer Woche einer gemeinsamen Bekannten weitergeschenkt.

2. Ein Freund hat sich eine CD ausgeborgt und gibt sie Ihnen beschädigt zurück.

3. Sie sitzen im Kino und sehen sich einen Film an, den Sie sehr spannend finden. Vor Ihnen sitzen zwei Personen und unterhalten sich lautstark.

4. Sie haben schon sehr lange nach einem Parkplatz gesucht. Endlich wird ein Parkplatz frei. Sie warten davor, da drängt sich ein anderer Autofahrer mit seinem Auto in die soeben frei gewordenen Parklücke.

5. Sie entfernen sich für einige Minuten aus Ihrem Freundeskreis. Als Sie zurückkommen, sehen Sie, wie jemand aus der Runde Ihr Handy benützt und es dann achtlos zur Seite legt.

6. Sie wollen sich eine Jause kaufen und warten schon eine Weile in der Reihe. Da kommen zwei Schüler/innen einer anderen Klasse und drängen sich vor.

Konflikte darstellen

P 10:

❶ Finden Sie Konfliktsituationen im Familienleben und stellen Sie die Konflikte in einem Rollenspiel dar. Anschließend Reflexionsphase. Sprechen Sie über Ihre Gefühle in der jeweiligen Rolle. Die Beobachter/innen geben Feedback.

❷ Erarbeiten Sie jetzt gemeinsam Lösungen für die Konflikte in den dargestellten Szenen.

❸ Spielen Sie die Situation nochmals als Lösungsvariante.

 **Sichern**

Konflikte

Auseinandersetzung, Streit

Konfliktauslöser

können sein:

- Einstellungen
- Überzeugungen
- Vorurteile
- Gefühle (Wut)
- Stimmungen (schlechte Laune)
- Erwartungen (Versprechen einhalten ...)
- Befürchtungen
- Kommunikationsprobleme
- Missverständnisse
- Rollenprobleme

Eskalationsstufen eines Konflikts

❶ Verhärtung
❷ Debatte
❸ Verlust des Einfühlungsvermögens
❹ Koalitionen
❺ Gesichtsverlust durch öffentliche Angriffe
❻ Drohungen
❼ Begrenzte Vernichtungsschläge
❽ Zersplitterung
❾ Zerstörung für alle Beteiligten

Konfliktbewältigungsmechanismen

- kämpfen, beharren
- ausweichen, vermeiden
- verdrängen
- Kompromiss
- Konsens

2 Soziale Interaktion

Aggression	Angriff
Richtlinien zum Umgang bei Konflikten	● Ich bemühe mich um Fairness. ● Ich beschreibe das Problem wertneutral. ● Ich sende Ich-Botschaften. ● Ich höre aktiv zu. ● Ich lasse andere ausreden. ● Ich unterscheide zwischen Beobachtung und Bewertung. ● Ich vermeide Drohungen, Schuldzuweisungen und Interpretationen. ● Ich achte auf meine Körpersprache. ● Ich suche im Gespräch nach Gemeinsamkeiten. ● Ich schlage Lösungen vor. ● Ich bin für Lösungsvorschläge anderer offen. ● Ich halte mich an Vereinbarungen.
Ich-Botschaft	Aussage in Ich-Form, mit der ich meine Gefühle, Wünsche und Bedürfnisse äußere
Du-Botschaft	Aussage mit bewertender Meinung über eine andere Person
Reframing	Umdeuten einer Situation, eine Situation aus einem anderen Blickwinkel betrachten
Gefühlsmitteilung	soll Worte enthalten, die Grundgefühle beschreiben
Ärgermitteilung	enthält: ● Beschreibung des Vorfalls, ● Gefühle, die dadurch entstanden sind, ● Konsequenzen, die sich daraus ergeben
Mediator/in	vermittelt im Konflikt, ist unparteiisch, sorgt für Struktur bei Konfliktklärung
Mediation	Konfliktklärung nach bestimmtem Verfahren: ❶ Einleitung ❷ Klärung ❸ Erhellung ❹ Lösung ❺ Vereinbarung

Wissen

Wiederholungsfragen und Testaufgaben zu Lerneinheit 4

1. Wodurch können Konflikte ausgelöst werden?

2. Welche verschiedenen Konfliktbewältigungsmechanismen kennen Sie?

3. Welcher Unterschied besteht zwischen Kompromiss und Konsens?

4. Was bedeutet Toleranz?

5. Erklären Sie den Begriff Reframing und seine Bedeutung bei der Konfliktbewältigung.

6. Ändern Sie die folgenden Du-Botschaften in Ich-Botschaften um:

   „Nie kümmerst du dich um etwas."
   „Dein Benehmen ist einfach unmöglich."

7. Welche verschiedenen Grundgefühle kennen Sie?

8. Was soll eine Ärgermitteilung enthalten?

9. Welche Aufgaben hat ein/e Mediator/in?

10. Welche Phasen hat eine Mediation?

11. Zählen Sie Richtlinien zur Bearbeitung von Konflikten auf.

3 Rhetorik

Schon in der Antike wurde die Kunst der freien Rede hoch angesehen und gepflegt. Man beschäftigte sich damit, wie der Weg vom Gedanken des Redners in die Köpfe und Herzen der Zuhörer möglichst perfekt gelingen kann. Eine Rede hatte immer den Zweck, die Zuhörer von etwas zu überzeugen. Stand die Wissensvermittlung im Vordergrund, sprach man von Vortrag oder Referat. Damals gab es noch keine Overheadprojektoren oder Flipcharts, mit denen ein Redner seine Gedanken bildlich darstellen konnte – dieser war daher ausschließlich auf die Kraft seiner Worte angewiesen.

Als theoretische Wissenschaft ist die Rhetorik heute weniger verbreitet, dafür ist ihre praktische Anwendung für immer mehr Menschen von großer Bedeutung. Da sich einige Methoden auch für die Wissensvermittlung mit oder ohne bildliche Unterstützung anwenden lassen, wird der Gegenstand der Rhetorik heute viel weiter gefasst und mit den Methoden der Präsentation kombiniert. Schließlich geht es immer darum, das Publikum zu informieren und zu überzeugen und das auf eine möglichst verständliche und unterhaltsame Art und Weise.

In diesem Kapitel lernen Sie:

- wie Sie mit Ihrem Lampenfieber umgehen können
- wie Sie eine Rede mit dem klassischen Phasenkonzept entwickeln
- was eine Rede von einer Präsentation unterscheidet
- welches Gliederungsschema zu welchem Redeanlass passt
- wie Sie Inhalte verständlich und publikumswirksam formulieren
- welche Stilmittel Sie einsetzen können
- wie Sie das Interesse des Publikums gewinnen

Lerneinheit 1
Eine Rede vorbereiten

Reden können Sie seit Ihrem zweiten Lebensjahr. Mit Referaten haben Sie Erfahrung und daher schon mehrfach bewiesen, dass Sie vor Publikum reden können. Sie wissen, was Sie sagen wollen und wenn der Inhalt stimmt, müssen Sie das Publikum nicht mit rhetorischen Tricks verführen. Wozu also sollten Sie sich mit Rhetorik beschäftigen?

Ganz einfach, weil es eben nicht nur darauf ankommt, was Sie sagen, sondern auch, wie Sie es sagen. Damit wichtige Inhalte und gute Argumente vom Publikum verstanden und wohlwollend aufgenommen werden, investieren Sie Zeit und Mühe in die Vorbereitung.

Sie lernen hier,
- **eine Rede von anderen Formen des Vortrags abzugrenzen,**
- **den Umgang mit Lampenfieber,**
- **die klassischen Produktionsphasen einer Rede,**
- **die verschiedenen Möglichkeiten eine Rede zu gliedern und**
- **Informationen und Argumente zu sammeln und aufzubereiten.**

Rhetorik: die Kunst der (freien, öffentlichen) Rede

Argument: Begründung, Beweisführung, Darlegung

investieren: hineinstecken, anlegen, finanzieren

SbX

Alle SbX-Inhalte zu dieser Lerneinheit finden Sie unter der ID: 1310.

Lernen

| SbX | ID: 1311 |

1 Rede, Vortrag und Präsentation
Nicht jede Meinungsäußerung ist auch eine Rede.

Wesentliche Voraussetzungen für eine Rede sind, dass es eine oder mehrere Personen gibt, die ein **Publikum informieren** oder **überzeugen** wollen. Ohne Publikum findet vielleicht ein Selbstgespräch statt und ohne wichtige Informationen vielleicht eine Plauderei.

Die freie Rede

freie Rede

Besonders talentierte oder trainierte Vortragende können manchmal auch sehr gute Stegreifreden halten.

Die meisten Menschen verlassen sich in wichtigen Redesituationen allerdings nicht auf spontane Eingebungen, sondern lieber auf eine sorgfältige Vorbereitung. Rhetorik ist zwar die **Kunst der freien Rede,** das soll aber nicht heißen, dass sich eine Rednerin oder ein Redner tatsächlich frei und ohne Vorbereitung vor das Publikum stellt und sich auf die spontanen Einfälle in der Situation verlässt.

Meistens schreiben Vortragende den Text ihrer Rede selbst. Es gibt aber auch professionelle Redenschreiber, im Englischen treffend als „ghostwriter" bezeichnet. Politiker, Manager etc. lassen ihre Reden häufig von Redenschreibern formulieren, um Zeit zu sparen.

SbX

Im SbX finden Sie eine Linkliste, über die Sie viele wertvolle Informationen zum Thema „Eine Rede vorbereiten" abrufen können, ID: 1311.

Ganz im Gegenteil:

Der Erfolg einer Rede hängt zum größten Teil von der sorgfältigen Vorbereitung ab. „Frei" bedeutet auch nicht, dass die Rede „wie der Schnabel gewachsen ist", also ohne Gliederung und Ordnung vorgetragen wird. „Frei" bedeutet einfach, dass die Rede nicht vorgelesen wird.

Bei Präsentationen werden **visuelle Medien** wie Overhead-Projektoren oder Flipcharts eingesetzt.

Die literarische Rede

Eine Ausnahme ist die literarische Rede. Sie wird vollständig ausformuliert und dann wörtlich vorgetragen. Beispiele dafür sind Festreden anlässlich von Preisverleihungen oder Veranstaltungseröffnungen.

Die Präsentation

Wenn der Anteil der bildlichen Darstellung hoch ist, wird die Rede **Präsentation** genannt, und wenn der Informationsgehalt wichtiger ist als die Überzeugung, sprechen wir von einem **Vortrag**.

Im allgemeinen Sprachgebrauch und in vielen Praxisratgebern findet sich die Bezeichnung **Präsentation** als Oberbegriff, weil heute viele Reden im beruflichen Alltag mit bildlicher Unterstützung gehalten werden.

Vortragende: Wenn wir nicht genauer zwischen Rednern, Präsentatoren und Vortragenden unterscheiden wollen, wählen wir den Begriff **Vortragende**. Vorteil: Die Begriffe **Redner** und **Präsentator** sind eindeutig männlich, das Wort **Vortragende** kann in der Mehrzahl aber sowohl männlich als auch weiblich sein.

Die Argumentation

Obwohl eine Rede oder Präsentation oft von einer Frage- oder Diskussionsrunde abgeschlossen wird, ist die Argumentation in der Diskussion nicht Gegenstand der Rhetorik, sondern stellt eine eigene wissenschaftliche Disziplin dar.

Die Sprechtechnik

Ebenso die Sprechtechnik. Sie war früher ein wesentlicher Bestandteil der Rhetorik, ist aber nicht nur für Reden, sondern für die gesamte zwischenmenschliche Kommunikation von Bedeutung und wird daher auch in diesem Schülerbuch im **Kapitel 1: Kommunikation** ausführlich behandelt.

Argumentation

Publikum ist die aus dem Lateinischen stammende Bezeichnung für die Öffentlichkeit und Allgemeinheit sowie der Sammelbegriff für Zuschauer/-hörerschaft.

Vortragende nehmen die Stimmung im Publikum auf und setzen sie als positive oder negative Energie um.

Solange eine Rede nicht vor Publikum gehalten wird, ist sie ein Aufsatz, eine Ausarbeitung, eine Kurzgeschichte, aber keine echte Rede. Erst im **gegenseitigen Austausch zwischen Redner und Publikum** entsteht eine Rede.

Sie kennen diese Situation auch aus dem Unterricht: Ein und derselbe Inhalt von ein und demselben Lehrer in zwei verschiedenen Klassen vorgetragen kann sehr unterschiedlich sein: kurzweilig oder langweilig, interessant oder schleppend. Schüler/innen einer Klasse haben daher in ihrer Rolle als Publikum auch eine gewisse Verantwortung dafür, dass der Unterricht spannend und kurzweilig ist.

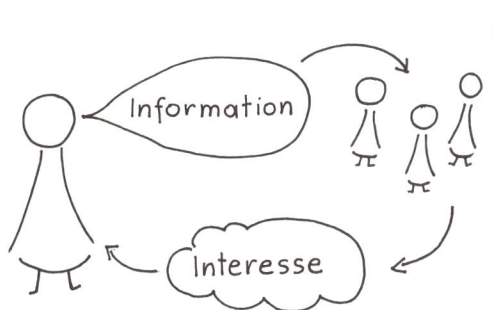

Der Redner gibt Informationen und Argumente, das Publikum gibt Aufmerksamkeit, Interesse und Zuneigung, was den Redner wiederum dazu veranlasst, mit mehr Engagement aufzutreten. So entsteht ein dynamischer Prozess!

Klassische Produktionsphasen einer Rede

Politische Reden, Gerichtsreden und Festreden gibt es schon seit der Antike. Im 20. Jahrhundert ist die Rhetorik der Massenmedien, der Werbung, des Verkaufs und anderer populärer Anwendungsbereiche dazugekommen. Rhetorik-Ratgeber und -Seminare sind sehr beliebt.

3 Rhetorik

Berühmte **Redner der Antike** waren Aristoteles, Demostenes, Cicero und Quintilian.

Demostenes hat mit Kieselsteinen im Mund trainiert, um sein Lispeln zu bekämpfen, und gegen die Meeresbrandung Gedichte aufgesagt, um seine Stimme zu trainieren.

Wichtige Grundannahmen waren, dass die Redefähigkeit den Menschen angeboren und dass sie durch Kunst, Wissen, Erfahrung und Übung zu vervollkommnen ist.

Die Redekunst kann erlernt und perfektioniert werden durch theoretisches Wissen, Nachahmung und Übung.

❶ Inventio: Was will ich sagen?

Sie haben eine Idee und wollen eine Rede daraus entwickeln. Zunächst entscheiden Sie, welche Form der Rede am besten geeignet ist, Ihr Ziel zu erreichen. Dann sammeln Sie weitere Informationen und Argumente, überlegen sich mögliche Einwände und wie Sie diese entkräften könnten. Entwickeln Sie ein Cluster und assoziieren Sie darauf los (siehe auch Seite 87).

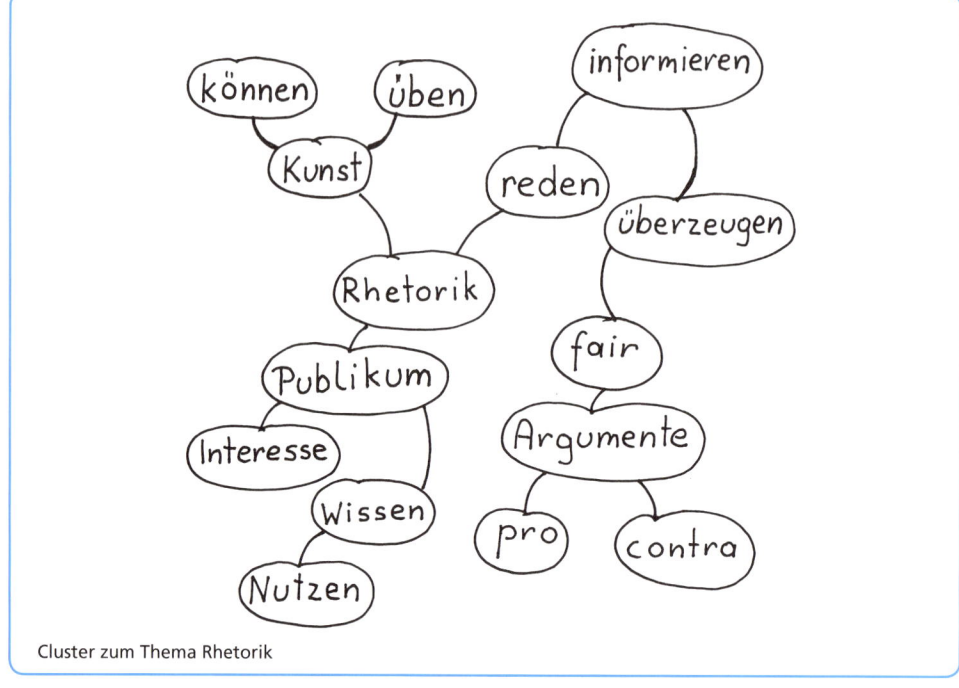

Cluster zum Thema Rhetorik

❷ Dispositio: Wie ordne ich meine Ideen?

Die lateinischen Bezeichnungen für die **4 Teile einer Rede** sind:
❶ **exordium** (Einleitung)
❷ **narratio** (Darlegung des Sachverhalts)
❸ **argumentatio** (Beweisführung)
❹ **conclusio** (Redeschluss)

Sie entscheiden sich für eine passende Gliederung Ihrer Rede, die aus folgenden **4 Teilen** besteht:

❶ Einleitung ❷ Darlegung des Sachverhalts ❸ Argumentation und Beweisführung und ❹ Redschluss.

In der Antike war es Aufgabe und Recht jedes freien Bürgers, seine Meinung öffentlich zu vertreten. Aufbau und Struktur waren vorgegeben und mussten von jedem Redner eingehalten werden.

Die **3 Hauptgattungen einer Rede** gehen auf **Aristoteles** zurück:
❶ Gerichtsrede
❷ Beratungs- und Entscheidungsrede
❸ Lob- und Festrede

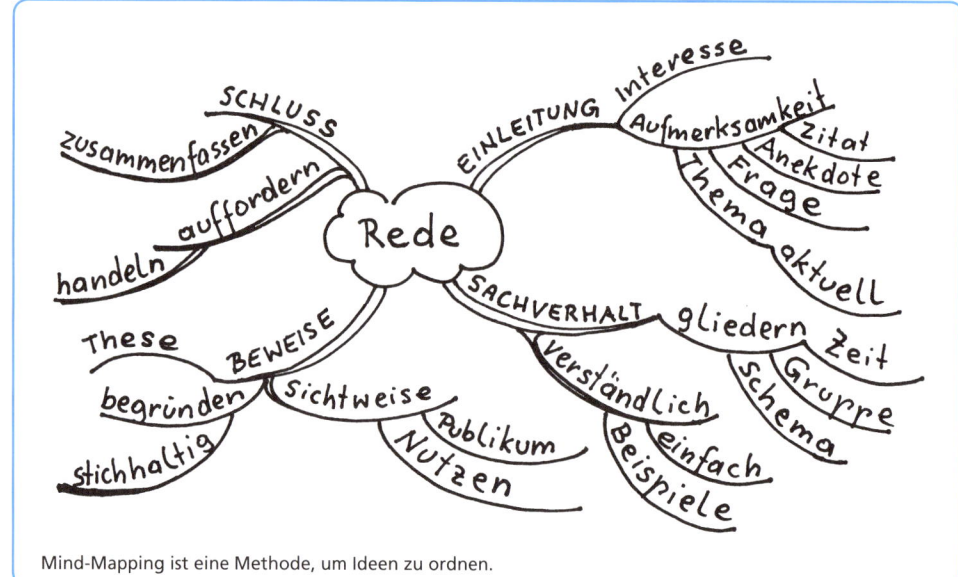

Mind-Mapping ist eine Methode, um Ideen zu ordnen.

❸ Elocutio: Wie fasse ich meine Gedanken in Worte?

Dieser Teil der Vorbereitung ist am schwierigsten: Die Gedanken müssen so formuliert werden, dass die größtmögliche Wirkung erzielt werden kann. Die stilistischen Mittel und die Ausgestaltung der Rede mit Redefiguren hängen vom Zweck und von der Art der Rede ab.

❹ Memoria: üben – üben – üben

Sie prägen sich den Text Ihrer Rede ein, damit Sie ihn ohne Probleme und mit größtmöglicher Wirkung vor Ihrem Publikum vortragen können. Entwickeln Sie eine Mind-Map (siehe Seite 123) und/oder einen Stichwortzettel, damit Sie beim Vortrag auf nichts vergessen. Markieren Sie gleich einige Teile, die Sie auslassen können, wenn Ihnen die Zeit davonläuft.

Mimik und Gestik müssen genauso geübt und gemerkt werden wie der Text. Bei Präsentationen kommt noch der Einsatz von Medien dazu.

Mit einem **Stichwortzettel** vergessen Sie beim Vortrag nichts Wichtiges!

❺ Actio: Der große Auftritt!

spontan: natürlich, unvermittelt

Als die **Mimik** werden die sichtbaren Bewegungen der Gesichtsoberfläche bezeichnet.

Als **Gestik** werden Bewegungen des Körpers, besonders der Finger, Hände, Arme und Beine bezeichnet.

Sie treten vor Ihr Publikum und halten Ihre sorgfältig vorbereitete Rede so, dass sie nicht auswendig gelernt, sondern frisch und **spontan** wirkt. Bedenken Sie, dass Sie als Person im Mittelpunkt stehen und dass das Publikum zu Ihnen eine Beziehung aufbauen muss, bevor es den Inhalt aufnehmen kann. Helfen Sie Ihrem Publikum dabei, indem Sie nicht nur auf Ihre Worte, sondern auch auf Ihre Körpersprache achten.

Körpersprache ist die Verständigung ohne Worte. Sie umfasst unter anderem die Körperhaltung, Mimik, Gestik und die Stimme. Mehr zum Thema Körpersprache erfahren Sie in **Kapitel 1: Kommunikation.**

Was Sie bei der Vorbereitung Ihrer Rede beachten sollten, damit der große Auftritt ein Erfolg wird.

Tipps

Appell: Aufruf

- Gehe ich auf die Wünsche und Interessen meines Publikums ein?
- Ist mein Vortrag für mein Publikum nützlich? Kann ich den Nutzen noch erhöhen?
- Weiß mein Publikum, wozu ich es veranlassen will, und wird es meinem Appell folgen?
- Sind mein Inhalt und meine Argumente verständlich, vorstellbar und aus dem Erfahrungsschatz des Publikums?
- Habe ich eine kleine Geschichte eingebaut?
- Sind meine Zahlenangaben leicht zu erfassen und vorstellbar?
- Gibt es noch sperrige Inhalte, die ich anschaulicher darbringen kann?
- Habe ich jene Teile meiner Rede deutlich gekennzeichnet, die ich bei Zeitmangel auslassen kann?
- Achte ich auf die Werte und Einstellungen meines Publikums? Kann es sein, dass ich mit einem Beispiel, einer Anekdote oder einem Witz die Gefühle von jemandem verletze?
- Bringe ich meinem Publikum Wertschätzung entgegen?
- Wirke ich glaubhaft und vertrauenswürdig für mein Publikum?
- Kann ich noch etwas tun, um mein Auftreten zu verbessern?
- Wecke ich mit meinem Einstieg das Interesse und die Neugier meines Publikums?
- Ist mein Schluss stark genug, dass er in Erinnerung bleibt?
- Gibt es einen „roten Faden", der sich durch den Hauptteil ziehen lässt?
- Ist meine Gedächtnisstütze (Stichwortzettel, Mind-Map ...) wirklich eine Hilfe oder eher eine zusätzliche Belastung?

3 Rhetorik

2 Struktur planen
Jeder Teil einer Rede erfüllt eine bestimmte Funktion.

Jede Rede besteht aus den drei Teilen ❶ Einstieg, ❷ Hauptteil und ❸ Schluss.

Bevor Sie mit Ihrer Rede beginnen, werden Sie entweder vorgestellt oder stellen sich selbst vor.

Ein **interessanter Einstieg** macht das Publikum neugierig auf den Inhalt, ein **starker Schluss** erhöht den Eindruck und die Wirkung der Präsentation. Im Hauptteil erwartet das Publikum, dass der Inhalt ansprechend, verständlich und gut strukturiert dargeboten wird.

Im Berufsleben ist es üblich, dass Veranstaltungen moderiert werden. Das bedeutet, dass ein Moderator/eine Moderatorin das Publikum in die Veranstaltung einführt, alle Vortragenden ankündigt und vorstellt und von einem Teil zum nächsten überleitet. Eventuell moderiert (leitet) er oder sie auch Frage- und Diskussionsrunden.

*Damit Sie richtig vorgestellt werden, bereiten Sie einen Text mit allen wichtigen **Angaben zu Ihrer Person, zu Ihren Kenntnissen und Fähigkeiten** sowie zu Ihrem **Thema** vor.*

Folgende Reihenfolge wird von Moderatorinnen und Moderatoren zur **Einführung in ein Thema** und zur **Vorstellung von Vortragenden** häufig gewählt:

❶ Thema vorstellen und Interesse am Thema wecken
❷ Kenntnisse und Fähigkeiten des/der Vortragenden beschreiben und begründen, warum gerade er/sie als Vortragende/r eingeladen wurde
❸ den Namen des/der Vortragenden nennen

Wenn Vortragende sich selbst vorstellen, wählen sie folgende Reihenfolge:

❶ Name und Position im Unternehmen nennen
❷ Thema vorstellen und Bezug zwischen Publikum und Thema herstellen
❸ eigene Kenntnisse und Fähigkeiten in Bezug auf das Thema herausstreichen

Wenn mehrere Vortragende präsentieren, hält die Aufmerksamkeit des Publikums länger an. Einzelne Teilpräsentationen sollten trotzdem **nicht länger als 20 Minuten** dauern. Diskussionsrunden zwischendurch lockern auf und geben den Vortragenden die Möglichkeit, sich davon zu überzeugen, ob das Publikum noch interessiert ist und dem Vortrag folgen kann.

Umfangreiche Vorträge wie z.B. Projektpräsentationen bestehen meistens aus mehreren zusammengehörigen Teilen, wobei jeder Teil selbst wieder einen Einstieg, einen Hauptteil und einen Schluss enthalten kann.

Wichtig ist, dass die gesamte Präsentation wie „aus einem Guss" erscheint und trotzdem abwechslungsreich gestaltet ist.

Der Einstieg

Das Publikum entscheidet, wie viel Aufmerksamkeit es der Präsentation schenken wird. Die Frage „Wollen Sie wissen, wie viel Zeit wir in das Projekt investiert haben?" sichert Ihnen mehr Aufmerksamkeit als die Feststellung „Wir werden im Folgenden über unseren Zeiteinsatz für das Projekt berichten."

Das Publikum wird aufmerksam, wenn Sie beim Vortragen

*„Wollen Sie wissen, ... " ist eine **rhetorische Frage** und bezieht sich auf das Publikum*

● Ihr Publikum direkt ansprechen,
● eine rhetorische Frage stellen,
● eine Behauptung aufstellen,
● sich auf ein aktuelles Thema beziehen,
● eine Anekdote oder ein persönliches Erlebnis erzählen,
● ein persönliches Bekenntnis ablegen,
● ein Zitat vortragen und
● die Struktur der Präsentation bekanntgeben.

*„Wir werden ... " ist eine **Feststellung** und bezieht sich auf eine Sache.*

Anekdote: kurze witzige Geschichte

P 1:

Entscheiden Sie selbst, welche der folgenden Beispiele als Einstieg geeignet sind, und begründen Sie Ihre Wahl:

❶ „Hire and Fire" wird auch in Österreich zur Regel.

❷ Von der neuen Arbeitslosigkeit sind vor allem wir Frauen stark betroffen.

❸ Im nun folgenden Vortrag informieren wir Sie über die Bedeutung des Projektunterrichts in der Schule.

❹ Die Schule ist längst nicht mehr die einzige Quelle des Wissenserwerbs.

❺ Seit voriger Woche ist auch unsere Schule im Internet. Wir haben viel Zeit und Energie in unser Projekt investiert und sind stolz darauf, es Ihnen im Rahmen dieser Projektpräsentation vorzustellen.

❻ Wir werden Sie nun über die Entwicklung und das Ergebnis unseres Projekts informieren.

Der Hauptteil

Die Struktur des Hauptteils hängt vom Ziel des Vortrags ab.

Für **Informationsvorträge** sind beispielsweise folgende Kriterien geeignet:

- Zeitablauf, Epochen
- Phasen, Projektablauf, Teilprojekte
- Gruppen, Produkte, Länder, Personen
- Lösungsvarianten

Für **Überzeugungsreden** eignet sich u.a. eine Gliederung:

- Fünfsatz-Schema nach Helmut Geißner
- ARGU-STRUKT nach Emil Hierhold
- antike Rede oder Gerichtsrede

Eine sorgfältige **Analyse der Zuhörer/innen** und **Blickkontakt mit dem Publikum** ist sehr wichtig.

Treffen Sie die Erwartungen Ihres Publikums und bauen Sie eine oder mehrere tragfähige Brücken.

Informieren Sie Ihr Publikum über die **Gliederung Ihres Vortrags,** nicht über den Inhalt. Es erleichtert die Orientierung und unterstreicht Ihre Kompetenz, ohne dass Sie die Spannung wegnehmen.

Das Publikum wird den Inhalt leichter verstehen, wenn Sie die folgenden Grundsätze beachten:

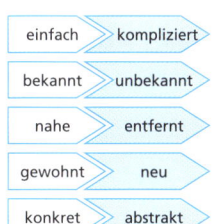

- vom Einfachen zum Komplizierten

- vom Bekannten zum Unbekannten

- vom Naheliegenden zum Entfernten

- vom Gewohnten zum Neuen

- vom Konkreten zum Abstrakten

Die meisten Vorträge enthalten **informierende** und **überzeugende Elemente.** Selbst wenn Sie den Hauptteil nicht wörtlich vorformulieren, sollten Sie die Gestaltung der Sätze und die Wirkung von Worten beachten.

Beachten Sie die zur Verfügung stehende Zeit und verplanen Sie nur 3 Viertel davon!

Beachten Sie den **Zeitrahmen,** der Ihnen zur Verfügung steht, und sorgen Sie dafür, dass Sie flexibel bleiben. Am besten, Sie markieren einzelne Teile Ihres Vortrags, die eventuell auch weggelassen werden können.

Testen Sie in einem Probelauf, wie lange Sie brauchen. Sie lesen sicherlich wesentlich schneller als Sie sprechen.

3 Rhetorik

„Eine gute Rede hat einen guten Anfang und ein gutes Ende – und beide sollten möglichst dicht beieinanderliegen."

(Mark Twain, US-amerikanischer Schriftsteller)

Der Schluss

Der Schluss eines Vortrags bleibt als **letzter Eindruck** besonders lange im Gedächtnis des Publikums. Bei einem längeren Vortrag kündigen Sie ihn besonders an, damit die Aufmerksamkeit des Publikums noch einmal kräftig ansteigt. Wenn Sie den Informationsgehalt besonders betonen wollen, dann fassen Sie die wichtigsten Punkte noch einmal zusammen.

Für **Überzeugungsreden** sind **konkrete Handlungsaufforderungen** sinnvoll:

Zum Beispiel:

> „Lassen Sie daher schon morgen Ihr Auto in der Garage!"

3 Interesse des Publikums wecken

Informieren und unterhalten – das hat schon der römische Dichter Horaz von einer guten Rede gefordert.

Wer es versteht, sein Publikum auf unterhaltsame Weise zu informieren, wird Zustimmung erhalten und kann sicher sein, dass seine Botschaft auch ankommt.

SbX

Im SbX finden Sie ein Gedicht von Kurt Tucholsky zum Thema Publikum unter der ID: 1311.

Das Publikum ist interessiert.

Aus eigener Erfahrung wissen Sie, wie schwer es oft fällt, einer Unterrichtsstunde mit voller Konzentration zu folgen. Ihre erste und wichtigste Aufgabe ist daher, herauszufinden, was Ihr Publikum interessiert, damit Sie Ihren Vortrag **zielorientiert** und **publikumswirksam** gestalten können!

Ein guter Vortrag erspart dem Publikum viel Zeit und Energie, aber bedenken Sie, nicht jede Person im Publikum ist von sich aus davon überzeugt, dass es sich auszahlen wird, Ihnen die volle Aufmerksamkeit zu schenken. Manche Personen sitzen vielleicht nicht ganz freiwillig im Publikum und würden liebend gern ihre Zeit anderweitig verbringen.

Was könnte das Publikum dazu veranlassen, dem Vortrag mit Interesse zu folgen?

- Sie überzeugen das Publikum mit Ihrem Vortrag davon, dass der Inhalt brauchbar und wertvoll ist.
- Die Darbietung der Informationen ist so ansprechend, dass das Publikum neugierig wird.
- Das Thema ist für das Publikum interessant, weil schon Vorwissen vorhanden ist oder neue Einblicke zu erwarten sind.

Was das Publikum von einem Vortrag NICHT erwartet:

- uninteressante Inhalte
- langweilige Darstellung
- keine erkennbare Struktur
- komplizierte und schwer verständliche Sprache
- durch die Banalität des Inhalts oder der Sprache unterfordert werden
- den Unterschied zwischen Fakten und Meinungen selbst herausfinden müssen
- sich etwas in den Text hineindenken müssen, was beim Vortrag nicht explizit gesagt wird

Banalität: Einfallslosigkeit, Geistlosigkeit

explizit: ausdrücklich, deutlich

Die **Anekdote** ist eine literarische Gattung. Meistens handelt sie von einer bemerkenswerten oder charakteristischen Begebenheit im Leben einer Person.

Eine Anekdote erzählen

Wenn Sie gut im Witze erzählen sind, können Sie natürlich auch einen (passenden und der Situation angemessenen) Witz erzählen. Eine Begebenheit aus Ihrem Leben oder eine kleine Geschichte, die sich in Ihrem Umfeld ereignet hat, ist allerdings nicht nur leichter zu erzählen, sondern stellt auch eine Brücke zwischen Ihnen und Ihrem Publikum her.

Auf der nächsten Seite finden Sie ein Beispiel für eine Anekdote.

Die Geschichte mit den Gratistickets: Dieses Beispiel beruht auf einer wahren Begebenheit, die sich vor einigen Jahren ereignet hat.

Beispiel für eine Anektdote:

„Seminare sind gut, die Erfahrungen aus dem täglichen Leben aber meistens besser. Neulich habe ich 2 Gratistickets für eine sehr gute Zirkusshow bekommen. Ich notiere mir das Datum im Kalender und die Karten lege ich in eine Lade, wo sie dann auch bis zu dem Abend bleiben, an dem die Vorstellung stattfinden soll. Vor dem Wegfahren stecke ich die Tickets in die Tasche und fahre los. Mit meinem Mann bin ich eine Viertelstunde vor Vorstellungsbeginn beim Eingang verabredet. Wir geben in aller Ruhe unsere Garderobe ab, nehmen unsere Plätze ein und studieren das Programmheft. Es kommen zwei Personen auf uns zu und wir stehen auf, um sie vorbeizulassen. Statt vorbeizugehen fragen sie uns allerdings ganz höflich, ob wir vielleicht die Plätze verwechselt haben. Wir verneinen, vergleichen die Tickets und stellen fest: Tatsächlich, beide Tickets sind auf die gleichen Plätze ausgestellt. Allerdings ist das Datum verschieden. Oh Schreck, heute ist der 6. und nicht der 5. Juni, für den unsere Tickets ausgestellt sind. Auf die Vorstellung verzichten wollte ich keinesfalls, also blieb mir nichts anderes übrig, als den überaus peinlichen Fehler zuzugeben. Ein freundlicher Billeteur hat Verständnis gezeigt und 2 freie Plätze für uns gesucht. Das ist noch einmal gut gegangen. Da aber nicht alle Billeteure freundlich sind und auch nicht immer Plätze frei sind, habe ich gelernt, wie wichtig es ist, nicht nur Fehler zugeben zu können, sondern auch Kontrollen einzubauen. Und genau damit wollen wir uns jetzt beschäftigen."

Vera Felicitas Birkenbihl, deutsche Psychologin und Spezialistin für gehirngerechtes Lernen und Arbeiten

Das Publikum zum Mitmachen anregen

Vera F. Birkenbihl, eine sehr erfolgreiche Trainerin und Buchautorin, hat einmal einen Vortrag über gehirngerechtes Lernen folgendermaßen begonnen: Sie hat beide Hände zur Faust geballt und ihr Publikum aufgefordert, es ihr gleichzutun. Dann hat sie beide Fäuste zusammengehalten und von oben betrachtet. „Was Sie jetzt sehen, ist ungefähr die Größe Ihres Gehirns, mehr ist das nicht!" Das Publikum ist neugierig geworden.

Interesse wecken mit Vielleicht-Sätzen

Diese Variante geht davon aus, dass das Interesse des Publikums steigt, wenn es Vortragenden gelingt, Erfahrungen der Zuhörer/innen aufzugreifen. Wenn Sie nicht ganz sicher sind, welche Anknüpfungspunkte Ihr Publikum hat, wählen Sie statt eines einzigen Vielleicht-Satzes gleich 2 oder 3, wie folgendes **Beispiel** zeigt:

Gute Vortragende orientieren sich nicht nur am Inhalt, sondern auch an der „publikumswirksamen Verpackung"!

Eine Schülerin hält vor der Klasse ein Referat (eine Informationsrede) zum Thema „Rhetorik" und beginnt so:

- Vielleicht denkt jemand von euch, vor einer Gruppe von Leuten zu reden, das ist nichts für mich.
- Vielleicht hat aber auch schon jemand vor Publikum reden müssen und hatte danach ein gutes Gefühl.
- Vielleicht wollen einige von euch ihre rhetorischen Fähigkeiten verbessern.

Ob das Publikum eine Information aufnehmen wird, hängt ab von der richtigen Verpackung der Information, von der Persönlichkeit der Teilnehmer/innen und vom Rahmen der Präsentation.

sehen   **V**
    wie visuell

hören   **A**
    wie auditiv

tasten   **K**
    wie kinästhetisch

riechen   **O**
    wie olfaktorisch

schmecken   **G**
    wie gustatorisch

Wahrnehmung mit den Sinnesorganen

Jede/r von uns wird von morgens bis abends mit einer Fülle von mehr oder weniger wichtigen Informationen überhäuft. Prägnante und laute Botschaften wie z.B. Werbespots haben größere Chancen, bemerkt und im Gedächtnis gespeichert zu werden, als sperrige und abstrakte Merksätze aus dem Unterricht.

Wir nehmen alle Eindrücke und Reize aus der Umwelt mit unseren **Sinnesorganen** wahr. Unser Gehirn wählt aus der Fülle dieser Reize jene aus, die als Informationen gespeichert und im Gedächtnis behalten werden. Die Reize werden sozusagen „gefiltert".

Große Gegenstände werden besser wahrgenommen als kleine, grelle Farben eher als blasse, Kontraste eher als Eintönigkeit, Bewegung eher als Ruhe. Laute Geräusche besser als leise, angenehme Stimmen eher als schrille, Melodien eher als eine Folge von Einzellauten.

Kontraste und Unerwartetes fallen besonders auf: ein kleiner schwarzer Punkt auf einer roten Fläche, ein Paukenschlag in einem Violinkonzert.

3 Rhetorik

Meistens werden mehrere Sinnesorgane gleichzeitig angesprochen, wenn z.B. die verbal übermittelte Information von einem angenehmen Reiz (Musik, Duft, Bilder etc.) begleitet wird.

Ein Reiz und die damit verbundene Information hat dann besonders gute Chancen, den Filter zu passieren, wenn die Information:

- von Bedeutung ist
- angenehm ist
- von angenehmen Reizen begleitet wird
- den Wünschen und Bedürfnissen entspricht
- dem Wertesystem entspricht
- öfter wiederholt wird

- einprägsam verpackt ist
- über mehrere Sinnesorgane empfangen wird
- Vorwissen vorhanden ist
- ähnliche Informationen schon gespeichert sind
- die Informationsquelle vertrauenswürdig ist

Persönlichkeit der Teilnehmer/innen

Eine leidenschaftliche Sängerin interessiert sich für einen Vortrag über Atemtechnik sicherlich eher als ein Nerd.

Ein überzeugter Vegetarier wird einem Vortrag über die Bedeutung von Obst und Gemüse in der Ernährung mehr Aufmerksamkeit widmen als einem Vortrag über die Zubereitungsarten von Rindfleisch.

Der erste Zugang zu einem Wissensgebiet ist immer schwierig, vergleichbar mit der Erstbesteigung eines Berggipfels. Wenn Vorwissen vorhanden ist, im Gedächtnis also schon ein oder mehrere Haken existieren, ist die Aufnahme von neuen Informationen viel weniger anstrengend.

Übereinstimmung zwischen Rahmen und Inhalt

Das Publikum glaubt anerkannten Wissenschaftern selbst gewagte Behauptungen eher als einem unbekannten Vortragenden seine abgesicherten Theorien. Kompetente und vorausschauende Vortragende bauen daher zuerst eine **tragfähige Beziehungsbrücke** zum Publikum, damit über die Anerkennung der Persönlichkeit auch der Inhalt des Vortrags akzeptiert wird.

Das Publikum soll sich am Ort des Vortrags wohlfühlen und in entsprechender Kleidung erscheinen können.

Jeder Vortrag findet an einem bestimmten Ort – Konferenzzimmer, Seminarraum, Vortragssaal, Restaurant etc. – statt. Die Art, Größe und Ausstattung des Raumes sollen dem Anlass entsprechen und dem Publikum vertraut sein. Als würdiger Rahmen für die Präsentation eines Schülerprojekts eignet sich der Festsaal oder Speisesaal der Schule eher als ein Klassenraum. Overhead-Projektor und Flipchart sind genauso wichtig wie die Möglichkeit, ein kleines Buffet einzurichten.

Wenn ein Hersteller von Sportartikeln seine neuen Laufbänder im „Gasthaus ums Eck" vorstellt, wird niemand glauben, dass es sich um wesentliche Informationen handelt; für die Präsentation der Winterkollektion eines bekannten Modedesigners ist das Schloss Schönbrunn ein angemessener Rahmen.

4 Informationen sammeln und aufbereiten
Nicht die Menge, sondern die Qualität ist entscheidend.

Personen, die eingeladen sind, einen Vortrag über ein bestimmtes Thema zu halten, haben meistens viele Kenntnisse über dieses Fachgebiet und müssen sich entscheiden, welche Inhalte sie auswählen und welche sie weglassen sollen. Das ist dann besonders schwierig, wenn die Zeit kurz und das Thema umfassend gestellt ist.

Damit Sie das Wesentliche herausarbeiten können, müssen Sie Ihr eigenes Wissen und Ihre persönlichen Unterlagen mit neuen Erkenntnissen aus Fachbüchern, Zeitschriften und aus dem Internet ergänzen.

Damit Sie nicht alle Unterlagen noch einmal lesen müssen, versuchen Sie sich, so gut es geht, an alles zu erinnern, was Ihnen zum Thema einfällt. Zur Gedächtnisstütze sollten Sie alle Unterlagen auf Ihren Schreibtisch legen. Wenn Sie den Bucheinband, das Inhaltsverzeichnis, das Schulheft, die Zeitschrift anschauen, stellen Sie eine Verbindung zu Ihrem Gedächtnis her. So wird es Ihnen leichter fallen, sich an vieles zu erinnern, was Sie zu diesem Thema schon einmal gewusst haben.

Leonardo da Vinci war einer der letzten Universalgelehrten. Heutzutage wissen selbst Experten nur über einen Teil ihres Fachgebietes Bescheid.

Das Wort **Assoziation** kommt aus dem Lateinischen und steht für vereinigen, verbinden, verknüpfen, vernetzen. Es hat in verschiedenen Fachgebieten eine andere Bedeutung. Wir verwenden es für die bewusste oder unbewusste Verknüpfung von Gedanken.

Wie Sie sehen, ist im nebenstehenden Beispiel nicht jeder Buchstabe verwendet worden: Es geht nicht um Vollständigkeit, sondern um möglichst viele Gedankenverknüpfungen.

Um alle Assoziationen und Erinnerungen auf möglichst einfache Art festzuhalten, gibt es mehrere Methoden, die Sie anwenden können: Clustering, ABC-Listen, Mind-Mapping (siehe Seite 123), Ideenkärtchen usw.

ABC-Listen kennen Sie bestimmt schon vom Spiel „Stadt-Land-Fluss". Sie wissen daher auch, dass Sie umso schneller sind, je öfter Sie üben. Im Folgenden finden Sie ein **Beispiel für eine ABC-Liste** als Grundlage zur Materialsammlung für diesen Abschnitt:

ABC-Liste	**N**achrichten
Bibliothek	**O**rganisation
Cluster	**P**lan
Datenblatt	**Q**uelle
Excell Arbeitsblatt	**R**eiseberichte
Fachbuch	**S**uchmaschine
Globus	**T**echnische Beschreibung
Handbuch	**U**nternehmen
Internet	**V**erein
Jahrbuch	**W**ochenbericht
Karteikarten	**X**
Lexikon	**Y**
Museum	**Z**ahlenmaterial

Eine weitere Möglichkeit ist das **Clustering**. Ein **Cluster** zum gleichen Thema könnte etwa folgendermaßen ausschauen:

Das **Cluster** beginnt mit dem **Cluster-Kern**: Ein einzelnes Wort oder eine Phrase wird in der Mitte eines Blattes notiert und ein Kreis um diesen Anfang gezogen.

Vom Kern ausgehend werden nun **Assoziationen** notiert. Jede Assoziation wird wieder umkreist und mit der vorangehenden Assoziation durch einen Strich verbunden.

Eine neue Assoziationskette setzt wieder beim Cluster-Kern an.

Jede Assoziation wird notiert. Eine Zensur findet nicht statt.

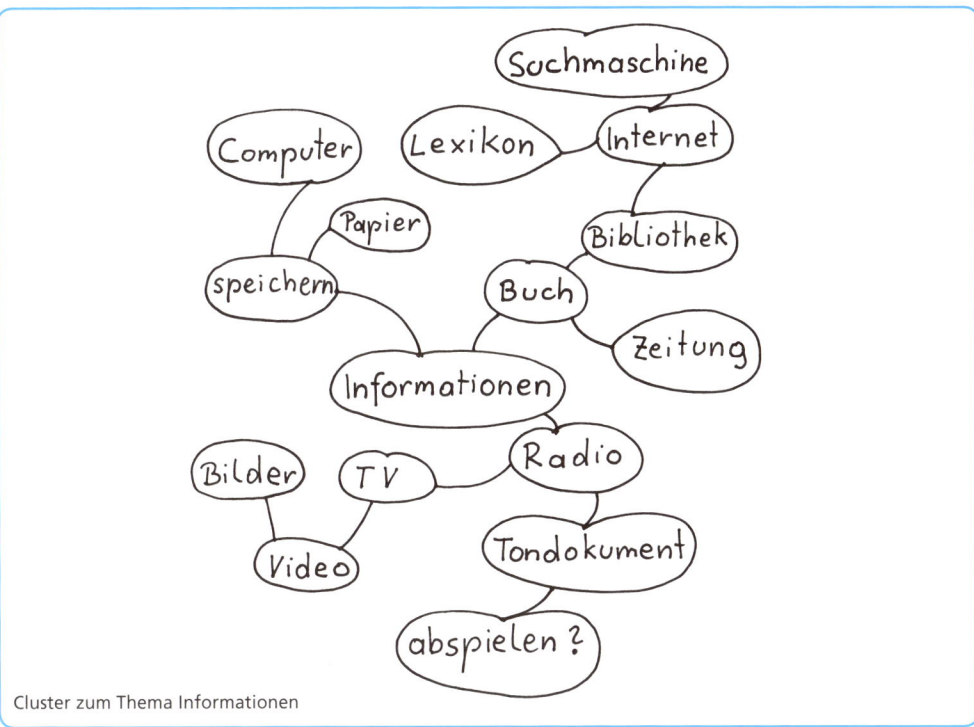

Cluster zum Thema Informationen

Beispiele für Suchmaschinen: google, yahoo! und msn search

Sobald Sie alles aufgeschrieben haben, was Sie zu diesem Thema bereits wissen, beginnen Sie damit, weitere Informationen zu sammeln. Wenn Sie Zugang zum Internet haben, ersparen Sie sich viel Zeit in der Vorbereitung. **Suchmaschinen** liefern Ihnen viele Textinformationen, Tondokumente, Bilder oder Videoeinspielungen. Voraussetzung ist allerdings, dass Sie genau wissen, wonach Sie suchen.

Was Sie im Internet finden können:

Achtung! Das Internet ist ein riesiger Misthaufen mit ein paar gut versteckten Diamanten.

Viele Informationen, die Sie im Internet finden, sind nicht ordentlich recherchiert und daher nicht brauchbar, manches ist sogar absolut falsch.

- Informationen, die von einer Person oder Organisation zur Verfügung gestellt werden (manche davon sind allerdings kostenpflichtig)
- Universitäten und andere Ausbildungsstätten, die Ausführungen zu Ihrem Thema bereitstellen
- Internetlexika, die Inhalte zu Ihrem Thema enthalten
- Buchtitel mit kurzer Inhaltsangabe
- Zeitschriften, die einen oder mehrere Artikel zum Thema enthalten
- Hinweise auf Unternehmen und Organisationen, die Informationen zu Ihrem Thema bereitstellen
- Linklisten und Bilder zu Ihrem Thema

Informationssuche im Internet:

Tipps

- Informieren Sie sich zunächst einmal über eine absolut vertrauenswürdige Quelle.
- Vergleichen Sie Inhalte, die Sie auf Internetseiten finden, die Sie noch nicht kennen, mit Inhalten, die Sie einer vertrauenswürdigen Quelle entnommen haben. Sollten Sie Unterschiede bemerken, so verzichten Sie sicherheitshalber auf diese unbestätigten und damit unsicheren Inhalte.
- Speichern Sie zu jeder Information auch die Quelle ab, damit Sie bei Bedarf darauf zurückkommen können.
- Verzetteln Sie sich nicht: Zu fast jedem Thema gibt es viele tausend Links, von denen nur einige wenige wirklich interessant sind.
- Legen Sie sich Verzeichnisse an, dann können Sie interessante Links, die gerade nicht zu Ihrem Thema gehören, ablegen und später darauf zurückgreifen.

Informationssuche in Bibliotheken & Co.:

Tipps

Bedenken Sie, dass es auch außerhalb des World Wide Web interessante Informationen zu Ihrem Thema gibt.

Es geht nicht nur darum, Informationen zu finden, sondern auch darum, diese möglichst effizient zu verwalten.

- Die wichtigsten Quellen für Informationen sind Bibliotheken, in denen Sie nach Lust und Laune stöbern können.
- In den meisten Fachbuchhandlungen können Sie ebenfalls in Büchern blättern und so die eine oder andere Anregung mitnehmen.
- Vergewissern Sie sich, ob Sie den Inhalt und Text eines Buches verstehen, bevor Sie das Buch kaufen. Wissenschaftliche Fachbücher sind für Ihren Einstieg in ein neues oder wenig vertrautes Thema nicht die beste Wahl.
- Überlegen Sie, welche Personen in Ihrem Bekanntenkreis als Informationsträger behilflich sein können.
- Nehmen Sie Kontakt zu Organisationen auf, bei denen Sie Informationen vermuten:
  ○ Behörden (Ämter, Ministerien ...)
  ○ Interessenvertretungen (Kammer für Arbeiter und Angestellte, Wirtschaftskammer, Arbeitsamt ...)
  ○ Vereine (Gesellschaft für Organisation ...)
- Nehmen Sie Kontakt zu Unternehmen auf, die mit Ihrem Thema in Verbindung stehen. Die Abteilung für Öffentlichkeitsarbeit wird Ihnen gerne behilflich sein.

SbX

Achten Sie darauf, Ihre Quellen auch richtig zu zitieren, damit Sie keinen Diebstahl geistigen Eigentums (Plagiat) begehen. Die wichtigsten Zitierregeln finden Sie unter der ID: 1311.

Vertrauenswürdige Quellen:

- Fachbuch eines kompetenten Autors bzw. einer fachkundigen Autorin
- Fachbuch eines angesehenen Verlags
- Artikel in einer angesehenen Fachzeitschrift
- Lexikon zu Ihrem Spezialgebiet, das von Fachleuten geschrieben ist (trifft auf Wikipedia nicht uneingeschränkt zu)
- Offizielle Seite einer Universität (Inhalte wurden namentlich von Lehrenden selbst und nicht von Studierenden verfasst und zur Verfügung gestellt)

Informationen aufschreiben und ordnen

Sie werden schon nach kurzer Zeit feststellen, dass Sie eine große Menge an mehr oder weniger passenden Informationen haben und in verschiedenen Quellen Informationen wieder finden, die Sie ohnehin schon besitzen.

Wenn Sie ein brauchbares Gliederungsschema gefunden haben, ist die **Mind-Map** besonders gut geeignet. Sie können beinahe beliebig viele weitere Informationen unterbringen, ohne den Überblick zu verlieren.

Manche Vortragende arbeiten lieber mit Kärtchen. Jedes Thema wird auf ein Kärtchen geschrieben, ergänzende Hinweise stehen auf der Rückseite. Kärtchen können beliebig gruppiert und in eine Reihenfolge gebracht werden; die Struktur kann sich daher bis zum Schluss ändern.

Beispiel für ein beschriebenes Kärtchen:

Tragen Sie immer einige leere Kärtchen mit sich, damit Sie gute Einfälle sofort aufschreiben können!

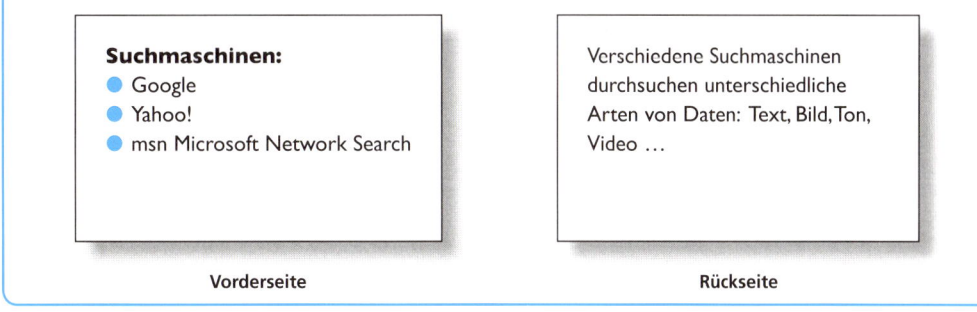

Suchmaschinen:
● Google
● Yahoo!
● msn Microsoft Network Search

Vorderseite

Verschiedene Suchmaschinen durchsuchen unterschiedliche Arten von Daten: Text, Bild, Ton, Video …

Rückseite

Welche Methode Sie auch einsetzen, wichtig ist, dass Sie sich selbst damit wohlfühlen!

Vielleicht wollen Sie Ihre Informationen lieber in elektronischer Form verwalten. Dazu können Sie Standardsoftware wie MS-Office verwenden und einfache Textdokumente oder Tabellen anlegen oder ein spezielles Recherche-Programm einsetzen.

Beachten Sie, dass Sie nicht alles, was Sie in Ihren Quellen finden, verstehen und für Ihren Vortrag aufbereiten müssen. Was Sie selbst nicht in den Griff bekommen, wird auch für Ihr Publikum schwer verständlich sein. Haben Sie daher Mut zur Lücke!

 # Üben

Praxisaufgaben

Interesse des Publikums wecken

P 2:

Formulieren Sie folgende Gedanken so, dass sie beim Publikum Interesse und Aufmerksamkeit finden. Wenn Sie jeden Vorschlag mit einem dicken Filzstift auf ein Kärtchen schreiben und an die Tafel kleben, können Sie in der Klasse oder in der Gruppe bequem die verschiedenen Vorschläge diskutieren.

● Die Präsentation handelt vom Leben und Wirken des Komponisten Wolfgang Amadeus Mozart.

● Ich werde über die Kelten in Österreich sprechen.

● Ich werde Ihnen Methoden erklären, wie Sie Ihre Zeit besser in den Griff bekommen können.

● Ich danke Ihnen für die Aufmerksamkeit und hoffe, dass ich Ihnen wichtige Impulse für Ihre persönliche Lernstrategie geben konnte.

● Hiermit beende ich meine Präsentation über die Globalisierung und hoffe, dass sie Ihnen gefallen hat.

P 3:

Welche der folgenden Behauptungen sind richtig, welche sind falsch?

Informationen werden besser aufgenommen, ...	richtig	falsch
... wenn Vorwissen vorhanden ist.		
... wenn sie von angenehmen Reizen begleitet werden.		
... wenn sie keine Gefühle ansprechen.		
... wenn Fakten und Meinungen nicht unterschieden werden.		
... wenn Spielraum für Interpretationen bleibt.		
... wenn sie dem Wertesystem des Empfängers entsprechen.		
... wenn mehrere Sinnesorgane angesprochen werden.		
... wenn sie von einem anerkannten Experten stammen.		

P 4:

Diese Übung wird in den nächsten Lerneinheiten fortgesetzt und am Ende des **Kapitels 3: Rhetorik** mit einem Vortrag vor der Klasse abgeschlossen.

a) Wählen Sie eine der folgenden kreativen Methoden als Thema für eine Rede, die ca. 3 bis 5 Minuten dauern soll.

- Clustering nach Gabriele L. Rico
- Mind-Mapping nach Tony Buzan
- ABC-Liste nach Vera Birkenbihl
- Brainstorming
- Brainwriting

b) Suchen Sie Informationen zu einer der oben genannten Methoden und vergleichen Sie die Inhalte aus verschiedenen Quellen.

c) Entscheiden Sie, welche Inhalte Sie in Ihre kurze Einführung aufnehmen wollen, und notieren Sie diese Inhalte, damit Sie darauf zurückgreifen können, wenn Sie die Gliederung Ihrer Rede planen und den Text entwickeln.

kreative Methoden, eine kurze Rede vorzubereiten und zu halten

P 4-**Variante:** Diese Übung kann am Ende des **Kapitels 3: Rhetorik** auch als Gruppenpuzzle durchgeführt werden.

P 5:

Stellen Sie sich vor, Sie sollen eine kurze Rede zu einem der folgenden Sprichwörter halten. Setzen Sie eine Ihnen bereits bekannte kreative Methode ein, um Gedankenketten, die Sie schon in Ihrem Gehirn gespeichert haben, zu finden und neue Verbindungen herzustellen. Sie werden erstaunt sein, was Ihnen alles zu Ihrem Sprichwort einfällt.

- „Erziehung ist die organisierte Verteidigung der Erwachsenen gegen die Jugend." (Mark Twain)
- „Die Ewigkeit dauert lange, besonders gegen Ende." (Woody Allen)
- „Bevor unsere Träume Früchte tragen, müssen sie in der Wirklichkeit Wurzeln schlagen." (Ernst Ferstl)
- „Zwei Dinge sind unendlich: das Universum und die menschliche Dummheit. Aber beim Universum bin ich mir nicht so sicher." (Albert Einstein)
- „In jedem Geschöpf der Natur lebt das Wunderbare." (Aristoteles)
- „Wir müssen von Zeit zu Zeit eine Rast einlegen und warten, bis unsere Seelen uns wieder eingeholt haben." (Indianische Weisheit)
- „Geliebt zu werden macht uns stark. Zu lieben macht uns mutig." (Laotse)
- „Gott schenkt dir das Gesicht, lächeln musst du selbst." (Irisches Sprichwort)
- „Bevor die Welt von uns ganz zerstört wird, wird ein Experte uns noch versichern: Das ist technisch unmöglich." (Winston Churchill)
- „Zwei Dinge sollten Kinder von Eltern bekommen: Wurzeln und Flügel." (Johann Wolfgang von Goethe)

Ideen sammeln

P 5-**Variante:** Finden Sie selbst ein Sprichwort, das Ihnen gut gefällt.

P 6:

Stellen Sie sich vor, Sie sind Moderator/in einer Konferenz zum Thema „Rhetorik und Präsentation". Ihre Lehrerin bzw. Ihr Lehrer hält dort einen Vortrag und es ist Ihre Aufgabe, ihn oder sie als kompetente/n Vortragende/n vorzustellen.

Vortragende vorstellen

P 6-**Variante:** Sie stellen sich selbst als Experte/Expertin für Ihr Lieblingsthema vor. Beachten Sie die unterschiedliche Reihenfolge.

Worträtsel

P 7: Wer das **Worträtsel** richtig aufgelöst hat, erhält als Lösungswort das, was sich alle Vortragende – und daher auch alle Lehrer/innen – von ihrem Publikum wünschen.

P 7:

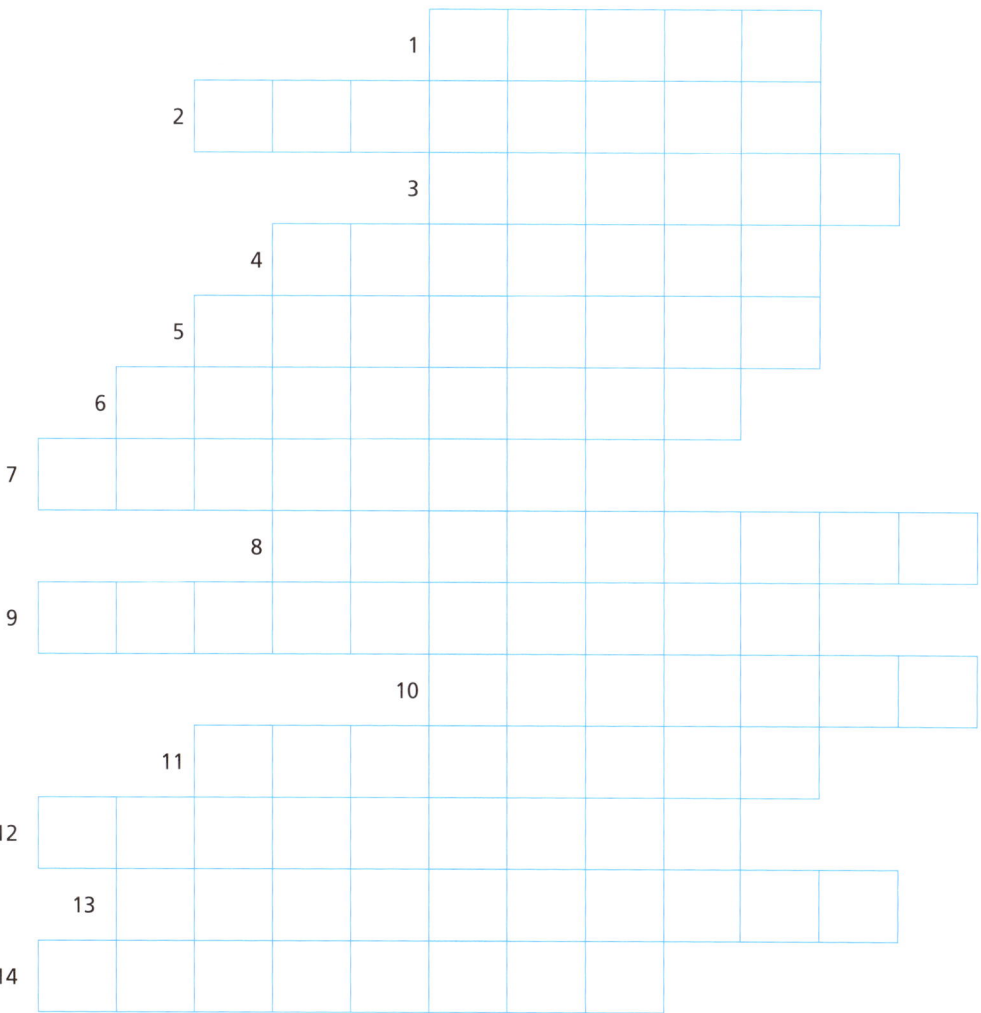

1 der große Auftritt
2 ein anderes Wort für Gliederung
3 ein anderes Wort für Tatsachen
4 sich den Text einprägen
5 eine Idee zu einer Rede entwickeln
6 „Misthaufen mit einigen versteckten Diamanten"
7 an wen sich der Redner richtet

8 Ideen ordnen
9 nicht länger als notwendig reden
10 persönliche Sichtweise, Überzeugung
11 bemerkenswerte Begebenheit im Leben einer Person
12 Anteilnahme, Vorlieben einer Person
13 Sammlung von Büchern
14 Gedanken in Worte fassen

 **Sichern**

Publikum	Personen, für die eine Rede gehalten wird
Rhetorik	Kunst der freien Rede. Eine **freie Rede** wird im Gegensatz zur **Stegreifrede** vorbereitet und frei vorgetragen, also nicht vorgelesen.
	Die **literarische Rede** wird vorgelesen.
Vortrag	Sammelbegriff für alle Rede- und Präsentationsarten
	Die **Einleitung** macht das Publikum neugierig, der **Hauptteil** informiert mit Fakten und überzeugt mit Argumenten, der **Schluss** fasst zusammen und fordert zum Handeln auf.

3 Rhetorik

klassische Produktionsphasen	❶ **Inventio:** aus einer Idee eine Rede entwickeln
	❷ **Dispositio:** eine passende Gliederung finden
	❸ **Elocutio:** Gedanken in Worte fassen
	❹ **Memoria:** Text, Mimik und Gestik üben und einprägen
	❺ **Actio:** die Rede vor Publikum halten

Vorträge gliedern

Jeder Vortrag besteht aus den drei Teilen: **Einleitung, Hauptteil** und **Schluss.**

❶ **Einleitung:** Interesse wecken

❷ **Hauptteil:** Informationen und Argumente liefern

❸ **Schluss:** zusammenfassen, zum Handeln auffordern

Erwartungen des Publikums

● Inhalte sind für das Publikum wichtig, das Publikum kann einen Nutzen daraus ziehen.

● Inhalte werden verständlich, gut gegliedert, einprägsam und unterhaltsam dargeboten.

● Beispiele und Argumente werden aus der Sichtweise des Publikums gebracht.

● Fakten und Meinungen werden auseinandergehalten.

Wahrnehmung von Informationen

Aus den vielen Informationen, die über alle Sinneskanäle gleichzeitig auf eine Person eintreffen, filtert sie jene Informationen heraus, die bereits bekannt sind, einem Bedürfnis entsprechen, interessant oder besonders auffallend sind.

Jeder Mensch hat seinen bevorzugten Sinneskanal, bei den meisten Menschen ist das derzeit das Auge.

Informationsquellen

Das **Internet** ist eine wichtige Informationsquelle für die Vorbereitung von Vorträgen. Kein anderes Medium kann aktueller sein, allerdings ist Vorsicht geboten: Viele Quellen sind nicht zuverlässig und enthalten Falschinformationen.

Weitere Quellen: Bücher, Zeitungen und Zeitschriften, Informationen von Organisationen, Ämtern, Vereinen, Interessenvertretungen etc.

Wissen

Wiederholungsfragen zu Lerneinheit 1

1. Wodurch unterscheidet sich eine Rede von einer Präsentation?

2. Welche Arten von Reden kennen Sie?

3. Wie bezeichnet man die klassischen Produktionsphasen einer Rede?

4. Was beachten Sie bei der Vorbereitung Ihrer Rede, damit Sie beim Publikum bestmöglich ankommen?

5. Was beachten Vortragende, wenn sie die Einleitung formulieren?

6. Was beachten Vortragende, wenn sie den Schluss formulieren?

7. Worauf achten Vortragende, wenn sie den Hauptteil gliedern?

8. Welche Informationen werden vom Publikum gerne und ohne besondere Anstrengungen angenommen?

9. Wie können Vortragende ihr Publikum zum Mitmachen anregen?

10. Wofür steht das Kunstwort VAKOG und welche Bedeutung hat es im Zusammenhang mit der Vorbereitung einer Rede?

11. Wo informieren sich Vortragende, wenn sie eine Rede vorbereiten?

12. Welche Probleme sind im Zusammenhang mit dem Internet als Informationsquelle zu beachten?

SbX

Alle SbX-Inhalte zu dieser Lerneinheit finden Sie unter der ID: 1320.

Lerneinheit 2
Gefühl und Verstand ansprechen

Vortragende, die ihr Publikum begeistern und mitreißen können, sprechen Herz und Hirn gleichermaßen an. Ihre Sprache ist einfach, verständlich, mit kurzen Sätzen, ohne trockenes Zahlenmaterial, dafür mit umso mehr bildhaften Vergleichen und konkreten Beispielen.

Was sich das Publikum nicht bildlich vorstellen kann, wird es nur mit Mühe verstehen und nicht lange in Erinnerung behalten.

Sie lernen hier,
- **was es bedeutet, sich verständlich auszudrücken,**
- **wie Sie Ihrem Publikum dabei helfen, sich Inhalte bildlich vorzustellen und**
- **welches Gliederungsschema dem Zweck Ihres Vortrags entspricht.**

Lernen

1 Inhalte verständlich ausdrücken
Geisterfahrer statt Falschfahrer, die entgegen der vorgeschriebenen Fahrtrichtung fahren

Die Hamburger Psychologen Langer, Tausch und Schulz von Thun haben **4 Kriterien zur Verständlichkeit von Texten** aufgestellt:

❶ **Einfachheit:** geläufige Wörter, kurze Sätze, anschauliche Darstellung
❷ **Gliederung und Ordnung:** logische innere Struktur, übersichtliche äußere Darstellung
❸ **Kürze und Prägnanz:** keine unnötigen Floskeln oder weit ausholende Erklärungen
❹ **Stimulanz:** Beispiele, Bilder, witzige Formulierungen, rhetorische Fragen

Die 4 Verständlichkeitskriterien:
❶ Einfachheit
❷ Gliederung und Ordnung
❸ Kürze und Prägnanz
❹ Stimulanz

❶ **Einfachheit**

Ein Schüler, der sich in ein neues Wissensgebiet einarbeitet, wird andere Ansprüche an die Darbietung eines Themas haben als eine Wissenschafterin, deren Spezialgebiet gerade dieses Thema ist. Beide verstehen einen Vortrag dann besonders gut, wenn ihnen Worte und Formulierungen vertraut vorkommen, komplizierte Satzkonstruktionen vermieden und statt langer verbaler Ausführungen Tabellen, Diagramme und andere bildliche Darstellungen eingesetzt werden.

Ob ein Vortrag einfach oder schwierig zu verstehen ist, hängt vom Wissensstand und anderen Merkmalen des Empfängers ebenso ab wie davon, wie der Text formuliert ist.

❷ **Gliederung und Ordnung**

Je länger ein Text ist, umso wichtiger ist die **innere Folgerichtigkeit,** die sich auch in der Aufbereitung des Textes erkennen lässt.

Einen gut gegliederten (Sach-)Text kann man zunächst einmal „überfliegen", um sich einen Überblick und Gesamtzusammenhang zu verschaffen, um ihn dann sequentiell, vom Anfang bis zum Ende, oder partiell, nach ausgewählten Kapiteln, zu lesen. Bei längeren Texten, die aus mehreren Kapiteln bestehen, ist es hilfreich, wenn jedes Kapitel die gleiche Struktur aufweist.

Die innere Logik wird nach außen hin sichtbar durch eine entsprechende **optische Gestaltung.**

Wesentliche Elemente sind:
- Kapiteleinteilung
- Überschriften
- Absätze
- Hervorhebungen

Manchmal wählt der/die Verfasser/in eine unübliche Gliederung und hat dafür gute Gründe. Ohne vorherige Ankündigung und Erläuterung wird er/sie aber bei seinen/ihren Leserinnen und Lesern eher auf Widerstand als auf Interesse und Zustimmung stoßen.

3 Rhetorik

CU: see you, wir sehen uns

asap: as soon as possible,
so bald wie möglich

;-): zwinkernd

❸ Kürze und Prägnanz

Manche Medien verlangen danach, Informationen kurz und bündig zu übermitteln. Früher war es das Telegramm, heute ist es die SMS (Short Message Service).

Beide haben einen besonderen Stil hervorgebracht:

Telegramm: Ankunft – morgen – 12.35 – Wien-West

SMS: CU asap ;-)

Während der Telegrammstil auch für nicht Eingeweihte verständlich ist, braucht man für manche SMS Insiderwissen oder ein entsprechendes Lexikon. Dennoch (oder vielleicht gerade deshalb) finden auch einige typische Abkürzungen Eingang in andere moderne Formen der Kommunikation (E-Mail, Beitrag in einem Chat-Room, Werbung etc.)

In der Kürze liegt die Würze. Diese Forderung ist zwar grundsätzlich richtig, dennoch erhöht eine gewisse Redundanz die Verständlichkeit einer Nachricht.

Redundanz: mehr an Information als für das Verständnis notwenig wäre

Das Gegenteil von Kürze und Prägnanz ist die **Weitschweifigkeit.** Sie macht sich sowohl auf der sprachlichen als auch auf der inhaltlichen Ebene bemerkbar. Manche Schreiber/innen nehmen sich nicht die Zeit, ihre Gedanken zu ordnen, und schreiben alles so auf, wie es ihnen gerade einfällt. Um immer wieder passende Anknüpfungspunkte zu finden, wiederholen sie sich und drücken ein und dasselbe auf unterschiedliche Art und Weise aus. Andere beginnen jede Nachricht bei Adam und Eva und kommen auch zwischendurch vom Hundertsten ins Tausendste. Der Lesende verliert dabei leicht den „roten Faden" und oft auch das Interesse an dem, was der Schreibende ausdrücken möchte.

❹ Stimulanz

Die **Sprache** selbst bietet viele Möglichkeiten, einen Text anregend zu gestalten:

- alle Sinnesorgane ansprechen (sehen, hören, tasten, riechen, schmecken)
- Gefühle ansprechen
- direkte Rede
- rhetorische Frage
- lebensnahe oder heitere Beispiele aus der Erfahrungswelt der Leser
- Witze
- plakative Sprache (Redewendungen, Sprichwörter, Zitate)
- bildhafte Formulierungen
- handlungsorientierte Satzgestaltung (Zeitwörter statt Hauptwörter, aktiv statt passiv formulieren)

Wer seinen Vortrag mit anregenden **Beispielen** schmackhafter machen will, kann sich auf allgemeine Erfahrungen aus dem Alltag beschränken oder das Vorwissen und die Interessen seines Publikums erkunden.

Zitate, Witze und **Anekdoten** müssen wohldosiert und auf das Publikum abgestimmt sein: Ohne Paprika kein Gulasch, aber kein Paprika in der Sachertorte!

Zitate, Witze und **Anekdoten** reichern jeden Vortrag an, müssen aber wohldosiert und ganz genau auf das Thema, das Publikum und auf die Persönlichkeit der Vortragenden abgestimmt sein. Ein Witz ist wie ein Gewürz, das sich erst in der richtigen Komposition von Zutaten voll entfalten kann.

Bilder ergänzen den gesprochenen Text und tragen dadurch nicht nur wesentlich zu einem besseren Verständnis bei, sondern helfen dem Publikum auch, den Inhalt im Gedächtnis zu behalten. Vortragende wirken überzeugender, glaubwürdiger und besser vorbereitet, wenn sie den Inhalt ihrer Vorträge mit visuellen Hilfsmitteln unterstützt.

Der wichtigste Verständlichmacher ist die **Einfachheit.** Selbst wenn ein Vortrag oder ein Text die anderen drei Kriterien erfüllt, ist er für den Empfänger nur schwer verständlich, wenn wenig geläufige Wörter und lange, komplizierte Schachtelsätze verwendet werden. Andererseits ist ein Vortrag auch dann ganz gut zu verstehen, wenn er einfach formuliert, aber wenig gegliedert und ohne anschauliche Beispiele dargeboten wird.

2 Eindrucksvolle Worte finden
Mit Worten Bilder malen

Die Grundbausteine eines Satzes sind Zeitwörter, Hauptwörter und Eigenschaftswörter. Jede dieser Wortarten hat ihre besonderen Merkmale, Vorteile und Gefahren.

Zeitwort

Zeitwort: Verb

Zeitwörter helfen dem Publikum, sich den Inhalt eines Vortrags lebendiger und anschaulicher vorzustellen, vor allem dann, wenn das Zeitwort aussagekräftig und aktiv ist.

+	**aussagekräftige Verben**	laufen, rufen, flüstern, weinen, lachen, staunen, verzweifeln, enttäuschen, lieben …
−	**tote Verben**	bewirken, bewerkstelligen, vergegenwärtigen, beinhalten, gehören, sich befinden …
−	**Imponierverben auf -ieren**	verbalisieren, reflektieren, konkretisieren, tabuisieren, sondieren …
−	**Funktionsverben**	Bekenntnisse ablegen, Abhilfe schaffen, in Erwägung ziehen …

Die **Leideform,** wie das Passivum im Deutschen heißt, wird genau dann richtig eingesetzt, wenn jemandem etwas zugefügt wird, das er ohnehin nicht verhindern kann. Zum Beispiel: „Dem Patienten wurden (von seinem Hausarzt) kalte Wickel verordnet.", „Die Ausstellung wird um 20.00 Uhr geschlossen."

Jedes Kind lernt zuerst die **aktive Form** von Zeitwörtern: der Ball rollt, die Sonne scheint. Auch im Dialekt kommen aktive Formulierungen wesentlich häufiger vor als passive und das hat seinen guten Grund: Passive Formulierungen wirken unpersönlich und distanziert und sind obendrein schwer verständlich. „Sie werden höflich darauf aufmerksam gemacht, dass in allen Büroräumlichkeiten das Rauchen strengstens untersagt ist." Niemand weiß genau, wen das Rauchen stört, wer es verbietet und welche negativen Folgen auf jene Menschen warten, die dennoch rauchen.

Selbst in grammatikalisch korrekt formulierten Sätzen findet man das Zeitwort oft ziemlich weit vom dazugehörigen Subjekt entfernt, manchmal sogar erst am Ende eines Schachtelsatzes: „Alle Schülervertreter haben die neue Pausenregelung, welche im Rahmen der letzten Sitzung gemeinsam mit den Stimmen der Eltern-, Schüler- und Lehrervertreter mit einfacher Mehrheit beschlossen und dem Direktor zur Unterschrift vorgelegt wurde und die vorsieht, dass den Schülern nach jeder Doppelstunde zehn Minuten und zwischen den Doppelstunden 5 Minuten Zeit zur Erholung einzuräumen sind, abgelehnt."

Vermeiden Sie Satzkonstruktionen mit Hilfsverben oder unechten Verben sowie mehrfache Schachtelung.

Hauptwort

Hauptwort: Substantiv

Hauptwörter sind die Knochen im Text, man kann sie keinesfalls weglassen, aber zu viele davon erschweren die Beweglichkeit.

+	**bildhafte, konkrete Substantive**	Haus, Baum, Katze, Auto, Wald, Blitz, Kuchen, Sand, Sturm, Welle …
+	**bildnahe, abstrakte Substantive**	Hilfe, Treue, Liebe, Neid, Eifersucht, Demut, Kunst, Kitsch
−	**bildleere abstrakte Substantive**	Verantwortung, Selbstbeherrschung, Lehrkörper, Funktionalität, Gesundheit, Einsamkeit
−	**„lebende Leichname"**	Zurschaustellung, Ingangsetzung, Inaugenscheinnahme, Inangriffnahme …

„Die Entwicklung des Projekts verläuft zufriedenstellend.": Hier wird eine scheinbare Objektivität unterstellt, da unklar bleibt, wer eigentlich mit dem Projekt zufrieden ist und was genau mit „zufriedenstellend" gemeint ist.

Bildhafte und bildnahe Hauptwörter kann sich das Publikum gut vorstellen; die bildleeren Hauptwörter lassen sich meistens mit Zeitwörtern darstellen.

„Wegen der Undurchführbarkeit Ihrer Forderungen ist von einer weiteren Verfolgung Ihres Auftrags abzusehen." **Besser:** „Unsere EDV-Abteilung kann Ihren Auftrag leider nicht weiter bearbeiten, da sie Ihre Forderungen nicht erfüllen kann."

Im **Volksmund** entstehen immer wieder plakative und leicht verständliche, wenn auch nicht unbedingt präzise, neue Hauptwörter: Schuldenberg, Armutsfalle, Geisterfahrer, Pickerl (für Autobahnvignette) etc.

Im **Amtsdeutsch** findet man oft etwas altmodisch anmutende Begriffe, die zwar korrekt, aber wenig anschaulich sind und daher die Verständlichkeit des Vortrags behindern: Lehranstalt für Schule oder Postwertzeichen für Briefmarke.

3 Rhetorik

Eigenschaftswort

Manche Eigenschaftswörter sind entbehrlich, können also weggelassen werden, andere würzen den Inhalt und machen ihn anschaulicher und genauer.

+	**präzisierende Adjektive**	grüne Jacke, dunkle Wolke, hohe Welle, breite Straße, altes Haus ...
+	**präzisierende Adverbien**	langsam gehen, sich gesund ernähren, das Angebot lächelnd zurückweisen ...
-	**überflüssige Adjektive**	hoher Berg, scharfe Spitze, tiefe Schlucht, schlimme Katastrophe, starke Übertreibung ...
-	**überflüssige Adverbien**	eilig hasten, einen Termin rechtzeitig einhalten, einen Konsens gemeinsam finden

Präzisierende Adjektive und **Adverbien** sind notwendig, um den Sinn eindeutig zu erfassen. Wenn es grüne, rote und blaue Jacken gibt, müssen Vortragende die Farbe angeben, damit das Publikum genau weiß, welche Jacke gemeint ist.

Kurze Sätze

Wer einen Text kurz und bündig und trotzdem verständlich schreiben will, braucht Zeit. Lange Texte sind weniger aufwändig und schneller geschrieben. Ähnlich verhält es sich auch mit der Formulierung von Sätzen. Wenn man einen komplexen Gedanken entwickelt, entsteht dabei oft eine verschachtelte Satzkonstruktion. Diese einfach stehen zu lassen, erschwert dem Publikum das Verständnis für den Inhalt. Schachtelsätze zu entwirren kostet dem Vortragenden zwar Zeit und Energie, fördert aber die Klarheit des Textes und die Aufnahme- und Merkfähigkeit beim Publikum. Andererseits sind zu viele kurze Sätze hintereinander gereiht ziemlich langweilig und unterfordern manche Personen im Publikum.

Sinnenhaftes Sprechen

Wenn Sie das Publikum in Ihre Vorstellungswelt einladen, bedienen Sie sich der Technik des sinnenhaften Sprechens. Sie sprechen aus einem konkreten persönlichen Erleben heraus und aktivieren möglichst alle Sinne.

Sinnenhaftes Sprechen gelingt allerdings nur dann, wenn Sie aus der Situation des augenblicklichen Geschehens heraus sprechen, so als ob Sie sie im Moment des Redens (wieder) erleben würden. Es geht also darum, aus einem Gefühl heraus und nicht über ein Gefühl zu sprechen.

Ein Beispiel soll diesen Unterschied verdeutlichen:

> **a) falsch (nicht sinnenhaft):**
> „Als ich letzte Woche auf einer Party war, fiel mir sofort ein Junge auf. Er hatte schwarze Haare und ein hübsches Gesicht. Ich habe mich sofort in ihn verliebt. Leider habe ich mich nicht getraut, ihn anzusprechen."
>
> **b) richtig (sinnenhaft):**
> „Also, ich sag euch, letzte Woche, der Junge: ich schau hin ... das Bild von einem Mann: schwarze Haare ... und das Gesicht. Ich male mir schon aus, wie wir zwei miteinander tanzen ... und spür, wie mir ganz heiß wird. Und da denk ich mir: ach was, einfach rübergehen, nichts sagen und küssen ... Jetzt könnt ich mich umbringen, dass ich's nicht einfach getan habe."

Folgende Möglichkeiten stehen Ihnen zur Verfügung, die eigene innere Vorstellungswelt vor Ihrem Publikum auszubreiten:

- erinnerte Bilder zeigen, ausmalen; visuelle Wörter verwenden (z.B. sehen, schauen; Farben)
- Fantasie-Bilder (nicht erinnert, nur vorgestellt)
  Zum Beispiel: „Ich male mir aus, wie du aussiehst, wenn du die Matura bestanden hast."
- erinnertes Hören: Gespräche zitieren (anstatt indirekter Rede)
- vorgestelltes Hören („Ich höre im Geist, wie die Tür aufgeht und der Boden knarrt unter den Füßen.")
- Empfindungen/Riechen/Schmecken (sinnesspezifische Wörter verwenden): Gefühle ausdrücken, nicht darüber informieren
- innerer Dialog („Ich dachte mir ...")

3 Erprobte Strukturen anwenden
Von Profis lernen und eine persönliche Struktur entwickeln

Hier geht es um die Fähigkeit des **strukturierten Sprechens**. Zwei Elemente sind dabei von besonderer Bedeutung:

● Vorinformation
● sinnvolle Reihenfolge der Informationen

Wenn Sie das erste Mal ganz alleine Ihr Lieblingsgericht kochen wollen, schlagen Sie wahrscheinlich im Kochbuch nach und halten sich ganz genau an die Anweisungen. Vielleicht vergleichen Sie auch mehrere Rezepte und entscheiden sich dann für eines, das Ihnen am besten gefällt. Je mehr praktische Erfahrungen Sie sammeln, umso mehr werden Sie sich von vorgegebenen Rezepten entfernen und Ihre eigenen Rezepte entwickeln. So ist es auch beim Vortragen: Zuerst halten Sie sich an erprobte Grundmodelle von Profis, später entwickeln Sie Ihre persönliche Struktur.

Grundmodell zum Redeanlass „Informieren"
(Referat, Vortrag, Informationsrede)

Grundmodell zum Redeanlass „Informieren": Das Modell enthält das Bild eines Schrankes oder Kästchens mit verschiedenen Schubladen, die in der richtigen Reihenfolge auf- und zugemacht werden.

Struktur	Redebeispiel (stark gekürzt)
Interesse wecken mit Vielleicht-Sätzen	Vielleicht haben einige von euch vom SGA noch nie etwas gehört.
	Vielleicht hat sich schon jemand geärgert, dass man so gar nichts erfährt, was im SGA passiert.
	Vielleicht würde es dich interessieren, Schülervertreter im SGA zu sein.
Definition des Gesamtthemas (evtl. mit Zeitangabe)	Ich möchte euch über die Aufgaben des Schulgemeinschaftsausschusses (SGA) informieren …
Gliederungspunkte (Schubladen) nennen 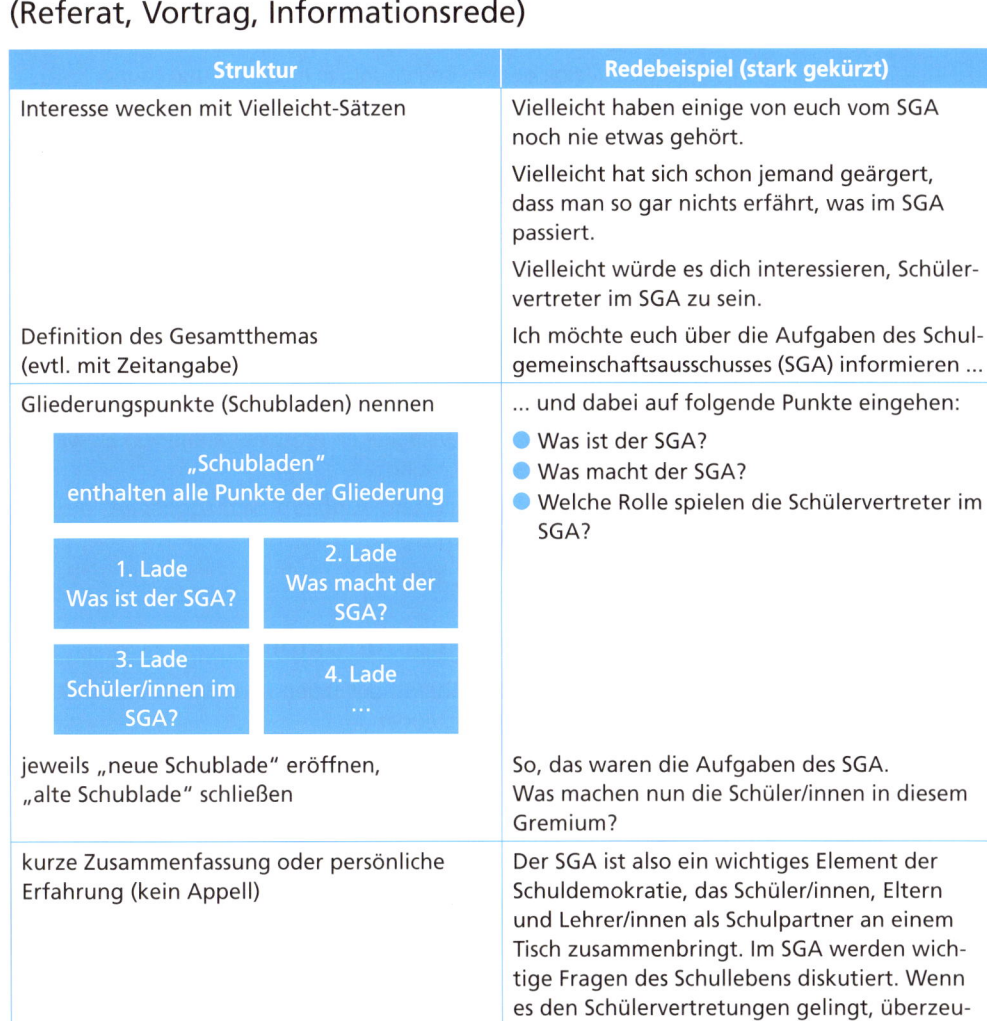	… und dabei auf folgende Punkte eingehen: ● Was ist der SGA? ● Was macht der SGA? ● Welche Rolle spielen die Schülervertreter im SGA?
jeweils „neue Schublade" eröffnen, „alte Schublade" schließen	So, das waren die Aufgaben des SGA. Was machen nun die Schüler/innen in diesem Gremium?
kurze Zusammenfassung oder persönliche Erfahrung (kein Appell)	Der SGA ist also ein wichtiges Element der Schuldemokratie, das Schüler/innen, Eltern und Lehrer/innen als Schulpartner an einem Tisch zusammenbringt. Im SGA werden wichtige Fragen des Schullebens diskutiert. Wenn es den Schülervertretungen gelingt, überzeugend zu argumentieren, können sie auf viele Entscheidungen Einfluss nehmen.

Bildunterschrift im Schubladen-Bild:
„Schubladen" enthalten alle Punkte der Gliederung
1. Lade Was ist der SGA?
2. Lade Was macht der SGA?
3. Lade Schüler/innen im SGA?
4. Lade …

Grundmodell zum Redeanlass „Überzeugen"
(Meinungsrede)

ESA:
Erlebnis
Schlussfolgerung
Appell

Die sogenannte **ESA-Rede** besteht aus folgenden 3 Elementen:

❶ **Erlebnis**

Die Rednerin oder der Redner erzählt ein Erlebnis (sinnenhaftes Sprechen) und geht sofort in die Szene hinein.

3 Rhetorik

Zum Beispiel:

> ... und ich lade Sie jetzt alle ein, mich zu begleiten: über uns der blaue Himmel ... vor uns das Grün der Bäume ... unter uns der weiche Waldboden ... und wir laufen langsam und gleichmäßig dahin.
>
> Bei mir war das früher ganz anders: Nach einem anstrengenden Tag habe ich nur noch den Weg zum Fernseher geschafft und gedacht: „Das ist die beste Entspannung für dich."
>
> Eines Tages kommt ein guter Freund vorbei, drückt mir seine alten Laufschuhe in die Hand und sagt: „Komm mit, jetzt laufen wir bis zur Brücke."
>
> Ich bin gelaufen und es war ... na ja, die ersten 3 Monate doch ziemlich anstrengend.

❷ Schlussfolgerung

Der Redner/Die Rednerin zieht aus dem persönlichen Erlebnis eine sachliche, allgemeine Schlussfolgerung.

Zum Beispiel:

> Laufen ist ein Sport, bei dem Sie mit ein bisschen Ausdauer viel Freude erleben können. Ein Paar Laufschuhe und schon kann's losgehen. Laufen können Sie fast überall und bei jedem Wetter, alleine oder in Begleitung, je nach Lust und Laune.

❸ Appell:

Er wird in einem (!) konkreten Handlungssatz in der Befehlsform formuliert. (Achten Sie dabei darauf, mit der Stimme hinunterzugehen.)

Zum Beispiel: Probieren Sie es aus, morgen früh laufen wir gemeinsam!

Ein weiterführendes Modell für die **Meinungsrede** besteht aus 4 Schritten:

Interesse wecken

Ist-Zustand

❶ Interesse wecken: Vielleicht-Sätze oder Einstieg mit einem Erlebnis (sinnenhaftes Sprechen)

❷ Ist-Zustand: Fakten und Argumente werden aufgelistet, die belegen, dass etwas verändert werden muss. Auch Schwierigkeiten (Vorwegnahme von Einwänden) können angeführt werden – (die Vision ist die Lösung).

Vision

❸ Vision: Den Zuhörerinnen und Zuhörern wird suggeriert, dass die Welt so wird, wenn sie dem Appell nachkommen.

Appell

❹ Appell: positiv, ein Satz, konkret

Der Fünfsatz nach Hellmut Geißner

Mit Hilfe dieses von Hellmut Geißner erarbeiteten Schemas entwickeln Sie Ihr eigenes Argumentationsziel aus nahezu gleichwertigen Begründungen.

Wenn es Ihnen gelingt, während der freien Rede oder einer Diskussion Ihre Behauptungen zu begründen, wirken Sie überzeugend.

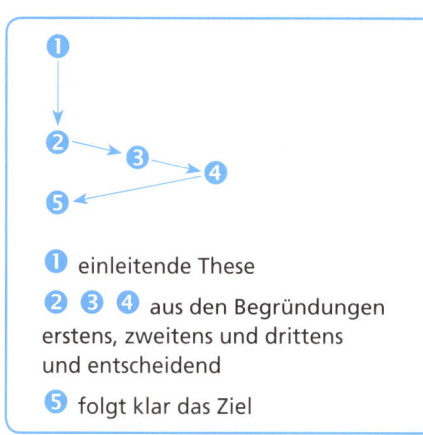

❶ einleitende These

❷ ❸ ❹ aus den Begründungen
erstens, zweitens und drittens
und entscheidend

❺ folgt klar das Ziel

Formulierungsbeispiel:

❶ Freies Reden ist eine Fähigkeit, die zur Entwicklung von Selbstsicherheit beiträgt.

❷ Zum einen lernt man, sich dabei selbst zu beobachten.

❸ Zum anderen übt man auch, Situationen richtig einzuschätzen.

❹ Entscheidend ist aber: Indem man sich als Redner/in vor einer Gruppe präsentiert, lernt man, eigene Stärken gezielt einzusetzen, und stärkt damit das persönliche Selbstwertgefühl.

❺ Um Selbstsicherheit zu entwickeln, ist es daher sinnvoll, freies Reden vor Gruppen zu üben.

Die Kette

Die Kette: Dieses Schema können Sie sowohl **logisch** als auch **zeitlich** entwickeln.

Dieses Schema eignet sich besonders, wenn Sie einen bestimmten Gedankenablauf streng logisch oder zeitlich abfolgend entwickeln wollen.

Formulierungsbeispiel:

❶ Wer eine Rede vorbereitet, lernt auch, Situationen schneller zu erfassen.

❷ Das führt dazu, dass man auch mehr Gefühl für die Erwartungen des Publikums entwickelt.

❸ Dadurch kann man die Argumente und Beispiele besser auf die Bedürfnisse des Publikums abstimmen

❹ ... und daraus folgt, dass das Publikum den Vorschlägen eher zustimmen wird.

❺ Deshalb ist es sinnvoll, jede Rede sorgfältig vorzubereiten, um ein immer besseres Gespür für Situation und Publikum zu entwickeln.

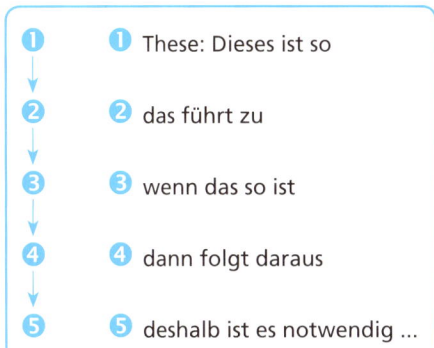

Vom Allgemeinen zum Besonderen

Sie setzen dabei Ihre Meinung in Widerspruch zu einer häufig genannten, aber selten durchdachten allgemeinen Phrase und wirken dadurch glaubwürdig.

Formulierungsbeispiel:

❶ Wenn Sie meinen, freies Reden ist eine Begabung und wer sie nicht hat, kann es nur schwer erlernen, ...

❷ ... dann wollen wir Sie davon überzeugen, dass es gar nicht so schwer ist, wie es vielleicht ausschaut.

❸ Wir sagen Ihnen nicht nur, wie Sie Ihr Publikum begeistern können, ...

❹ ... sondern auch, wie Sie Ihre Ziele möglichst gut erreichen.

❺ Wir führen Sie Schritt für Schritt durch alle Stationen, von der ersten Idee bis zur glanzvollen Rede.

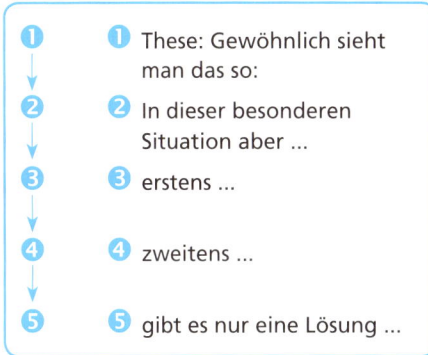

Der Vergleich

Ihr Ziel ist es, Ihre Meinung möglichst unparteiisch aus der Gegenüberstellung zweier unterschiedlicher Auffassungen heraus zu entwickeln. Dadurch zeigen Sie gleichzeitig, dass Sie gut informiert sind und genau abwägen, wenn Sie etwas sagen.

Formulierungsbeispiel:

❶ A meint, freies Reden braucht man nicht üben, ...

❷ ... das kann sowieso jeder.

❸ B behauptet das Gegenteil: Nur wer besonders begabt ist, der kann es auch, ...

❹ ... die Ausstrahlung des Redners ist ohnehin wichtiger als der Inhalt der Rede.

❺ Beide haben eine sehr eingeschränkte Sichtweise. Einerseits strapazieren Stegreifreden oft die Geduld des Publikums, andererseits halten auch schüchterne Personen oft überzeugende Reden, wenn sie sich gut darauf vorbereiten.

Da Übung ja bekanntlich Meister macht, sollten Sie keine Gelegenheit auslassen und üben, üben, üben.

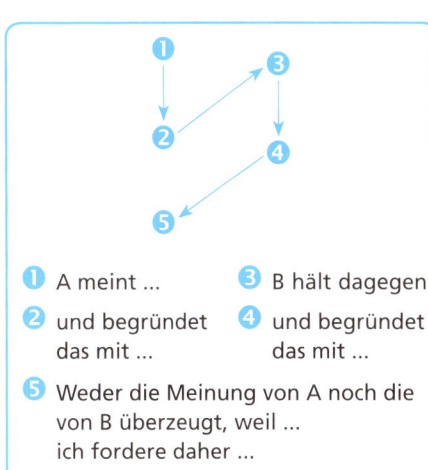

3 Rhetorik

Der Kompromiss

Die eigene Meinung wird auch dabei aus der Gegenüberstellung zweier unterschiedlicher Auffassungen entwickelt. Diesmal wird aber das Gemeinsame betont. Sie erreichen wieder, wie oben beschrieben, dass Sie beim Publikum einen kompetenten Eindruck hinterlassen.

kompetent: fachkundig, anerkannt

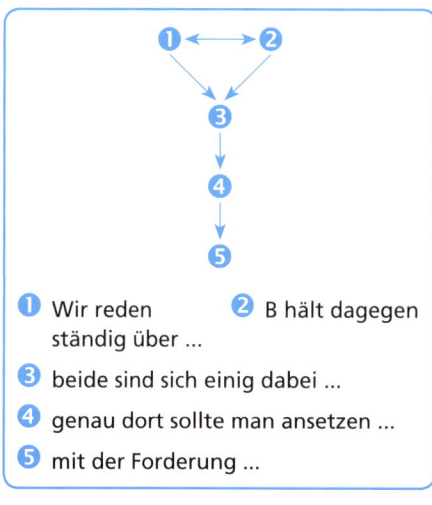

① Wir reden ständig über …

② B hält dagegen

③ beide sind sich einig dabei …

④ genau dort sollte man ansetzen …

⑤ mit der Forderung …

Formulierungsbeispiel:

① A meint, dass es genügt, die wichtigsten Gedanken stichwortartig aufzuschreiben.

② B hält dagegen, dass man eine Rede auswendig lernen muss, damit man nichts vergisst.

③ Einig sind sich beide darin, dass Menschen, die frei reden können, ihr Publikum besser von ihren Ideen überzeugen können.

④ Genau darum ist es so wichtig, erprobte Strukturen zu kennen und regelmäßig anzuwenden.

⑤ Und man kann nicht früh genug damit anfangen. Es kommt nämlich nicht nur darauf an, was man sagt, sondern auch wie man es sagt.

Die Ausklammerung

Die eigene Meinung wird aus der Abwertung einer allgemeinen Äußerung entwickelt. Dadurch beziehen Vortragende eindeutig Stellung. Diese Argumentation spricht durch die in ihr enthaltene Provokation Gefühle besonders an. Versuchen Sie aber, bei der Anwendung dieses Schemas Kränkungen zu vermeiden, indem Sie so sachlich wie angebracht bleiben.

Provokation: Herausforderung, Kampfansage

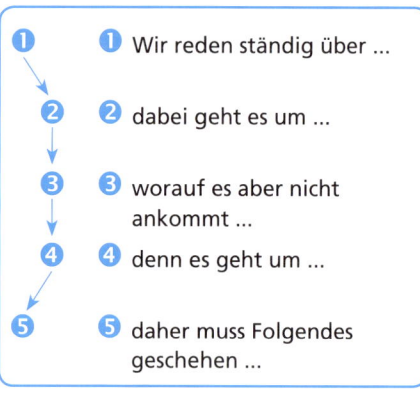

① Wir reden ständig über …

② dabei geht es um …

③ worauf es aber nicht ankommt …

④ denn es geht um …

⑤ daher muss Folgendes geschehen …

Formulierungsbeispiel:

① Wir reden dauernd über die Bedeutung des freien Redens.

② Dabei meinen viele nur die vom Papier abgelesene Rede.

③ Diese ist aber nicht gemeint, weil sie ohnehin nur für literarische Reden verwendet wird.

④ Entscheidend ist vielmehr zu wissen, wie man Ideen sammelt, das Publikum analysiert und Inhalte verständlich und wirkungsvoll formuliert.

⑤ Daher müssen alle Lehrer/innen ihren Schülerinnen und Schülern so oft es nur geht die Gelegenheit geben, Präsentationen vorzubereiten und frei vor der Klasse vorzutragen.

Überzeugen werden Sie dann, wenn Sie die Emotionen Ihrer Zuhörer/innen ansprechen. Grundsätzlich können Sie Ihr Publikum sowohl positiv als auch negativ bewegen, auf jeden Fall müssen Sie dessen Aufmerksamkeit gewinnen. Je persönlicher und erlebnisorientierter Sie schildern, desto eher beeindrucken Sie Ihr Publikum. Beispiele regen die Fantasie der Zuhörer/innen an. Expertengutachten befriedigen das Sicherheitsbedürfnis.

Wenn Sie mit starken Gegenargumenten rechnen müssen, führen Sie diese gleich selbst an und entkräften sie im Anschluss.

Das ARGU-STRUKT nach Hierhold

Das **ARGU-STRUKT** ist eine Methode, um überzeugend zu argumentieren. Es wurde von Dr. Emil Hierhold für eine zielgruppenorientierte, logisch aufgebaute Präsentation entwickelt.

Aufbau:

- **Situation:** Wie sehen die Fakten (das Problem) aus?
- **Negative Folgen:** Was passiert Ihnen (uns), wenn nicht (nicht richtig) gehandelt wird?
- **Zielvereinbarung:** Was möchten wir stattdessen erreichen?
- **Vorschlag:** Ich schlage vor. Und das bedeutet im Einzelnen (was, wer, wann, wie viel) …
- **Positives Ergebnisse:** Was bringt Ihnen (uns) die Verwirklichung dieses Vorschlages?
- **Nächste Schritte:** was jetzt geschehen muss …

SbX

Weitere Informationen zum Thema „Gefühl und Verstand ansprechen" finden Sie in der Linkliste im SbX unter der ID: 1321.

Schlagzeile:
Bedeutung des strategischen Konzepts für Ihre Präsentation

Situation heute:
- Die Vortragenden bringen bereits Bekanntes oder schwer Verständliches.
- Das Publikum ist gelangweilt oder überfordert.
- Das Ziel des Vortrags bleibt unklar.

Negative Folgen:
- Publikum „schaltet ab"
- Vortragende verlieren die Aufmerksamkeit
- Ablehnung

–

Zielrichtung:
- Das Wichtigste ist also …
- dass Vortragende die Erwartungen des Publikums …
- und ihre eigenen Zielvorstellungen in Erfahrung bringen.

Vorschlag:
- Sie klären vor Ihrem nächsten Referat …
- Was interessiert das Publikum?
- Welche Vorkenntnisse bringt Ihr Publikum mit?
- Was wollen Sie selbst mit der Präsentation erreichen?

Positives Ergebnis:
- Ihr Publikum ist interessiert.
- Sie selbst wirken kompetent.
- Die Beurteilung Ihrer Lehrer/innen ist gut.

+

Nächste Schritte:
- Sie sollten bei Ihrem nächsten Referat die einzelnen Schritte des strategischen Konzepts gewissenhaft durchführen.

! !

Auflösung:
den ersten entscheidenden Schritt zu einer informativen und überzeugenden Präsentation setzen

3 Rhetorik

 **Üben**

Praxisaufgaben

P 1:

Vereinfachen Sie folgenden Text nach den Prinzipien Einfachheit, Gliederung und Ordnung, Kürze und Prägnanz, Stimulanz:

Die Bedeutung der mit äußerster Sorgfalt durchgeführten Vorbereitung einer Rede, welche den Erfolg wesentlich neben der positiven Einstellung des Vortragenden und sein Vermögen, auf sein Publikum eingehen zu können, beeinflusst. Darüber hinaus kann nicht eindringlich genug darauf hingewiesen werden, welchen nachhaltigen Einfluss auch die Wahl der adäquaten Medien sowie deren gekonnter Einsatz auf die Wirkung, welche der Vortragende bei seinem Publikum zu erzielen imstande ist, ausübt.

P 2:

Analysieren und vereinfachen Sie folgenden Text über die Leistung in Gruppen:

> Bei der Analyse der Beziehung zwischen Leistung und Gruppe stehen zwei Fragenkreise im Vordergrund: Einmal die Beeinflussung der Leistung durch Gruppennormen und zum anderen der Einfluss der Gruppe auf die Bewältigung von Aufgaben. Betrachten wir zunächst den erstgenannten Aspekt, der besagt, dass eine Gruppe ihren Normen umso mehr Bedeutung beimisst, je höher die Kohäsion ist. Ob die genannte Beziehung jedoch zutrifft, hängt ab von zusätzlichen Bedingungen wie Bezahlung, Einstellung zum Unternehmen, zum Management und davon, ob die Gruppe die ihnen zugewiesenen Zielvorstellungen akzeptiert oder nicht. Zusätzlich zur Kohäsion muss daher für die Optimierung der Gruppenleistung auch die Zielinduktion positiv beeinflusst werden. Der zweite Aspekt betrifft den sogenannten Gruppenvorteil, der besagt, dass die Gruppe wegen des möglichen Fehlerausgleichs und der dadurch höheren Findewahrscheinlichkeit von Schwachstellen und Ungereimtheiten im Vergleich zum Individuum im Vorteil ist, solange sich die Art der Leistungserbringung auf komplexe, also nicht einfache Problemstellungen bezieht.

Zeitwörter gesamt	aussagekräftige Zeitwörter	tote Zeitwörter	Funktionszeitwörter	Imponierzeitwörter

Hauptwörter gesamt	bildhafte konkrete Hauptwörter	bildnahe abstrakte Hauptwörter	bildleere abstrakte Hauptwörter	„lebende Leichname"

Eigenschaftswörter gesamt	erklärende Eigenschaftswörter	entbehrliche Eigenschaftswörter	Umstandswörter	Satzlänge

P 3:

Übertragen Sie folgenden Text in sinnenhaftes Sprechen:

Als ich gestern beim Einkaufen zufällig meine Freundin Lisa traf, freute ich mich sehr, denn ich hatte sie schon lange nicht mehr gesehen. Wir begrüßten uns und plauderten ein wenig über die Schule und unsere gemeinsame Zeit. Dann lud sie mich ganz spontan zu ihrer Geburtstagsparty ein, die nächsten Samstag stattfinden wird. Ich war begeistert und versprach, zu kommen.

erprobte Strukturen anwenden

P 4:

Bereiten Sie eine kurze Informationsrede über Ihre liebste Freizeitbeschäftigung vor.

P 5:

Bereiten Sie eine kurze Überzeugungsrede zu einem Thema Ihrer Wahl vor. Einige Anregungen: Ihre liebste Freizeitbeschäftigung, gesunde Ernährung, Rauchen in Lokalen, Ausbildung an berufsbildenden Schulen, Ferialpraxis

P 6:

Fortsetzung der **P 4** aus **Lerneinheit 1** (Seite 90): **Kreative Methoden**

c) Formulieren Sie das Ziel Ihrer Rede: Ich will mit meiner Rede erreichen, dass ....
d) Gliedern Sie den Hauptteil und notieren Sie Stichworte zum Inhalt.
e) Formulieren Sie den Anfang und das Ende wörtlich.

Sichern

die 4 Verständlich-macher nach Schulz von Thun

❶ **Einfachheit:** geläufige Wörter, kurze Sätze, anschauliche Darstellung
❷ **Gliederung und Ordnung:** logische innere Struktur, übersichtliche äußere Darstellung
❸ **Kürze und Prägnanz:** keine unnötigen Floskeln, keine weit ausholenden Darstellungen
❹ **Stimulanz:** Beispiele, Bilder, witzige Formulierungen

Zeitwörter machen einen Text lebendig.

Aussagekräftige und vorstellbare Zeitwörter sind solche, bei denen in der Vorstellung des Publikums Bilder entstehen. Zum Beispiel: laufen, rufen, staunen

Hauptwörter tragen die Aussage eines Textes.

Bildhafte und bildnahe Hauptwörter kann sich das Publikum gut vorstellen. Zum Beispiel: Sonne, Schnee, Winter, Kunst

Eigenschaftswörter

Eigenschaftswörter machen einen Text interessanter und genauer.

sinnenhaftes Sprechen

möglichst alle Sinne ansprechen, damit sich das Publikum in den Text hineinleben kann

Schemata zur Gliederung einer Rede

Gliederungsschemata sind erprobte Strukturen, die Vortragenden helfen, ihre Aussagen möglichst wirksam und zielorientiert anzubieten. Informationsreden folgen anderen Gliederungsprinzipien als Überzeugungsreden.

Wissen

Wissen

Wiederholungsfragen zu Lerneinheit 2

1. Wie heißen die 4 Verständlichmacher nach Schulz von Thun?

2. Welche Merkmale hat ein einfacher Text?

3. Was versteht man unter innerer Folgerichtigkeit?

4. Warum sollte man Kürze und Prägnanz nicht übertreiben?

5. Wie können Vortragende mit Worten Bilder malen?

6. Was versteht man unter sinnenhaftem Sprechen?

7. Aus welchen 3 Elementen besteht die sogenannte ESA-Rede?

8. Welche Figuren des Fünfsatz nach Hellmut Geißner kennen Sie?

9. Was ist das Besondere am ARGU-STRUKT nach Hierhold?

SbX

Alle SbX-Inhalte
zu dieser Lerneinheit
finden Sie unter der
ID: 1330.

Lerneinheit 3
Lampenfieber produktiv nutzen

Viele Menschen haben Angst davor, eine Präsentation vor einem größeren Publikum zu halten. Die Vorstellung, im Rampenlicht zu sein, steht selbst bei Managern von allen Angstmachern an erster Stelle. Lampenfieber haben auch routinierte Schauspieler/innen, Sänger/innen und Politiker/innen.

Sie lernen hier,
- **was die Ursachen und Auswirkungen von Lampenfieber sind und**
- **Strategien und Maßnahmen, wie Vortragende ihr Lampenfieber in den Griff bekommen können.**

 **Lernen**

 SbX   ID: 1331

1 Ursachen und Auswirkungen
Schmetterlinge im Bauch, so ähnlich wie vor dem ersten Rendezvous

„Das menschliche Gehirn ist eine großartige Sache.

Es funktioniert vom Moment der Geburt an – bis zu dem Zeitpunkt, wo du aufstehst, um eine Rede zu halten."
(Mark Twain)

Lampenfieber entsteht immer dann, wenn Vortragende hohe Erwartungen an den Erfolg Ihrer Rede setzen und Angst davor haben, sich vor dem Publikum zu blamieren. Wer alleine ist, hat kein Lampenfieber.

Die häufigsten **Ursachen für Lampenfieber** sind:
- Angst davor, ausgelacht zu werden
- Angst davor, das Publikum zu langweilen
- Angst davor, die Erwartungen des Publikums zu enttäuschen
- Angst davor, etwas Wichtiges zu vergessen
- Angst davor, hängen zu bleiben
- Angst davor, dass die Stimme versagt
- Angst vor unangenehmen Fragen
- Angst davor, schlechter zu sein als die Vorrednerin/der Vorredner
- Angst davor, den eigenen Ansprüchen nicht zu genügen

Wenn Vortragende ihr Lampenfieber nicht in den Griff bekommen, wird genau das passieren, wovor sie sich am meisten fürchten und sie werden die Präsentation als Misserfolg werten.

Vor der nächsten Präsentation werden sie dann noch mehr Lampenfieber haben.

Die nebenstehende Übersicht zeigt, dass die **Leistungsfähigkeit** dann am höchsten ist, wenn die **Anspannung** weder zu groß noch zu klein ist.

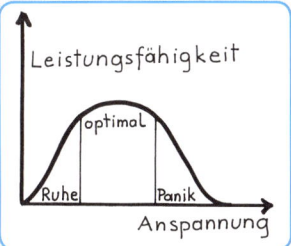

Bei Lampenfieber löst der Hypothalamus, die Steuerzentrale im Gehirn, eine Reaktion aus, worauf die Nebennierenrinde Adrenalin und Noradrenalin produziert. Das kann positive und negative Auswirkungen haben.

Der italienische Star-Tenor **Luciano Pavarotti** hatte immer Lampenfieber vor seinen Auftritten. Wenn man 5 Minuten vor einem Konzert zu ihm komme, sei er nicht ansprechbar, erklärte Pavarotti der Presse.

3 Rhetorik

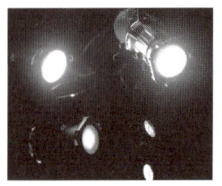

Lampenfieber ist eine bestimmte Art von Stress. Mehr zum Thema Stress (Ursachen, Auswirkungen und wie Sie damit umgehen können) erfahren Sie auf Seite 173.

Lampenfieber hat **positive** und **negative** Auswirkungen:

Negative Auswirkungen	Positive Auswirkungen
● Die Atmung wird flach, die Stimme versagt, man wird heiser, muss sich räuspern und kann nur mehr leise sprechen. ● Knie und Hände zittern. ● Wahrnehmung und Aufmerksamkeit sind eingeschränkt. ● Die Erinnerungsfähigkeit nimmt ab, einfache Begriffe fallen einem nicht ein, man hat ein kurzfristiges Blackout. ● Das Herz klopft schneller, man schwitzt und wird rot oder blass im Gesicht. ● Appetitlosigkeit und Verdauungsstörungen stellen sich ein. ● Man kann in der Nacht schwer einschlafen und wacht immer wieder auf. ● Man wird anfälliger für Verkühlungen und grippale Infekte.	● Das Leistungsvermögen wird gesteigert. ● Die gesamte Energie wird auf den Vortrag konzentriert. ● Alle körpereigenen Ressourcen werden aktiviert, ähnlich wie bei einem Aufputschmittel. ● Körper und Geist sind angespannt. ● Man wächst gleichsam über sich selbst hinaus und ist zu körperlichen und geistigen Leistungen fähig, die man ohne Lampenfieber nicht erbringen könnte.

„In dir muss brennen, was du in anderen entzünden willst." (**Augustinus**, römischer Philosoph und Kirchenlehrer)

Siehe auch Seite 173 ff.

2 Lampenfieber in den Griff bekommen
Wer zu wenig davon hat, dem fehlt der innere Antrieb, zu viel blockiert den Körper und den Geist.

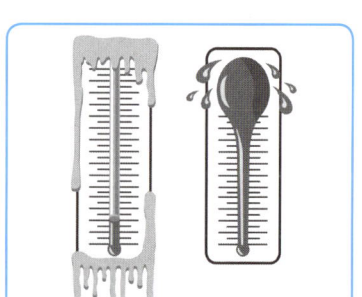
Lampenfieberthermometer

Vor Publikum reden kann auch Spaß machen: wenn Sie Ihr Publikum mögen, zu dem stehen, was Sie sagen, auf Ihre rhetorischen Fähigkeiten vertrauen und vor allem, wenn Sie gut vorbereitet sind.

Jeder Mensch hat sein persönliches „Lampenfieberthermometer": Was für den einen Alarmstufe Rot bedeutet, ist für den anderen eine unbedeutende Herausforderung, kaum der Rede wert. So wie ein/e Schauspieler/in vor der Premiere mehr Lampenfieber hat als vor der zehnten Aufführung, so können auch Sie Ihr Lampenfieber durch Übung in den Griff bekommen.

Wie Sie Lampenfieber steuern und daraus Kraft tanken können:

Tipps

Lampenfieber ist eine wertvolle Energiequelle: Ihr Herz schlägt häufiger, Ihr Puls steigt, Ihre Atmung wird schneller, Ihr Körper hat alle Kräfte mobilisiert, die Sie für die Präsentation brauchen.

Wenn Sie die freigesetzte Energie nicht produktiv einsetzen, macht sie sich auf andere, eher unangenehme Art bemerkbar: trockene Kehle, weiche Knie, hektische Bewegungen, Hin- und Herlaufen, mit den Füßen wippen, mit den Händen herumfuchteln, Schwitzen, Erröten etc.

● Lampenfieber ist eine Form von Stress. Verringern Sie daher andere stressauslösende Faktoren.
● Lernen Sie, sich selbst zu organisieren. Machen Sie viel Bewegung in frischer Luft, Sie bauen damit Adrenalin ab und sammeln viel Energie.
● Vermeiden Sie Alkohol und Medikamente, die Ihnen nur scheinbar Entspannung bringen, tatsächlich aber die Fehlerrate erhöhen.
● Sanfte Methoden wie Bachblüten, Aromatherapie oder Kräutertees sind natürlich erlaubt und hilfreich, wenn sie richtig angewendet werden.
● Achten Sie auf ausreichend Schlaf und eine gesunde Ernährung.
● Lernen Sie Atem- und Entspannungstechniken.
● Lernen Sie, sich selbst zu organisieren und Ihre Zeit in den Griff zu bekommen.
● Beginnen Sie alle Ihre Aufgaben rechtzeitig, damit kleinere Pannen Sie nicht ins Schleudern bringen.
● Präsentieren Sie so oft wie möglich, denn „Übung macht den Meister!".

Zeit für die wichtigen Dinge im Leben

Vor dem Vortrag:

- Bereiten Sie sich sorgfältig vor und verlassen Sie sich nicht auf gute Einfälle.
- Lassen Sie sich von „Leidensgenossen" nicht aus der Ruhe bringen und umgeben Sie sich lieber mit Menschen, die Sie aufheitern.
- Kommen Sie nicht zu knapp, damit Sie sich auf den Raum und auf Ihr Publikum einstellen und kleinere Probleme (Verlängerungskabel, ausgeschriebene Plakatstifte ...) noch in aller Ruhe beheben können.
- Trinken Sie ausreichend Wasser, das ist gut für Ihre Stimme.
- Suchen Sie die Toilette auf und machen Sie sich frisch.
- Atmen Sie tief durch.
- Ordnen Sie Ihre Unterlagen und kontrollieren Sie noch einmal die Reihenfolge Ihrer Bilder.
- Sagen Sie zu sich selbst, dass Sie es schaffen werden: „Ich trete selbstsicher und gelassen auf!"
- Schließen Sie die Augen und stellen Sie sich die Situation bildlich vor, wie Sie Ihren Platz verlassen und entschieden zur Präsentation schreiten – weder hastig noch zaudernd.
- Wählen Sie Ihre Garderobe sorgfältig aus und vermeiden Sie Kleidungsstücke, die Sie einengen oder behindern, und Farben, die Sie blass erscheinen lassen. Bedenken Sie, dass teilnahmsvolle Fragen wie „Sie sehen etwas blass aus, fühlen Sie sich nicht wohl?" Ihre Sicherheit ziemlich belasten.
- Planen Sie gleich zu Beginn einen Ortswechsel ein. Wenn Sie gehen, bauen Sie nämlich Nervosität ab; vermeiden Sie aber unmotiviertes Spazierengehen.
- Sorgen Sie dafür, dass der Raum hell erleuchtet ist und keine störenden Bilder zu sehen sind. Achten Sie darauf, dass die Tafel gelöscht ist.
- Lernen Sie die ersten Sätze auswendig.
- Freuen Sie sich auf Ihr Publikum.

Mein Vortrag wird ein voller Erfolg.

Während des Vortrags:

- Betrachten Sie Ihr Publikum als Freund und Partner, nicht als Gegner.
- Gehen Sie mit festen Schritten von Ihrem Platz zum Standort des Vortrags.
- Bereiten Sie ruhig und schweigend Ihre Unterlagen vor.
- Finden Sie Ihren Standpunkt. Stellen Sie sich mit beiden Beinen fest auf den Boden, ohne hin und her zu wackeln.
- Warten Sie einige Sekunden, bis auch Ihr Publikum bereit ist, Ihnen Aufmerksamkeit zu schenken.
- Halten Sie Ausschau nach einigen interessierten und wohlwollenden Gesichtern im Publikum. Halten Sie mit diesen Leuten Blickkontakt und holen Sie sich durch ihr Nicken, Lächeln und andere Signale der Zustimmung die Selbstsicherheit, die Sie brauchen.
- Begrüßen Sie Ihr Publikum und gehen Sie dann z.B. zu einem vorbereiteten Flipchart oder zur Tafel, wo Sie den Ablauf und den Inhalt Ihres Vortrags erläutern.
- Erweitern Sie Ihren Blickkontakt nach den ersten kritischen Minuten auf alle Zuseher/innen, damit sich niemand ausgeschlossen fühlt.
- Sprechen Sie laut und deutlich. Der Klang Ihrer Stimme überzeugt nicht nur das Publikum, sondern auch Sie selbst. Außerdem wandeln Sie damit Ihre Nervosität in positive Energie um.
- Lassen Sie Ihren Körper sprechen, aber fuchteln Sie nicht mit den Armen.
- Legen Sie Pausen ein.

Wir mögen einander.

3 Rhetorik

 Vortragende, die ihr Lampenfieber im Griff haben, können mit vielen unangenehmen Situationen besser umgehen.

Zum Beispiel:

- **Sie werden vom Publikum ausgelacht:** Macht nichts, lachen Sie einfach mit. Lachen wirkt entspannend und baut Stress ab.
- **Das Publikum ist gelangweilt:** Nutzen Sie Ihr Lampenfieber, um Energie zu tanken.
- **Sie haben tatsächlich etwas Wichtiges vergessen:** Vielleicht ist es ohnehin nur für Sie selbst wichtig und für das Publikum eher belanglos. Andernfalls bringen Sie diesen Punkt eben später ein („Und das Wichtigste habe ich mir für den Schluss aufgehoben ...).
- **Sie bleiben hängen:** Sie könnten es offen zugeben oder Ihre letzte Aussage noch einmal zusammenfassen, vielleicht finden Sie die Gedankenbrücke wieder. Sie könnten aber auch eine kleine Störung zum Anlass nehmen, um darüber zu reden, so gewinnen Sie Zeit. Wenn es keine Störung gibt, sorgen Sie eben selbst dafür, indem Sie einen Kugelschreiber fallen lassen ...
- **Ihre Stimme versagt,** Sie müssen sich räuspern, husten ...: trinken Sie einfach Wasser und setzen Sie anschließend Ihren Vortrag fort.
- **Sie können die Fragen Ihres Publikums nicht ausreichend beantworten:** Geben Sie zu, dass Sie etwas nicht wissen und bereiten Sie sich das nächste Mal sorgfältiger vor.
- **Sie sind davon überzeugt, dass Sie nicht gut genug waren:** Vergleichen Sie sich nicht ständig mit anderen Vortragenden, Sie sind in Ihrer Art einzigartig. Vielleicht liegt es aber auch daran, dass Sie sich nicht ausreichend vorbereitet haben.

Üben

Praxisaufgaben

Fortsetzungs-geschichte

P 1: Die Reihenfolge kann beliebig festgelegt werden: Sitznachbarn, durcheinander, mit und ohne Ball oder Wollknäuel

P 1:
Jede Schülerin und jeder Schüler der Klasse erhält 5 kleine Kärtchen, auf die einfache Hauptwörter geschrieben werden sollen. Man kann sich ein übergeordnetes Thema ausmachen oder einfach alle Hauptwörter zulassen. Anschließend werden alle Kärtchen eingesammelt und in eine Tasche gesteckt. Eine Schülerin oder ein Schüler beginnt mit der Übung, indem sie oder er ein Kärtchen zieht und 3 bis 4 Sätze formuliert, die einmal den Begriff enthalten müssen, der auf dem Kärtchen steht. Ein weiterer Schüler bzw. eine Schülerin setzt fort, indem er/sie ebenfalls ein Kärtchen zieht. Die Kette geht so lange, bis alle Schüler/innen die Kette mindestens einmal verlängert haben.

Bildgeschichte

P 2: Kalenderbilder, Urlaubskarten oder Zeitschriften sind gute Quellen für stimmungsvolle Bilder.

P 2:
Wählen Sie aus möglichst stimmungsvollen Bildern eines aus und bereiten Sie sich ca. 5 Minuten auf eine kurze Erzählung zu diesem Bild vor.

ABC-Listen-Geschichte

P 3:
Wenn Sie schon mehrere **ABC-Listen** zu verschiedenen Themen angelegt haben, können Sie diese für Stegreifreden verwenden: Sie wählen insgesamt 10 Wörter aus allen ABC-Listen aus (alle Begriffe mit A und alle Begriffe mit L etc.) und verbinden diese zu einer spannenden Geschichte.

Rede zur Lage der Klasse

P 4:
Politiker/innen halten regelmäßig **Reden zur Lage der Nation.** Machen Sie es ihnen nach und halten Sie eine humorvolle **Rede zur Lage der Klasse.**

Bildergeschichte

P 5: Weitere Bilderge-
schichten finden Sie in
Zeitungen, Zeitschriften
oder in darauf speziali-
sierten Büchern.

P 5:
Erzählen Sie folgende Bildergeschichte aus der Perspektive des Vaters, des Sohns oder des Hundes.

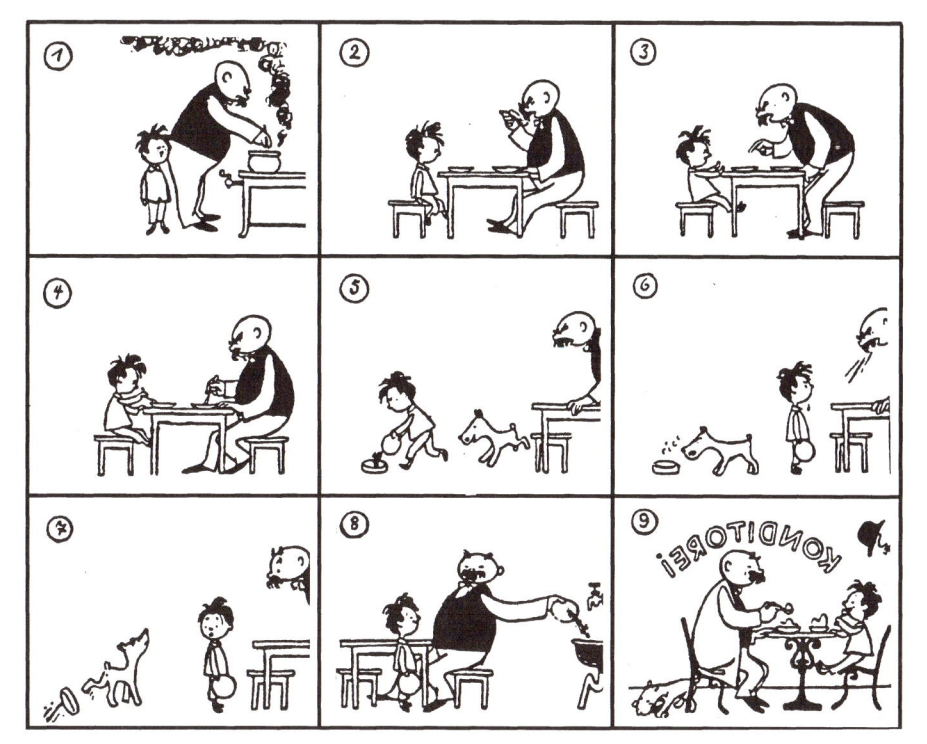

Gruppenarbeit  **P 6:**
Lampenfieber Je 3 bis 4 Schüler/innen suchen Unterlagen zum Thema Lampenfieber, arbeiten diese zu einer Überzeugungsrede aus und tragen ihre Rede der Klasse vor.

Gruppenarbeit **P 7:**
Lampenfieber Je 3 bis 4 Schüler/innen gestalten ein Plakat in Packpapiergröße zum Thema Lampenfieber. Es darf gemalt, geschnitten, geklebt etc. werden. Hauptsache, es passt zum Thema.

◉ Sichern

Lampenfieber	Lampenfieber ist eine besondere Art von Stress. Es entsteht vor und während eines Auftritts vor Publikum.
Ursachen	Es gibt vielfältige Ursachen für Lampenfieber; allen gemeinsam ist die Angst, zu versagen und sich vor Publikum zu blamieren.
positive Auswirkungen	Höchstleistungen sind möglich, weil Körper und Geist alle Ressourcen mobilisieren. Die gesamte Energie konzentriert sich auf den Vortrag.
negative Auswirkungen	Die Nervosität steigt, Körper und Geist schalten auf Notprogramm. Wahrnehmung und Erinnerung nehmen ab.
Vorsorge	● gesunde Ernährung, viel Bewegung an frischer Luft ● gutes Selbstmanagement ● üben, um Selbstvertrauen zu bekommen

3 Rhetorik

Wissen

Wiederholungsfragen zu Lerneinheit 3

1. Was sind die häufigsten Ursachen für Lampenfieber?

2. Welche positiven und negativen Auswirkungen von Lampenfieber sind Ihnen bekannt?

3. Was können Vortragende während der Vorbereitung beachten, damit sie ihr Lampenfieber in den Griff bekommen?

4 Wie können Vortragende während des Vortrags ihr Lampenfieber in den Griff bekommen?

4 Präsentation

Wenn Sie andere Menschen über ein Sachgebiet informieren oder von etwas überzeugen wollen und dafür nicht nur Worte, sondern auch Bilder oder andere visuelle Hilfsmittel einsetzen, dann präsentieren Sie. Eine Präsentation hat daher einen verbalen Teil (= Rede) und einen visuellen Teil (= Plakat, Tafelbild, Overheadfolie, PowerPoint-Präsentation am Computer ...).

In diesem Kapitel lernen Sie:

- wie Sie Bilder wirkungsvoll gestalten
- wie Sie eine Präsentation vorbereiten
- wie Sie erfolgreich präsentieren
- was das Publikum von Ihnen als Präsentator/in erwartet
- wie Sie den Text Ihrer Präsentation verständlich formulieren
- welche Fehler Sie vermeiden sollten
- wie Sie eine Gruppe moderieren

Aristoteles (4. Jh. v. Chr.) war ein griechischer Philosoph, Naturforscher und einer der einflussreichsten Denker der abendländischen Geistesgeschichte.

SbX

Alle SbX-Inhalte zu dieser Lerneinheit finden Sie unter der ID: 1410.

visuell: bildlich, durch das Auge aufgenommen

Lerneinheit 1

Eindrucksvolle Bilder erstellen

„Die Seele denkt nie ohne ein geistiges Bild." Aristoteles hat schon im 4. Jahrhundert vor Christus erkannt, was so manche Präsentatoren im 21. Jahrhundert nach Christus immer noch nicht wahrhaben wollen.

Sie lernen hier,
- **wie Bilder wahrgenommen werden,**
- **wie Farben wirken und wie sie wirkungsvoll eingesetzt werden,**
- **warum Bilder für die Verständigung so wichtig sind,**
- **wofür Vortragende und Publikum Bilder brauchen,**
- **die wichtigsten Bausteine der bildlichen Darstellung kennen,**
- **welche Einsatzmöglichkeiten visueller Medien es gibt und**
- **mehr zum Thema Mind-Maps.**

Lernen

SbX   ID: 1411

⇅ Ü *** ✓ 🎧

SbX

Eine Linkliste zum Thema visuelle Wahrnehmung finden Sie im SbX unter der ID: 1411.

abstrakt: unanschaulich, nur gedacht

konkret: anschaulich, bestimmt, mit den Sinnen wahrnehmbar

1 Bilder wahrnehmen

„Ich bin im Bilde." heißt so viel wie „Ich kenne mich aus."

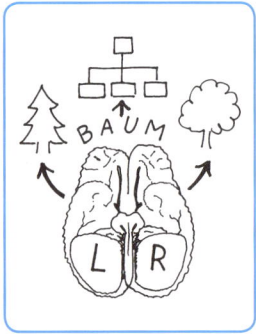

Bilder regen die Vorstellungskraft des Publikums an. Wenn sich das Publikum „kein Bild davon machen kann", weiß es oft nicht, worum es geht. Worte sind **abstrakte Bezeichnungen** für **konkrete Elemente** unserer Wirklichkeit, für Objekte, Gefühle, Stimmungen, Handlungen oder Prinzipien. Da es viel mehr konkrete Elemente und deren Ausprägungen als Worte in unserer Wirklichkeit gibt, steht jedes Wort gleichzeitig für eine Vielzahl von Inhalten. Die Bedeutung eines Wortes wird daher oft erst aus dem Zusammenhang klar. Das menschliche Gehirn arbeitet sehr schnell und sucht sofort nach einem passenden Bild, das bereits abgespeichert ist.

Wenn eine Physikerin einem Bauern das elektromagnetische Feld näherbringen möchte, muss sie davon ausgehen, dass der Bauer beim Wort „Feld" zunächst an seinen Acker denken wird.

Wenn sich zwei Bauern miteinander unterhalten, ist klar, dass sie mit dem Wort „Feld" eine landwirtschaftlich genutzte Fläche meinen, zwei Fußballer verstehen darunter wahrscheinlich das Spielfeld und zwei Physiker ein Vektorfeld, Kraftfeld oder ein elektromagnetisches Feld.

Der Bauer holt sich aus seinem Gedächtnis aber nicht nur das falsche Bild, sondern auch alle Gedankenverknüpfungen zu seinem Acker, und ist daher vom eigentlichen Thema, dem elektromagnetischen Feld, ziemlich weit entfernt.

Feld – ein Wort, mehrere Bedeutungen

Die Physikerin könnte dem Bauern mit einer bildlichen Darstellung eines elektromagnetischen Feldes helfen, sich auf das Thema zu konzentrieren.

Was wir sehen, hängt von unseren Einstellungen und unserem Wollen ab.

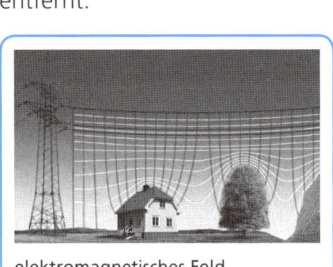
elektromagnetisches Feld

Die Wahrnehmung von Objekten wird durch ihre **Umgebung** beeinflusst.

So sieht eine Person im Beispiel A ein „B" oder eine „8", je nachdem, ob sie die Buchstabenreihe oder die Zahlen betrachtet.

Im Beispiel B erscheinen die mittleren Bälle durch den Einfluss der umgebenden Bälle unterschiedlich groß, obwohl sie in Wirklichkeit gleich groß sind.

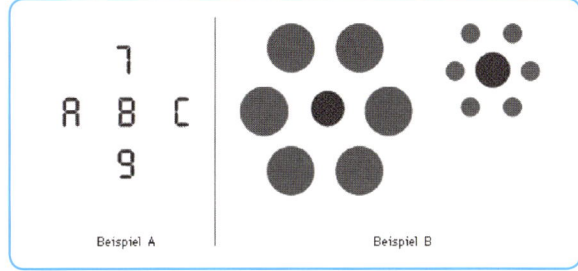

Betrachtende Personen entscheiden: Was wichtig erscheint wird hervorgehoben, weniger Wichtiges wird als Hintergrund empfunden.

Vase oder zwei Gesichtshälften im Profil?

In diesem klassischen Beispiel von A. Rubin aus dem Jahr 1795 sind entweder eine Vase oder zwei Gesichtshälften im Profil zu sehen.

Formen und Figuren müssen nicht immer vollständig sein oder gleich aussehen, um eindeutig erkannt zu werden.

Formen werden so lange angepasst, bis sie eine **gute (= bekannte) Form** ergeben und fehlende Teile werden ergänzt. Zunächst sucht die Person in ihrem Gedächtnis nach passenden Mustern. Gelingt dies nicht, zerlegt sie die Form in einzelne Teile und versucht, unter Einbeziehung des Umfeldes, passende Vergleiche zu finden. Menschen haben daher keine Schwierigkeiten, die unterschiedlichsten Handschriften zu lesen, wenn sie die Sprache beherrschen.

subjektiv: eine persönliche, vom eigenen Gefühl und Standpunkt beeinflusste Meinung

Das Gegenteil von **subjektiv** ist **objektiv.**

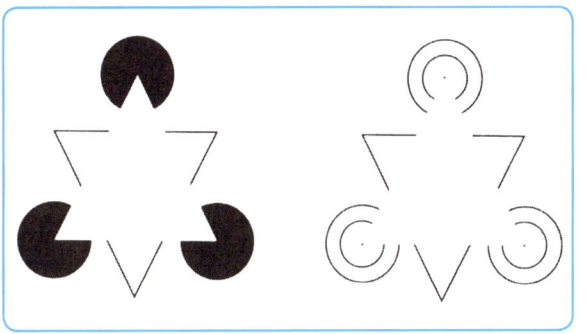

Menschen nehmen sogar Formen wahr, die gar nicht existieren. Da sie davon ausgehen, dass diese **subjektiven** (nicht existierenden) **Figuren** im Vordergrund sind, nehmen sie diese heller als den objektiv gleich hellen Hintergrund wahr. Obwohl sie genau wissen, dass der Hintergrund die gleiche Farbe wie die subjektive Figur hat, sehen sie Unterschiede in der Helligkeit.

Alle Menschen, die das obenstehende Bild betrachten, sind davon überzeugt, dass die linke Figur aus drei schwarzen Kreisflächen, einem weißen Dreieck mit grauer Umrandung und einem weißen Dreieck ohne Umrandung besteht. Für die fehlenden Linien finden sie eine einfache Erklärung: Die Formen liegen übereinander und verdecken einander daher. Beim Betrachten versuchen wir das Gesehene so zu ordnen, dass es eine möglichst gute Gestalt ergibt.

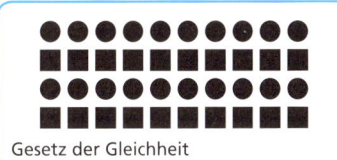

Gesetz der Nähe

Nach dem **Gesetz der Nähe** werden Teile, die eine geringe Distanz zueinander aufweisen, zu einer Einheit zusammengefasst. Das gilt für einfache Punkte ebenso wie für Zahlen in einer Tabelle (siehe Beispiel Temperaturverlauf, Seite 117).

Ähnlichkeit und geschlossene Formen wirken stärker als Nähe.

Gesetz der Gleichheit

Nach dem **Gesetz der Gleichheit** werden gleiche oder ähnliche Elemente zu einer Einheit zusammengefasst. Bei einer Tabelle können wir daher die Zeilen farbig oder grau unterlegen und erreichen damit, dass die Tabelle zeilenweise gelesen wird, obwohl der Abstand innerhalb der Spalten geringer ist als innerhalb der Zeilen.

4 Präsentation

Symmetrie leitet sich vom altgriechischen Wort „symmetria" her und bedeutet „Ebenmaß". Allgemeiner formuliert handelt es sich dabei um eine wechselseitige Entsprechung von Teilen eines Ganzen in Bezug auf Größe.

Parallelität bedeutet, dass etwas räumlich oder zeitlich neben etwas anderem verläuft.

SbX

Eine PowerPoint-Präsentation zum Thema Wahrnehmung und Bildgestaltung finden Sie im SbX unter der ID: 1411.

Tipps

Nebenstehende Tipps verhelfen Ihnen zu einer gelungenen Präsentation!

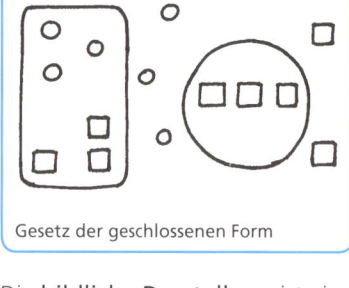

Gesetz der geschlossenen Form

Nach dem **Gesetz der geschlossenen Form** wird das, was sich innerhalb der Begrenzungslinie befindet, zu einer Einheit zusammengefasst.

Menschen versuchen generell Unordnung zu vermeiden, indem sie nach einem Ordnungsprinzip suchen. Solche **visuellen Ordnungsprinzipien** sind etwa:

- Symmetrie
- Parallelität
- einheitlicher Stil

Die **bildliche Darstellung** ist ein starkes Instrument, um Informationen und Meinungen

- anschaulich darzustellen,
- rasch aufzunehmen,
- einfach zu verstehen und
- lange im Gedächtnis zu behalten.

Beim Präsentieren sind folgende Regeln hilfreich:

- Das Hintergrundbild lenkt nicht von der eigentlichen Information ab.
- Die Schrift ist ohne Schnörkel und groß genug, so dass sie auch in der letzten Reihe noch mühelos gelesen werden kann.
- Die bildliche Darstellung ist so einfach und übersichtlich als möglich, ohne unwesentliche Details, die nichts zum Verständnis beitragen.
- Die räumliche Anordnung orientiert sich an der natürlichen Leserichtung von links oben nach rechts unten.
- Sie beachten beim Präsentieren die „Bilder" – Vorerfahrungen, Werte und Einstellungen – Ihres Publikums.
- Sie sprechen in Ihrer Präsentation Verstand und Gefühl, linke und rechte Gehirnhälfte an.
- Die gesamte Präsentation ist aus einem Guss mit bewusst gesetzten Höhepunkten.

2 Farben wirkungsvoll einsetzen
Rot wie die Liebe, blau wie die Treue, grün wie die Hoffnung. Farben steuern unser Empfinden.

Der wirkungsvolle Einsatz von Farben kann Ihre Präsentation aufwerten!

Über den Einsatz von Farben bei Präsentationen gehen die Meinungen der Fachleute auseinander. Die einen meinen, dass Farben nur vom Wesentlichen ablenken, andere wiederum sind der Ansicht, dass Farben eine bessere Gliederung ermöglichen und die Aufnahme- und Merkfähigkeit beim Publikum erhöhen.

Bei Präsentationen werden Farben als Hintergrund, Schrift und Flächenfüllung eingesetzt.

 Von bunten Bildern alleine ist sicherlich abzuraten, doch wer mit Farben sachgerecht umgehen kann, erreicht mit einer farbigen Präsentation mehr als mit einer farblosen, die in schwarzweiß und grau gehalten ist!

Farben sind ein wesentliches Mittel zur Strukturierung. Wählen Sie daher **für gleiche oder vergleichbare Inhalte** immer die **gleiche Farbe.** Klare Farben sind einprägsamer als Mischfarben. Wählen Sie daher rot, blau, grün, schwarz eher als orange, braun und türkis.

Grundsätzlich gilt, dass Hintergrundfarben heller und transparenter sein sollen. Schriftfarben sollten dunkel, satt und in starkem Kontrast zum Hintergrund sein und die Wirkung der Farben sollte mit der Aussage des Bildes übereinstimmen.

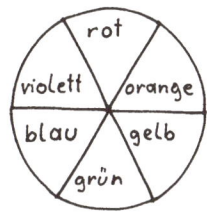

Der **Farbkreis** ist eine in der Farbtheorie angewandte Darstellungsform der Anordnung von bunten Farben zu einem Kreis.

Der Farbkreis enthält 6 Farben.

Primärfarben:
Rot, Gelb, Blau

Sekundärfarben:
Grün, Orange, Violett

Farbe	Bedeutung	Wirkung	Fläche	Schrift
Blau	Ruhe, Treue, Vertrauen, Sympathie, Sehnsucht, Fantasie, Ferne, Weite, Klugheit	kühl, distanziert, unauffällig, korrekt technisch, zuverlässig	geeignet	angenehmer als schwarz, gute Tiefenwirkung auf gelbem Hintergrund
Rot	Aktivität, Energie, Leidenschaft, Erotik, Liebe, Hass, Aggressivität	warm, stark, emotional, dynamisch, anregend, anziehend, verboten	auffallend, sparsam verwenden	schlecht lesbar, zum Hervorheben einzelner Wörter, Pfeile ...
Grün	Natur, Leben, Gesundheit, Frühling, Jugend, Unreife, Hoffnung, Zuversicht, Frische, Gift, Ungenießbares	angenehm, beruhigend, entspannend, erlaubt, langweilig, giftig	geeignet	auf weißem Hintergrund, tannengrün
Gelb	Sonne, Gold, Geld, Fruchtbarkeit, Schande, Neid, Eifersucht, Geiz, Egoismus	originell, frech, befreit, kreativ, eigenständig	gut geeignet	auf blauem Hintergrund, sonst kaum lesbar
Violett	Extravaganz, Eitelkeit, Bescheidenheit, Demut, Frömmigkeit, Erleuchtung, Magie	gemischte Gefühle, unklar, verbindet Gegensätze elegant, extravagant	geeignet	sehr sparsam verwenden
Orange	Wärme, Energie	süß, erfrischend, aktivierend, beschwingt, appetitanregend, erwärmend, lebhaft	geeignet	nicht gut geeignet
Weiß	Vollkommenheit, Freude, Friede, Glück, Anfang, Unschuld, Einfachheit, Bescheidenheit, Sauberkeit	sauber, hygienisch, leicht, vornehm, elegant	geeignet	sehr sparsam auf dunklem Hintergrund
Schwarz	Trauer, Hoffnungslosigkeit, Ende, Tod, Schmutz, Unglück, Eleganz, Würde	verboten, negativ, neutral, würdevoll	sehr sparsam, kleine Flächen	sehr gut lesbar auf hellem Hintergrund

Farben können Verwirrung stiften, wenn sie im Übermaß, nach Lust und Laune und ohne erkennbares Konzept verwendet werden.

Zur besseren Orientierung setzen Sie beim Präsentieren immer die **gleiche Farbe für das Gleiche** und vor allem jene Farben ein, die das Publikum erwartet:

- für Erlaubtes Grün und für Verbotenes Rot
- für Adern Rot und für Venen Blau
- für Wasser Blau und für Pflanzen Grün
- ...

Wenn Sie einen besonderen Effekt erzielen wollen, können Sie diese Regel natürlich auch ganz bewusst durchbrechen; eine in der Werbung erfolgreiche Technik, wie die lila Milka-Kuh beweist.

3 Informationen bildlich darstellen
Das Gehirn bevorzugt Text und Bild gemeinsam.

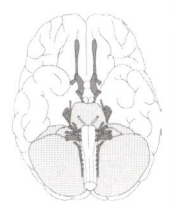

linke Gehirnhälfte: Texte
rechte Gehirnhälfte: Bilder

visualisieren: sichtbar machen, veranschaulichen

Die **linke Gehirnhälfte** verarbeitet Texte, die **rechte Gehirnhälfte** Bilder. Bilder, die Inhalte visualisieren, sind besonders wertvoll, weil sie dem Publikum helfen, den Vortrag besser zu verstehen. Manchmal ist es aber auch sinnvoll, Bilder nur zur Auflockerung in die Präsentation aufzunehmen.

Illustrationen dienen der Einstimmung auf eine Präsentation.

Nebenstehendes Beispiel zeigt eine Illustration zum Thema Einstellung der Österreicher/innen zur EU.

EU-Begeisterung

4 Präsentation

Visualisierung

Ihre vorbereiteten Bilder geleiten Sie wie ein roter Faden durch Ihren Vortrag und rufen Ihnen alle Inhalte, die Sie präsentieren wollen, blitzartig ins Gedächtnis.

Visualisierung: Inhalte bildlich darstellen

Visualisierung bedeutet, Inhalte bildlich darstellen, denn manchmal kann eine ausschließlich verbale Darstellung zu Missverständnissen führen.

Bilder helfen dem Publikum, den Inhalt der Präsentation besser zu verstehen, und Ihnen, beim Präsentieren den Faden zu behalten, ihn nach einer Frage aus dem Publikum auch wieder zu finden und nichts Wichtiges zu vergessen.

Meistens erübrigt sich damit jedes andere Hilfsmittel, wie z.B. die Stichwortkartei.

Mit vorbereiteten Bildern wirken Sie nicht nur viel sicherer, Sie sind es auch!

Ihre Präsentation wird dann besonders abwechslungsreich und interessant, wenn Sie **verschiedene Arten von Bildern** einsetzen. Es ist wichtig, alle Bilder sorgfältig aufeinander abzustimmen, damit kein „Fleckerlteppich" entsteht.

Beispiele für Bilder:

- Textbilder
- Diagramme
- Piktogramme
- Cartoons

- Tabellen
- Skizzen
- Zeichnungen

- Strukturdarstellungen
- Fotografien
- Symbole

 Für welche bildliche Darstellung Sie sich auch entscheiden, beachten Sie immer die Wirkung der Farben.

Textbilder

Textbilder sind sowohl mit einem Computerprogramm als auch handschriftlich einfach herzustellen. Sie dienen zur Gliederung des Inhalts, ermöglichen jederzeit die Orientierung am Gesamtzusammenhang und ersetzen den Stichwortzettel.

Textbilder werden **vorbereitet** als

- Overheadfolie,
- Computerpräsentation,
- Diapositiv oder
- Plakat

und entstehen **während der Präsentation**

- am Flipchartblock,
- als Tafelbild oder
- als Ergänzung eines vorbereiteten Plakates.

Textbilder

- 1 Thema pro Folie
- 7 Zeilen mit 7 Wörtern
- „Bullets" Schlagwörter
- übersichtliche Gliederung
- Farbkontrast
- klare, gut lesbare Schrift
- passende Schrift

Comic Sans MS
Arial
Lucida Sans
Tahoma
Verdana
Arial Black

Cooper Black
Times New Roman
ᗡᗴᔕᗪᴇᙏᐅᴎᴀ
Gill Sans

Serifen sind Linien, die einen Buchstabenstrich am Ende quer zu seiner Grundrichtung abschließen:

Serifen **HK**

Textfolien gestalten

- genau ein Thema auf einer Folie
- ein Gedanke pro Zeile
- ca. 7 Zeilen pro Folie
- ca. 7 Wörter pro Zeile
- serifenlose Blockschrift

- Kleinbuchstaben min. 6 mm hoch
- Schriftstärke min. 0,6 mm
- Arial, Lucida Sans, Tahoma etc.
- nicht kleiner als 20 Punkt
- Wirkung der Farben beachten

Gestaltung von Textfolien

❶ **eine gedankliche Einheit**
- ein Thema
- prägnante Überschrift
- klare Struktur

❷ **statt eines Stichwortzettels**
- Stichworte
- Halbsätze
- Zitate

❸ **für das Publikum gut lesbar**
- Schriftgröße, Strichstärke
- serifenlose Blockschrift
- schönes Schriftbild

❹ **visuelle Signale**

Tabellen

Tabellen sind immer dann hilfreich, wenn Sie beim Präsentieren **Zusammenhänge** herstellen oder **Zahlenmaterial** genau darstellen wollen. Mit Diagrammen interpretieren Sie das Zahlenmaterial und machen es für Ihr Publikum leichter erfassbar.

Größen, die miteinander verglichen werden sollen, sind in Spalten angeordnet.

Zahlenangaben auf **möglichst wenige Stellen** bringen:

statt 1.538.756

besser 1,54 Mio.

Zahlen sind abstrakt und sprechen nur die linke Gehirnhälfte an.

In dieser Tabelle ist der Vergleich zwischen der Durchschnitts-, der Minimal- und der Maximaltemperatur von Jänner bis Dezember dargestellt.

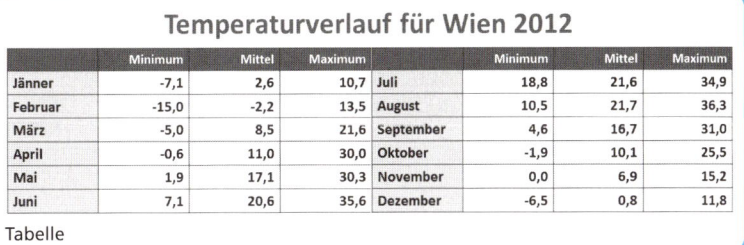

Temperaturverlauf für Wien 2012

	Minimum	Mittel	Maximum		Minimum	Mittel	Maximum
Jänner	-7,1	2,6	10,7	Juli	18,8	21,6	34,9
Februar	-15,0	-2,2	13,5	August	10,5	21,7	36,3
März	-5,0	8,5	21,6	September	4,6	16,7	31,0
April	-0,6	11,0	30,0	Oktober	-1,9	10,1	25,5
Mai	1,9	17,1	30,3	November	0,0	6,9	15,2
Juni	7,1	20,6	35,6	Dezember	-6,5	0,8	11,8

Tabelle

Diagramme

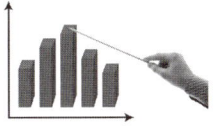

Tortenstücke, Blöcke, Säulen und Bänder bringen Verständnis für Größenordnungen und Verhältnisse und erleichtern die Merkfähigkeit, denn unser Gehirn speichert Bilder leichter als Zahlen.

Diagramme stellen Zahlen, Anteile und Entwicklungen anschaulich dar. Ihre Absicht bestimmt, welches Diagramm Sie wählen werden. Diagramme stellen Zahlen nämlich nicht objektiv, sondern unter einem bestimmten Blickwinkel dar. Ist der Zeitablauf wichtig, dann stehen das **Linien-** und das **Säulendiagramm** zur Verfügung, für Anteile eignet sich das **Tortendiagramm** am besten, **Balkendiagramme** und **Gauss-Kurven** sind ebenfalls möglich.

Textelemente wie Überschriften, Beschriftung der Achsen und Anteile enthalten wesentliche ergänzende Informationen zum Verständnis des Diagramms. Sie sollten daher weder dominieren noch zu sehr in den Hintergrund treten. Waagrechte oder schräge Beschriftungsrichtung ist besser als senkrechte, direkte Beschriftung im Bild ist oft besser als eine Legende. Achsen und Raster sind immer dünner als Hauptelemente wie Linien oder Blöcke. Die dreidimensionale Darstellung von Diagrammen ist zwar anschaulicher und einprägsamer, birgt jedoch eine größere Gefahr der bewussten oder unbewussten Manipulation in sich, da Größenordnungen nur nach sehr sorgfältiger Bearbeitung nicht verzerrt dargestellt werden.

Manipulation: gezielte, aber verdeckte Beeinflussung (lateinisch für Handgriff, Kunstgriff)

Liniendiagramm

Beim Betrachten eines **horizontalen Liniendiagramms** erwartet das Publikum meist eine zeitliche Entwicklung – Verkaufszahlen, Gewinn, Aktienkurse, Leser einer Zeitung etc. Sinnvoll ist es, maximal 4 bis 5 Verläufe miteinander zu vergleichen. Die Zeitachse kann durchaus 12 und mehr Einteilungen haben.

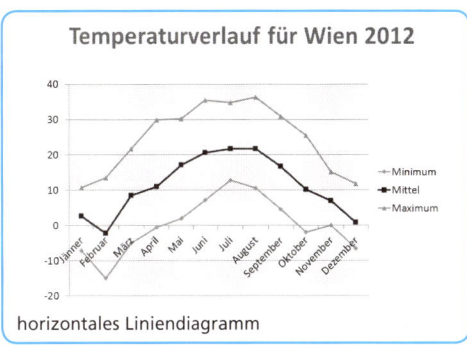

horizontales Liniendiagramm

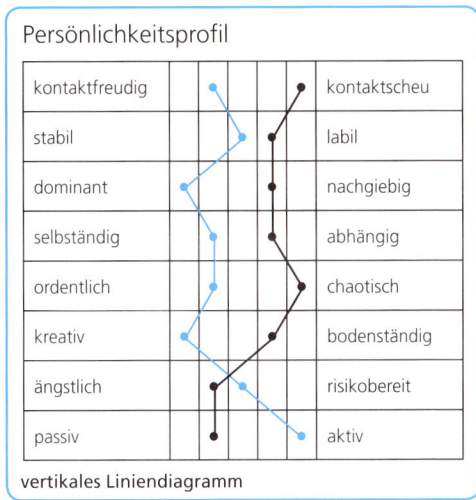

vertikales Liniendiagramm

Vertikale Liniendiagramme werden häufig für Profildarstellungen verwendet: Persönlichkeitsprofil, Vergleich verschiedener Automodelle anhand bestimmter Kriterien etc.

4 Präsentation

SbX

Eine Übung zum Erstellen von Diagrammen finden Sie unter der ID: 1411.

Balken- und Säulendiagramm

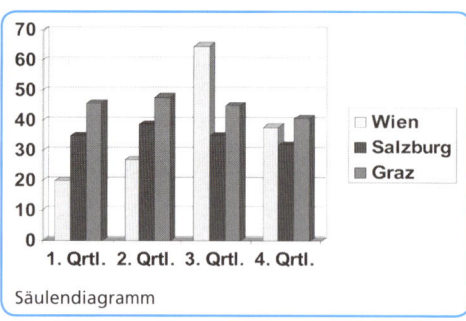

Säulendiagramm

Mit **vertikalen Balkendiagrammen** (Säulendiagrammen) lassen sich Vergleiche zwischen einzelnen Positionen im Zeitablauf darstellen.

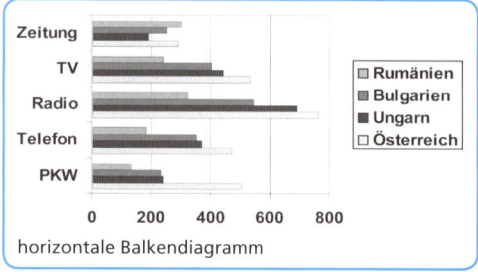

horizontale Balkendiagramm

Sollen Vergleiche zwischen einzelnen Positionen auf Regionen oder andere Kriterien bezogen werden, empfiehlt sich die **horizontale Darstellung** der Balken.

Kreisdiagramm

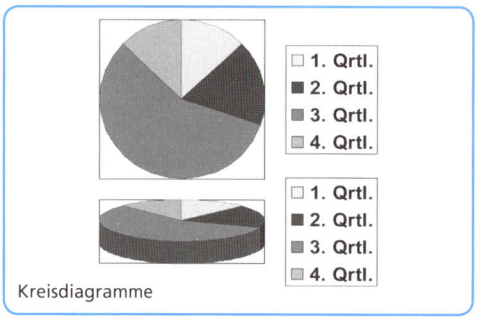

Kreisdiagramme

Mit **Kreisdiagrammen** lassen sich Anteile und Größenverhältnisse anschaulich darstellen.

Bei einer kleinen Grundmenge kann allerdings ein falscher Eindruck entstehen: Wenn z.B. 5 von 10 Schülern Haustiere besitzen, so ergibt das 50% und füllt damit die halbe Kreisfläche aus.

Strukturdiagramm

Die meisten **Grafikprogramme** für Computerpräsentationen enthalten eine Auswahl der wichtigsten Grundelemente und Vorlagen für häufig verwendete Darstellungsformen.

Für die **Darstellung komplexer Zusammenhänge** und **Abläufe** sind **Strukturdiagramme** hilfreich. Sie bestehen aus geometrischen Formen, Texten für die Beschriftung und Verbindungen – Linien, Pfeile etc. – zwischen den Formen.

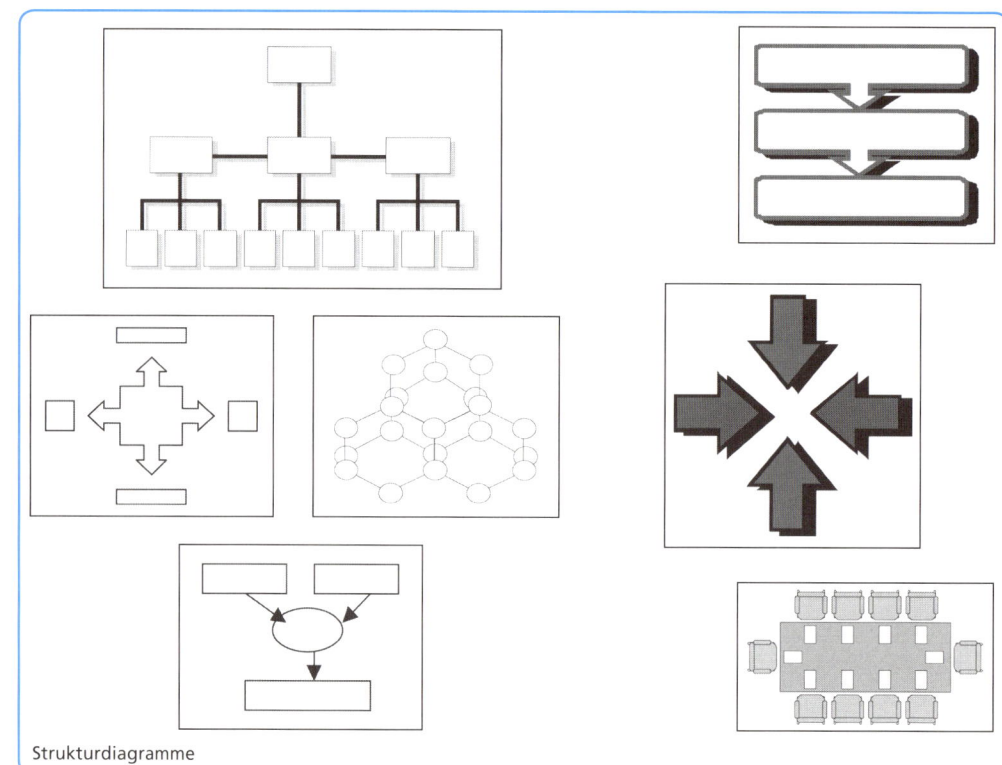

Strukturdiagramme

Strukturbilder eignen sich zur Veranschaulichung von Abhängigkeiten, Beteiligungen, Kommunikationswegen, Gliederungen und Abläufen, um nur einige Beispiele zu nennen.

Jede wissenschaftliche Disziplin hat ihre eigenen Strukturdiagramme entwickelt, bestehend aus Grundelementen und Regeln zur Verbindung dieser Grundelemente. Raumpläne in der Bauwirtschaft, Organigramme in der Betriebswirtschaft, Portfolio-Diagramme im Marketing, Ablaufpläne in der EDV, um nur einige wenige zu nennen. Manche dieser Darstellungsformen, wie z.B. Ablaufpläne, werden auch in anderen Bereichen als in der EDV zur Darstellung von Abläufen eingesetzt.

Symbole und Cartoons

Symbole und **Cartoons** eignen sich deshalb so gut zur bildlichen Darstellung, weil ihre Bedeutung ohne lange Erklärung für alle Personen im Publikum eindeutig und verständlich ist.

Sie kommen als Bestandteile von Strukturdiagrammen oder als eigenständige einfache Bildelemente vor. Manche Symbole, wie Sonne oder Smiley, sind **eindeutig,** andere, wie Wolke oder Herz, sind **vom Umfeld abhängig** und haben **mehrere Bedeutungen.** Für Ihre Präsentation verwenden Sie **handgezeichnete Symbole** oder **Clip-Arts** aus Dateien.

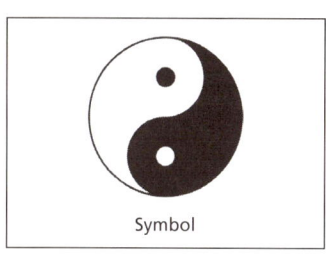

Symbol

Normsymbol

Ein **Cartoon** ist eine Zeichnung, die eine komische Geschichte in einem Bild erzählt.

Cartoon: Für einen Brief ist immer Zeit

Piktogramm: bildliches Zeichen, z.B. für „Fluchtweg", „WC"

Manche Symbole sind genormt. Piktogramme sind auch ohne Zusammenhang eindeutig, andere Symbole erst aus dem Zusammenhang verständlich.

Handgezeichnete Bilder

Ist eine möglichst realistische Darstellung erforderlich, dann zeigen Sie Ihrem Publikum Fotos oder Videos. Meistens ist aber eine **abstrakte, vereinfachte Darstellung** verständlicher.

Gute handgezeichnete Bilder steigern den Wert jeder Präsentation. Sie können einen Satz aus computergefertigten Overheadfolien ergänzen oder Bestandteil eines handgefertigten Foliensatzes sein.

Tipps

- Wählen Sie einen Stil und bleiben Sie dabei.
- Gestalten Sie Ihre Zeichnungen blattfüllend.
- Verwenden Sie dicke Stifte in klaren Farben.
- Schraffieren Sie Flächen und malen Sie diese niemals aus.
- Beachten Sie die gewohnte Leserichtung.
- Zeigen Sie Mut!
- Angst vor Lächerlichkeit mindert Ihre Kreativität.

4 Präsentation

Kartogramme und technische Zeichnungen

Kartogramme und **technische Zeichnungen** sind genaue Darstellungen des Inhalts, auf den es ankommt.

Kartogramme und technische Zeichnungen haben im Vergleich zu Fotografien den Vorteil, dass – für den besonderen Zweck – unwesentliche Elemente weggelassen werden. Schrittweise Ergänzungen erhöhen das Verständnis und die Merkfähigkeit.

Beispiele:

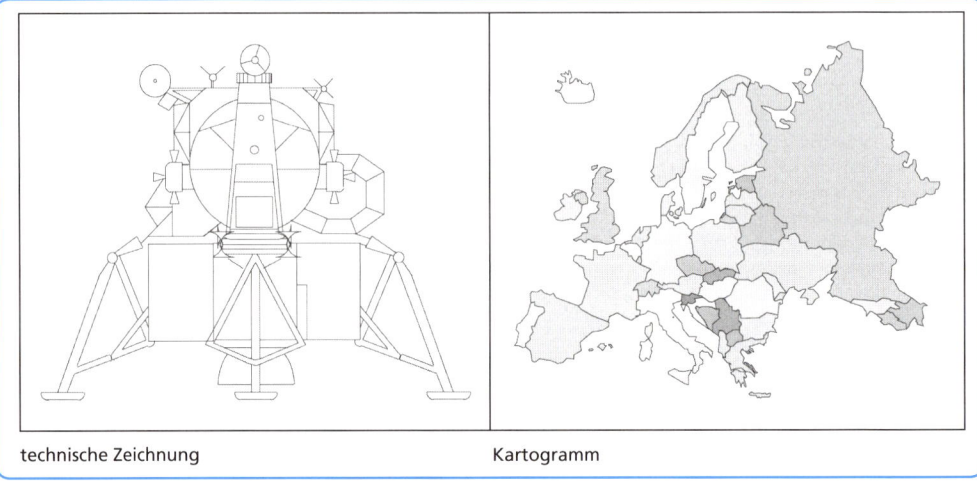

technische Zeichnung | Kartogramm

Fotografie und Video

Wenn Sie einen möglichst realen Eindruck vermitteln wollen, ist die **Fotografie** oder ein **Video** bestens geeignet. Sie vermitteln Sachinformationen und Gefühle gemeinsam. Besonders geeignet für:

- Bilder aus der Natur
- Sehenswürdigkeiten
- Naturereignisse
- Sport
- Katastrophen
- Darstellung von Menschen

Wenn der Ablauf durch die bewegte Darstellung klarer und einprägsamer wird, ist ein kurzes Video günstig.

- Tiere in der Natur
- Bewegungsabläufe beim Sport
- Produktionsablauf

Da unser Gehirn die Bilder mit der rechten und den Text mit der linken Gehirnhälfte verarbeitet, sollten dem linken Auge Bilder und dem rechten Auge Text angeboten werden.

Gruppenarbeit

P 1:

Sammeln Sie visuelle Darstellungen aus Zeitungen, Zeitschriften, Vortragsunterlagen etc.

Ordnen Sie das Material und arbeiten Sie einzeln oder in Kleingruppen positive und negative Merkmale heraus.

Gruppenarbeit

P 2:

Sammeln Sie visuelle Darstellungen aus Zeitungen, Zeitschriften, Vortragsunterlagen etc.

Ordnen Sie das Material und arbeiten Sie einzeln oder in Kleingruppen positive und negative Merkmale heraus.

Visuelle Darstellungen	Merkmale	
	positive	negative
Tabellen		
Strukturdarstellungen		
Diagramme allgemein		
Kreisdiagramme		
Balkendiagramme		
Liniendiagramme		
Skizzen		
Fotos		

Beispiel einer Visualisierung

Der Traum und sein Sinn

Ein orientalischer König hatte einen beängstigenden Traum. Er träumte, dass ihm alle Zähne, einer nach dem anderen, ausfielen. Beunruhigt rief er seinen Traumdeuter herbei. Dieser hörte sich den Traum sorgenvoll an und eröffnete dem König: „Ich muss dir eine traurige Mitteilung machen. Du wirst genau wie die Zähne alle Angehörigen, einen nach dem anderen, verlieren." Die Deutung erregte den Zorn des Königs. Er ließ den Traumdeuter in den Kerker werfen. Dann ließ er einen anderen Traumdeuter kommen. Der hörte sich den Traum an und sagte: „Ich bin glück-lich, dir eine freudige Mitteilung machen zu können: Du wirst älter werden als alle deine Angehörigen, du wirst sie alle überleben. Der König war erfreut und belohnte ihn reich. Die Höflinge wunderten sich sehr darüber. „Du hast doch eigentlich nichts anderes gesagt als dein armer Vorgänger. Aber wieso traf ihn die Strafe, während du belohnt wurdest?", fragten sie. Der Traumdeuter antwortete: „Wir haben beide den Traum gleich gedeutet. Aber es kommt nicht nur darauf an, was man sagt, sondern auch, wie man es sagt."

(Quelle: Nosrat Peseschkian, Auf der Suche nach dem Sinn, Fischer Taschenbuchverlag GmbH, Frankfurt am Main, 10. Auflage 1998, Seite 9.)

Die nebenstehende Darstellung zeigt die vorkommenden **Elemente** und ihre **Beziehung** zueinander.

Diese Form der Darstellung eignet sich zur Veranschaulichung **komplexerer** Inhalte. Elemente (Einheiten) können auch mit **identifizierenden** und beschreibenden Merkmalen ergänzt werden.

Diese Form der Visualisierung kann vorbereitet oder schrittweise entwickelt werden.

komplex: vielfältig, verflochten

identifizieren: volle Übereinstimmung erzeugen

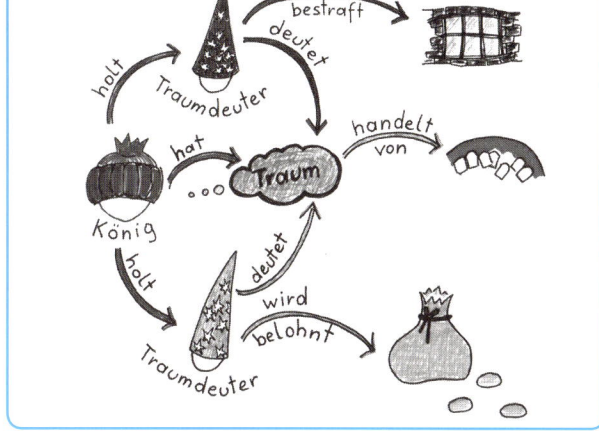

4 Präsentation

Die **Darstellung als Matrix** eignet sich besonders dann, wenn Informationen in Beziehung zueinander gestellt werden sollen. Im nebenstehenden Beispiel etwa die Unterschiede zwischen den beiden Traumdeutern.

	Traumdeuter 1	Traumdeuter 2
Sichtweise	König verliert Freunde und Angehörige	König überlebt Freunde und Angehörige
Schlüsselwort	verlieren = negativ	überleben = positiv
Reaktion des Königs	Bestrafung mit Kerker	Belohnung mit Gold

Die nebenstehende Darstellung eignet sich gut zur Visualisierung einer Entwicklung, eines Ablaufs, besonders dann, wenn einzelne Teilschritte öfter wiederholt werden.

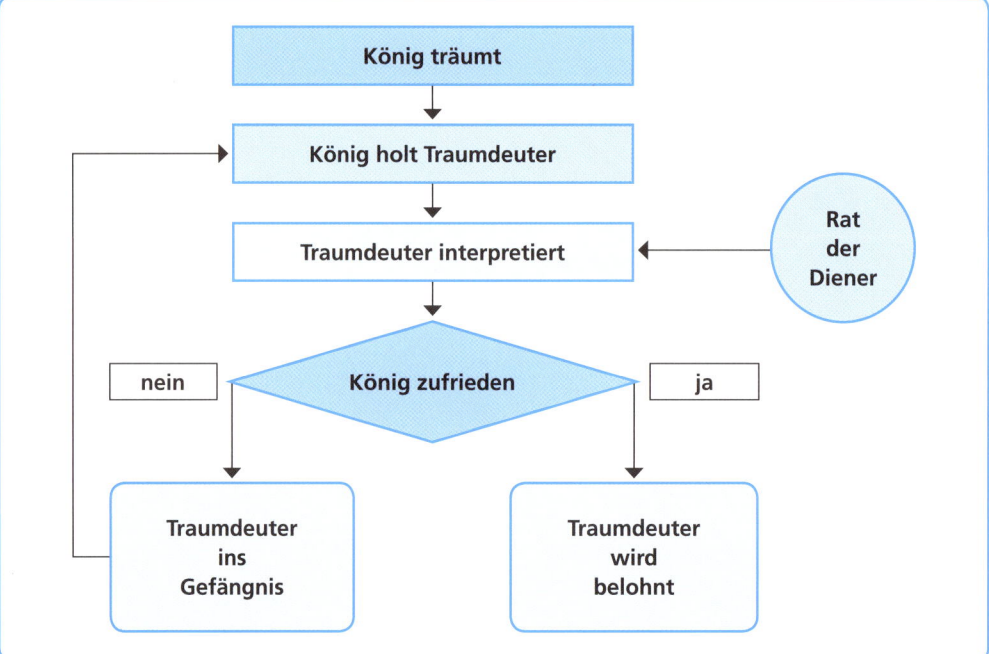

Die **Darstellung als Tabelle** ist gut für die intensive Bearbeitung eines Themas geeignet: Probleme werden in Teilprobleme zerlegt, systematisch beschrieben, Lösungsansätze und mögliche Hürden herausgearbeitet.

Wie äußert sich das Problem?	Was könnte die Ursache sein?	Was könnte getan werden?	Was spricht dagegen?	Mögliche Lösungen
Traumdeuter sitzt im Kerker	falsche Sichtweise	Diener des Königs fragen	kennt keine Diener	Kontakte knüpfen und pflegen
				frühzeitig kommen und informieren
		positiv formulieren	Gewohnheit	üben
	negative Beziehung	positive Beziehung herstellen	mangelndes Selbstwertgefühl – Hierarchie	Selbstwertgefühl stärken

Hierarchie: Rangordnung

Das vorliegende Beispiel einer Visualisierung ist nicht vollständig, sondern nur ein Ansatz zur weiteren Bearbeitung.

Schöne Bilder erfreuen zwar das Publikum, sind aber kein Ersatz für fehlende Inhalte!

Ein Bild, das für eine Präsentation geeignet ist, muss nicht künstlerisch wertvoll sein, sondern klar, verständlich und dem Zweck der Präsentation angemessen. Das Publikum soll sich von der Darstellung angezogen fühlen und das Bild gerne anschauen. Das Bild soll neugierig machen. Ein gutes Bild ist daher nicht selbsterklärend, sondern ergänzt den gesprochenen Text.

Wenn Bilder weder Ideen transportieren, noch einen nennenswerten Beitrag zum Verständnis leisten, dienen sie bestenfalls der **Illustration** wie z.B. Hintergrundbilder bei einer Computerpräsentation.

Nicht jedes Bild unterstützt die Präsentation, manche lenken vom eigentlichen Inhalt ab, wirken störend und sind daher überflüssig.

4 Mind-Maps zeichnen
Nicht linear, sondern radial und ganzheitlich

linear: linienförmig, geradlinig

radial: strahlenförmig

Eine **Mind-Map** (auch Gedankenkarte) ist eine grafische Darstellung, die Beziehungen zwischen verschiedenen Begriffen aufzeigt.

Tony Buzan, der Erfinder der Mind-Mapping-Methode, wollte schon als Student mehr über die bestmögliche Nutzung des Gehirns erfahren. Er stellte fest, dass unser Gehirn neues Wissen schneller und besser verarbeitet, wenn es Worte und Bilder in ansprechender Darstellung serviert bekommt und über möglichst viele Sinne – Auge, Ohr, Nase, Berührung, Gefühl … – gefüttert wird.

Wer ist Tony Buzan?

Jede neue Information wird mit vorhandenen, ähnlichen Informationen verglichen. Je mehr das Gehirn zu einem Thema schon gespeichert hat, umso leichter fällt es ihm, neue Inhalte im Gedächtnis zu behalten. Mit jeder Information werden „Haken" für weitere Informationen gespeichert. Eine Mind-Map erfüllt alle Anforderungen, die das Gehirn an die Aufnahme, Verarbeitung und Aufbereitung von Informationen stellt, und regt seinerseits das Gehirn an, Ideen hervorzubringen.

Die **Mini-Mind-Map** ist die einfachste Form einer Mind-Map. In der Mitte steht das zentrale Thema, die Hauptthemen strahlen wie Äste aus.

Mini-Mind-Maps können auch bildlich dargestellt werden. Das zentrale Thema wird in der Mitte möglichst anschaulich als Bild dargestellt. Die Hauptäste tragen bildliche Darstellungen der Hauptthemen. Bildliche Darstellungen können Symbole, einfache Skizzen, Cartoons, Clip-Arts etc. sein.

Mini-Mind-Map

Sie wissen bereits, dass sich Inhalte, die nicht nur verbal, sondern auch bildlich vermittelt werden, besser ins Gedächtnis einprägen. Sie sollten daher einfache bildliche Darstellungen sammeln.

Sie verbessern damit Ihre kreativen Fähigkeiten und legen sich einen Vorrat an Symbolen und Skizzen an, aus dem Sie bei Bedarf auswählen können!

Praxisaufgabe **P**

P 3:
Zeichnen Sie mindestens 10 Symbole zu folgenden Themen: Menschen, Tiere, Sport, Kleidung, Schule

4 Präsentation

Wissenswertes über Mind-Mapping

Welche Hilfsmittel Sie
zum Mind-Mapping
brauchen ...

Zum Mind-Mapping brauchen Sie:

- glattes Papier im Format DIN A3 quer
- Filz- oder Buntstifte mit feiner Mine in 10 Farben
- Filz- oder Buntstifte mit dicker Mine in 10 Farben

Regeln

Welche Regeln Sie
beim Mind-Mapping
beachten sollten ...

- Zeichnen Sie in der Mitte des Blattes das zentrale Thema möglichst einprägsam als Bild und/ oder Text. Verwenden sie dafür mindestens drei Farben und möglichst eine dreidimensionale Darstellung. Die Aufmerksamkeit soll auf die Mitte der Mind-Map gelenkt werden.

- Wählen Sie ungefähr sieben Hauptthemen und stellen Sie diese als Hauptäste dar. Zeichnen Sie die Hauptäste, die direkt an das zentrale Bild anschließen, mit dicker Mine und leicht gebogen, und jeden Hauptast in einer anderen Farbe.

- Aus jedem Hauptast entwickeln Sie mehrere leicht gebogene Äste, aus denen sie jeweils mehrere gebogene Zweige entwickeln. Die Farbe bleibt gleich, die Strichstärke wird immer dünner.

prägnant: knapp, treffend

- Jeder Hauptast, Ast, Zweig, Zweiglein etc. wird mit einem möglichst prägnanten Wort und/ oder Bild versehen. Achten Sie darauf, dass wichtigere Begriffe immer näher dem Zentrum als unwichtigere Begriffe sind.

- Verwenden Sie gut leserliche Blockschrift in Groß- und Kleinbuchstaben.

- Entwickeln Sie Ihre eigenen Symbole und verwenden Sie diese in gleicher oder ähnlicher Bedeutung.

- Setzen Sie möglichst viele sprechende Bilder als Ergänzung zum Text oder stattdessen ein.

- Gestalten Sie Ihre Mind-Map übersichtlich, klar strukturiert und möglichst „schön". Sie soll Ihnen Freude bereiten.

Wie eine Mind-Map zum
Thema Mind-Mapping
aussehen könnte ...

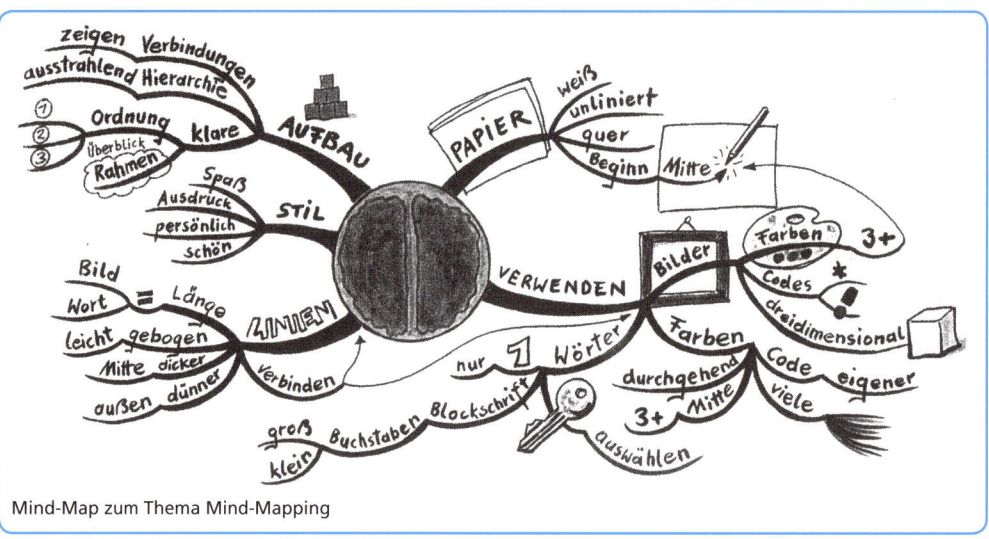

Mind-Map zum Thema Mind-Mapping

Vielleicht gelingt es Ihnen am Anfang nicht, alle Äste und Zweige auszufüllen. Wenn Ihnen nichts Neues mehr einfällt, versuchen Sie einfach, bereits Vorhandenes schöner zu gestalten: Malen Sie Äste oder Zweige bunt nach, fügen Sie eine Zeichnung ein etc. Sie werden sehen, manche Ihrer Ideen kommen scheinbar ganz von allein!

Einsatz von Mind-Mapping für Präsentationen

intellektuell: geistig, verstandesmäßig

Mind-Mapping lässt sich für viele Aufgaben sinnvoll einsetzen, weil es die intellektuellen und kreativen Fähigkeiten fördert. Auch für die Vorbereitung und Durchführung einer Präsentation brauchen Sie fachliche und kreative Kompetenz und können daher Mind-Mapping für vielfältige Aufgaben verwenden.

**Mind-Mapping
bei Präsentationen:**
Informationen sammeln,
Gedanken ordnen,
Publikum analysieren,
Inhalt strukturieren, Ziele
formulieren,
Entscheidungen treffen,
Inhalte bildlich darstellen,
Zeit planen, sich
persönlich vorbereiten,
als Stichwortzettel
einsetzen, Argumente
ausarbeiten etc.

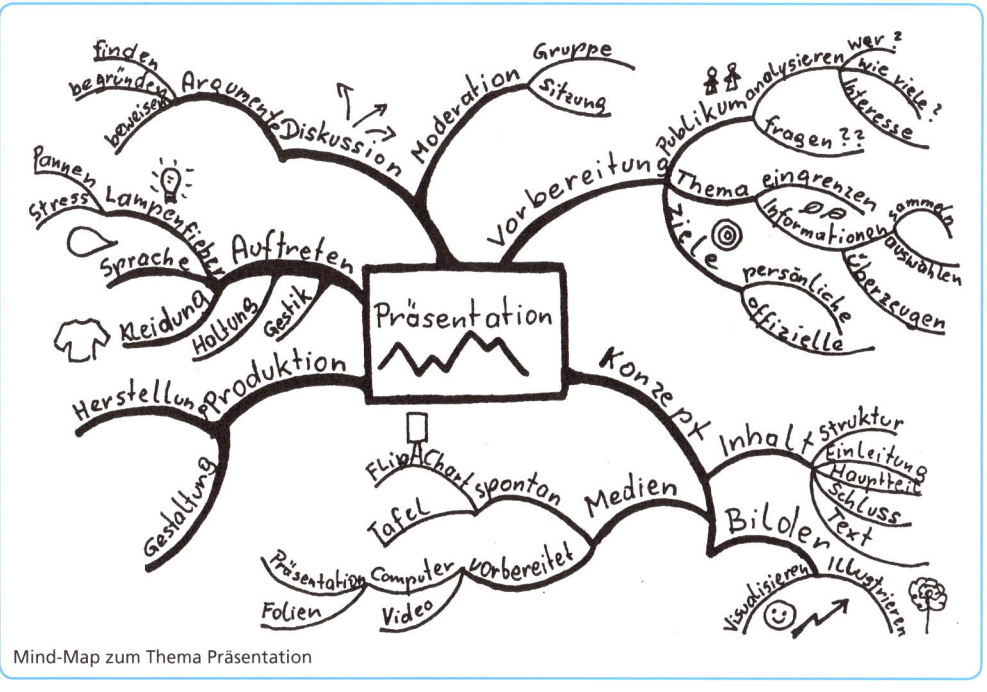

Mind-Map zum Thema Präsentation

Üben – Anwenden

| SbX | ID: 1412 |

Praxisaufgaben

Bilder wahrnehmen

P 4:

Ein Wort hat viele Bedeutungen.

a) Stellen Sie möglichst viele Bedeutungen folgender Wörter bildlich dar: Baum, Klasse, Wurzel

b) Finden Sie Wörter mit mehreren Bedeutungen und stellen Sie diese bildlich dar.

P 5:

Beschreiben Sie folgende Bilder und erklären Sie, welche Grundsätze der bildlichen Wahrnehmung wirksam sind.

4 Präsentation

Farben wirkungsvoll einsetzen

P 6:

Malen Sie folgende einfache Symbole in den Farben Rot, Grün und Blau aus. Welche Wirkung entsteht, wenn Sie nicht die übliche Farbzuordnung wählen, also ein blaues Herz oder einen roten Baum?

eine passende bildliche Darstellung finden

„Der Schmetterling" und „Der Fuchs und der Hahn" sind dem Buch „Gott ist überall zu Hause" von Folke Tegetthoff entnommen. (Tegetthoff, Folke: Gott ist überall zu Hause. Korneuburg: Ueberreuter Buchproduktion, 1990, Der Schmetterling: Seite 110, Der Fuchs und der Hahn: Seite 48 f.)

SbX

Eine weitere Übung zur Textaufbereitung und bildlichen Darstellung von Informationen finden Sie im SbX unter der ID: 1412.

P 7:

Stellen Sie folgende Texte bildlich dar. Verwenden Sie dazu Textbilder, Tabellen, Diagramme und Freihandzeichnungen. Diskutieren Sie die Ergebnisse in der Klasse.

a)

Der Schmetterling

Ein junger, von sich selbst eingenommener Talmudschüler hatte von einem sehr weisen Rabbi gehört. Ich werde dem Rabbi eine Aufgabe stellen, die er nicht lösen wird können. Ich werde ihn fragen, ob der Schmetterling in meiner Hand tot oder lebendig ist. Antwortet der Rabbi mit – er ist tot –, öffne ich die Hand und der Schmetterling fliegt in die Freiheit. Antwortet der Rabbi – er lebt –, ein kleiner Faustdruck und der Schmetterling ist tot." Nun, Rabbi, was meint Ihr? Ist der Schmetterling in meiner Hand tot oder lebendig?!" Der Rabbi überlegte, dann sagte er: „Das, mein Sohn, liegt in deiner Hand ..."

b)

Der Fuchs und der Hahn

Ein Fuchs war schon lange hinter einem großen, fetten Hahn her. Aber der Fuchs sah den langen, spitzen Schnabel, und er sah die langen spitzen Sporen des Hahnes. „Ich kriege ihn schon", dachte er sich, „wenn nicht mit Gewalt, dann mit etwas Nachdenken." Eines Tages spazierte er unschuldsvoll am Hühnerstall vorbei, blieb vor dem Hahn stehen und sprach: „Edler Hahn, ich bewundere Eure Stimme und Euer ungeheures Krähen. Selbst wenn ich weit weg im Wald liege, kann ich es hören. Aber sagt mir – stimmt es, was man sich erzählt: Euer Krähen verwandelt sich in ein jämmerliches Piepsen, sobald Ihr Eure Augen geschlossen habt?" „Lächerlich", schrie der Hahn erbost, „wer erzählt solche Geschichten über mich! Seht selbst, welche Lüge das ist!" Und der Hahn schloss die Augen und hob den Kopf und atmete tief ein und öffnete den Schnabel, und ... ZACK – hatte ihn der Fuchs gepackt und lief mit ihm davon. Der Bauer war gerade mit Holzhacken beschäftigt, als er den Fuchs mit seinem prächtigsten Hahn im Maul davonrennen sah. Mit der Axt in der Hand jagte er ihm nach. Da sagte der Hahn zum Fuchs: „Wenn er uns kriegt, erschlägt er uns beide. Ruf ihm zu, dass ich freiwillig mitgegangen bin. Schnell!" Der Fuchs, der mit dem schweren Hahn im Maul nicht so schnell vorwärts kam, sah den Bauern mit der Axt immer näher kommen. Und wirklich – in letzter Verzweiflung rief er: „Er ist freiwillig mitgekommen. Ehrlich!" Dazu hatte er aber sein Maul aufreißen müssen und – der Hahn war frei und lief davon! „Besser schweigen als den Mund weit aufzureißen", dachte sich der Fuchs ... „Besser die Augen offen halten, als laut zu krähen", dachte sich der Hahn ...

c) und d) sind von Statistik Austria im Internet zur Verfügung gestellt: http://www.statistik.at/

c)

Kinderbetreuung in institutionellen Kinderbetreuungsstätten

Im Jahr 2005 wurden 274.904 Kinder in institutionellen Kindertagesheimen betreut, davon 16.037 in Kleinkinderkrippen, 195.176 in Kindergärten, 45.384 in Horten und 18.307 in altersgemischten Einrichtungen. Österreichweit besuchten insgesamt 66,3% aller 3-Jährigen, 89,8% aller 4-Jährigen und 91,9% aller 5-Jährigen institutionelle Kinderbetreuungsstätten.

d)

Bildungsstand der Bevölkerung

Bildungsstand der Bevölkerung	1981	1991	1999	2000	2001	2002	2003
Wohnbevölkerung (15 Jahre u. älter), 1.000	6.044,8	6.439,0	6.721,9	6.751,9	6.788,1	6.803,2	6.784,2
davon mit höchster abgeschl. Ausbildung, %							
Pflichtschule	51,8	41,5	34,0	33,5	32,0	31,3	30,3
Lehre	27,1	32,1	35,3	35,0	35,2	35,4	35,8
Fachschule	10,4	11,4	9,7	10,1	10,4	10,5	10,6
Höhere Schule ❶	7,2	9,8	14,4	14,6	15,4	15,7	15,8
Hochschule, Universität ❷	3,4	5,2	6,6	6,8	7,0	7,2	7,5
Q: 1981, 1991: Volkszählung, 1999 bis 2003: Mikrozensus, Jahresdurchschnitt.							

Quelle: STATISTIK AUSTRIA, Seite wurde am 23.5.2005 von Huber-Bachmann aktualisiert.

❶ Allgemeinbildende und berufsbildende höhere Schulen

❷ Inkl. hochschulverwandte Lehranstalten

P 8:

Welche Darstellungsform eignet sich besonders gut für folgende Informationen? Fertigen Sie eine entsprechende Skizze an.

Belegung von Freifächern: ● 38% Präsentation ● 25% Wirtschaftsenglisch ● 17% Italienisch ● 12% Selbstverteidigung ● 8% Fußball	
Entwicklung der Schülerzahlen im Freifach „Präsentation": ● 2000: 56 Schülerinnen, 32 Schüler ● 2001: 73 Schülerinnen, 47 Schüler ● 2002: 62 Schülerinnen, 58 Schüler ● 2003: 78 Schülerinnen, 65 Schüler ● 2004: 69 Schülerinnen, 72 Schüler ● 2005: 71 Schülerinnen, 60 Schüler ● 2006: 77 Schülerinnen, 58 Schüler	
Die Schule S hat 3 Abteilungen (A1, A2, A3) mit je 2 Ausbildungszweigen (A11, A12, A21, A22, A31, A32).	
Eine Präsentation wird in folgenden Schritten vorbereitet: Publikum analysieren, Ziele formulieren, Inhalte beschaffen, Inhalte gliedern, Texte und Bilder entwerfen, Computerpräsentation herstellen, schriftliche Unterlagen herstellen und vervielfältigen	

Mehrere Lösungen sind möglich! Entscheiden Sie selbst, welche Darstellungsform Ihren Absichten am besten entspricht.

Eine Textfolie wäre grundsätzlich möglich, aber nicht besonders kreativ.

4 Präsentation

Buchstabensalat

P 9:

Was verbirgt sich hinter dem Chaos? Ordnen Sie die Buchstaben in jeder Zeile so an, dass sich eine Form der bildlichen Darstellung ergibt.

a) TRUKLIRDUBST

b) GEBRANKRIDLAMM

c) ORTOCAN

d) GITAROFEFO

e) INDIENMALGARIM

f) BIXTELDT

g) MATTENMORGAMID

eine Mind-Map zeichen

P 10:

Fertigen Sie eine Mind-Map zur **Lerneinheit 1, Eindrucksvolle Bilder erstellen,** an.

Zur Übung sollten Sie möglichst oft Mind-Maps anfertigen. Einige Vorschläge:

- Zusammenfassung von Büchern
- Überblick über ein Thema
- Vorbereitung für eine Prüfung
- Stoffsammlung für ein Referat
- Ideensammlung für eine Projektarbeit
- Organisation einer Party
- Vorbereitung einer Reise
- Checkliste für den Schikurs
- Geschenkideen für Weihnachten

Partnerarbeit

P 11:

Der Lernstoff der **Lerneinheit 1, Eindrucksvolle Bilder erstellen,** wird in kleine Happen zerlegt. Je 2 Schüler/innen erhalten einen Happen zugeteilt und 4 Kärtchen. Jedes Paar formuliert nun 4 Fragen aus seinem Stoffgebiet und schreibt je eine Frage auf die Vorderseite eines Kärtchens. Die zugehörige Antwort wird auf die Rückseite geschrieben. Sobald alle Kärtchen auf der Vorder- und Rückseite beschrieben sind, werden sie reihum an das nächste Paar weitergegeben. Abwechselnd ist nun jede/r Schüler/in einmal „Quizmaster" und dann wieder „Kandidat". Sobald jedes Paar alle Kärtchen bearbeitet hat, werden die Kärtchen vom Lehrer oder von der Lehrerin eingesammelt und für das **Abschlussquiz** (siehe Seite 154) aufgehoben.

◎ Sichern

visuelle Wahrnehmung

Bilder werden mit der **rechten Gehirnhälfte** wahrgenommen und verarbeitet.

- Was man beim Betrachten sieht, hängt vom Vorwissen des Publikums und vom Umfeld des dargestellten Inhalts ab.
- Das Publikum ergänzt fehlende Informationen und vergleicht mit bereits gespeicherten Bildern.
- Beim Betrachten ist man bemüht, Ordnung in das, was man sieht, zu bringen und einzelne Teile zu Einheiten zusammenzufassen. Ordnungskriterien sind beispielsweise Nähe, Gleichheit und geschlossene Form.

Für die Gestaltung von Bildern sind die Prinzipien der visuellen Wahrnehmung wichtig. Optische Täuschungen lassen sich damit erklären.

Wirkung von Farben	Wie Farben wirken, hängt vom gesellschaftlichen und kulturellen Umfeld des Publikums ab. In unserem Kulturkreis steht die Farbe Rot für Gefühle und alles Verbotene, die Farbe Blau für den Verstand und die Technik, Gelb für die Kreativität und das Geld, Grün für die Natur, für die Jugend und für alles Erlaubte.

Farben werden bei Präsentationen als Hintergrund, Füllfarbe von Flächen und Schrift eingesetzt.

Textbilder

- Sie dienen zur Gliederung des Inhalts, sind Orientierungshilfe für das Publikum und Stichwortzettel für die Vortragenden.
- ein Thema pro Bild, klar strukturiert, Gedankenblöcke statt ganzer Sätze
- Sie eignen sich zur übersichtlichen Darstellung von Gegenüberstellungen, Zuordnungen und für exakte Zahlenangaben.

Tabellen

Sie stellen Zahlen, Anteile, Entwicklungen, Abläufe und Zusammenhänge übersichtlich dar.

Diagramme

- **Liniendiagramm:** Entwicklungen, Vergleiche
- **Balkendiagramm:** Entwicklungen, Vergleiche
- **Kreisdiagramm:** Anteile
- **Strukturbild:** Zusammenhänge, Abläufe

Mind-Map

Eine Mind-Map ist eine Gedankenlandkarte, auf der die Zusammenhänge zwischen einzelnen Elementen (Ideen, Objekte, Ereignisse ...) ganzheitlich mit Worten und Bildern dargestellt sind.

Eine Mind-Map sieht einem Baum ähnlich, wenn wir ihn von oben betrachten: in der Mitte der Baumstamm, davon ausgehend ca. 7 Hauptäste, viele Äste, Zweige, Zweiglein, ..., Blätter

 # Wissen

Wiederholungsfragen zu Lerneinheit 1

1. Nach welchem Prinzip der visuellen Wahrnehmung wissen Sie, dass Ihr Publikum Inhalte von Tabellen in Spalten zusammenfasst?

2. Wie können Sie Tabellen gestalten, damit Ihr Publikum die Tabelle Zeile für Zeile liest?

3. Warum sollten Sie den Hintergrund einer Folie nicht zu interessant gestalten?

4. Welche Farben werden Sie für die Darstellung folgender Inhalte einsetzen?
   a) Beschreibung, wie eine Digitalkamera funktioniert
   b) von den kreativen Möglichkeiten einer Digitalkamera überzeugen
   c) über die Einsatzmöglichkeiten eines Holzschutzmittels informieren
   d) von den natürlichen Inhaltsstoffen eines Holzschutzmittels überzeugen
   e) erwünschtes und nicht erwünschtes Verhalten von Hotelgästen darstellen

5. Worauf achten Sie, wenn Sie ...
   a) ein Textbild,
   b) eine Tabelle,
   c) ein Liniendiagramm,
   d) ein Balkendiagramm,
   e) ein Kreisdiagramm,
   f) ein Strukturbild anfertigen?

6. Mit welcher in der Natur vorkommenden Form vergleicht man das Aussehen einer Mind-Map?

7. Was versteht man unter radialem Denken?

8. Welche Bedeutung haben Farben, wenn Sie eine Mind-Map erstellen?

4 Präsentation

Lerneinheit 2

Eine Präsentation vorbereiten

SbX

Alle SbX-Inhalte zu dieser Lerneinheit finden Sie unter der ID: 1420.

Ob Ihnen das Publikum interessiert und begeistert zuhört oder gelangweilt und genervt auf das Ende Ihrer Ausführungen wartet, hängt nicht nur vom Thema Ihrer Präsentation ab, sondern auch von Ihrer eigenen Einstellung und guten Vorbereitung. Wenn Sie selbst begeistert und engagiert Ihr Thema bearbeiten und Ihrem Publikum mit Wertschätzung begegnen, wird sich Ihre positive Einstellung auch auf Ihr Publikum übertragen.

Sie lernen hier,
- **was eine gute Präsentation ausmacht,**
- **was das Publikum von Ihnen als Präsentator/in erwartet,**
- **wie Sie Ihre Präsentation schrittweise vorbereiten und**
- **wie Sie das Interesse Ihres Publikums wecken.**

Lernen

SbX   ID: 1421

1 Merkmale einer gelungenen Präsentation
Weniger ist oft mehr.

Wenn Ihre Lehrer/innen eine Unterrichtsstunde gestalten, Wissenswertes vortragen, zum besseren Verständnis eine Folie auflegen oder ein Tafelbild anfertigen, dann präsentieren sie. Im Unterricht haben Sie selbst sicherlich auch schon das eine oder andere Referat gehalten und dazu einige Folien erstellt oder die Ergebnisse einer Gruppenarbeit im Rahmen einer Präsentation vorgestellt.

intuitiv: gefühlsmäßig
Intuition: Einfühlung, Eingebung

Wenn Sie im Publikum sitzen, können Sie bereits intuitiv gelungene Präsentationen von weniger guten unterscheiden. In dieser Lerneinheit erfahren Sie, worauf Sie bei der Vorbereitung einer Präsentation achten müssen.

Wann haben Sie selbst das letzte Mal eine Präsentation vorbereitet?

Praxisaufgabe **P**

Welche Merkmale muss eine Präsentation haben, damit Sie Ihnen gefällt?

P 1:
Erinnern Sie sich an eine Präsentation, die Ihnen gefallen hat, und versuchen Sie, die positiven Merkmale herauszufinden. Kreuzen Sie alle positiven Merkmale an:

- ☐ informativ
- ☐ viele Details
- ☐ anschauliche Bilder
- ☐ sachlich
- ☐ viele Fremdwörter
- ☐ wörtliches Manuskript
- ☐ genaue Zeiteinteilung
- ☐ emotional

- ☐ spannend
- ☐ verständlich
- ☐ überzeugend
- ☐ Weglassen von Informationen
- ☐ sorgfältige Vorbereitung
- ☐ Analyse des Publikums
- ☐ möglichst lang
- ☐ Wiederholungen

- ☐ prägnant
- ☐ klar strukturierter Inhalt
- ☐ viele Folien
- ☐ kompetente/r Präsentator/in
- ☐ Stichwortzettel
- ☐ unterhaltsam
- ☐ möglichst kurz

Welche Merkmale sind für Sie persönlich noch wichtig?

Gute Präsentatorinnen und Präsentatoren ...

- ... sind fachlich kompetent.
- ... bereiten die Präsentation sorgfältig vor, analysieren das Publikum und notieren das Wesentliche auf Stichwortzetteln.
- ... legen nicht ihr ganzes Wissen dar, sondern wählen sorgsam aus, was das Publikum interessiert.
- ... lassen manchmal auch Informationen weg, damit der Gesamtzusammenhang leichter erfasst werden kann.
- ... verpacken ihr Wissen in leicht verdauliche Happen.
- ... wiederholen wichtige Informationen mit anderen Worten, damit sie nicht verlorengehen.
- ... halten sich an ihre Zeitvorgabe und überziehen nicht.
- ... ermuntern das Publikum, Fragen zu stellen.
- ... kennen sich mit den Medien aus, die sie einsetzen, und können sie ohne Probleme bedienen, sind gut ausgerüstet und auf Pannen vorbereitet.

Häufige Fehlerquellen

Der Erfolg einer Präsentation sollte nicht dem Zufall überlassen, sondern sorgfältig geplant werden, denn Fehlerquellen lauern überall:

Informationen

- zu viele, zu wenige
- solche, die das Publikum schon kennt
- andere, die das Publikum nicht interessieren
- für deren Verständnis die notwendigen Vorkenntnisse fehlen
- die wenig strukturiert dargeboten werden

Argumente

- die das Publikum nicht betreffen
- die Werte und Einstellungen des Publikums missachten

Sprache

- dem Sprachniveau des Publikums nicht angepasst
- zu einfache Formulierungen
- zu viele Fremdwörter
- zu komplizierte Sätze
- zu wenig anschauliche Beispiele
- zu weitschweifend

Präsentator/in

- mangelhaftes Fachwissen
- wenig Motivation
- wenig persönliche Ausstrahlung
- arrogante Haltung
- kann mit Lampenfieber nicht umgehen
- unerfahren im Einsatz von Medien
- nicht ausreichend vorbereitet

Medieneinsatz

- zu viele verschiedene Medien
- ungünstige Kombination von spontanem und vorbereitetem Medieneinsatz
- falscher Medieneinsatz
- wenig professioneller Medieneinsatz
  - z.B. Folien (Overhead oder PowerPoint):
    zu viele
  - uneinheitlich gestaltet
  - wenig sorgfältig gestaltet
  - mit Informationen überladen
  - schwierig zu lesen

Sie dürfen über alles reden – aber nicht über 20 Minuten!

Die nebenstehende Liste möglicher Fehlerquellen ist keineswegs vollständig!

Unterlagen

- keine
- schlecht kopiert
- fehlende Seiten
- kein Deckblatt
- schlechte Gliederung
- keine Mappe für umfangreichere Unterlagen

SbX
Eine Linkliste zum Thema Vorbereiten einer Präsentation finden Sie im SbX unter der ID: 1421.

4 Präsentation

**Vorentscheidung:
1 Stunde**

SbX

Im SbX lernen Sie
Methoden kennen, die
Ihnen bei der Vorberei-
tung einer Präsentation
sehr nützlich sein kön-
nen, das 6-Hüte-Denken
und ABC-Listen.
Informieren Sie sich
unter der ID: 1421.

Konzept: 3 Stunden

**Produktion:
4 Stunden**

**Persönliche Vor-
bereitung: 2 Stunden**

**Präsentation:
20 Minuten**

Analysieren Sie Ihr
Publikum, bevor Sie
mit Ihrer Präsentation
beginnen. Meistens ist
weniger einfach mehr!

kompetent: befähigt

2 Von der Idee zum Konzept
Schritte zur Vorbereitung einer Präsentation

Planen Sie ausreichend Zeit für die Vorbereitung der Präsentation ein. Für jede Vortragsminute
rechnet man ca. 30 Minuten Vorbereitungszeit. Sie brauchen daher ca. 10 Stunden zur Vorbereitung einer gelungenen Präsentation, die 20 Minuten dauern soll. Im Folgenden erfahren Sie,
welche Schritte zur Vorbereitung einer Präsentation empfohlen werden.

Vorentscheidung

- Was ist die Vorgeschichte der Präsentation?
- In welchem Rahmen findet sie statt?
- Wer ist mein Publikum?
- Kommt mein Publikum freiwillig zur Präsentation?
- Was interessiert mein Publikum?
- Welchen Nutzen erwartet mein Publikum?
- Worüber will ich informieren?
- Wovon will ich überzeugen?
- Wie soll die Präsentation wirken?
- Welche Medien will ich einsetzen?
- Wer wird außer mir noch präsentieren?

von der Idee zum Konzept

Konzept

- Welche Themen/Inhalte präsentiere ich?
- Wie strukturiere ich den Inhalt?
- Wie gestalte ich Texte und Bilder?
- Welche Abfolge der Einzelpräsentationen ist günstig?

Produktion

- Bildentwürfe in Folien (Overhead oder PowerPoint), Plakate etc. umsetzen
- Textentwürfe (Stichwortzettel), Hand-outs etc. umsetzen
- Kopien anfertigen/Präsentationsmappen erstellen
- Abläufe für Produktvorführungen festlegen
- Datenmaterial für Beispiele erstellen

Persönliche Vorbereitung

- Raum vorbereiten
- Probelauf
- Umgang mit Lampenfieber
- Diskussionsstrategie festlegen

Präsentation

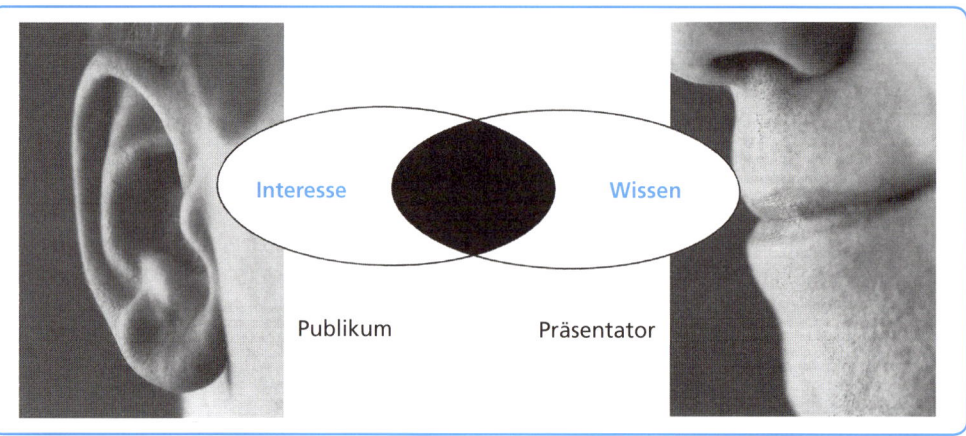

Es gibt durchaus Vortragende mit mangelhaftem Fachwissen; meistens aber sind die Vortragenden fachlich kompetent, kümmern sich allerdings zu wenig darum, was das Publikum interessiert. Sie sind so stolz darauf, dass sie Details kennen und schwierige Zusammenhänge
verstehen, dass sie ihr Publikum unbedingt daran teilhaben lassen wollen. Voll Engagement
und Begeisterung legen sie ihr gesamtes Wissen dar. So kann es vorkommen, dass Vortragende
ihrem Publikum eine Fülle von ausführlichen Informationen und technischen Details anbieten,
die mehr verwirren als informieren.

3 Publikum analysieren
Das Publikum investiert wertvolle Zeit – gehen Sie sorgsam damit um.

Für Ihre Präsentation gilt, dass Sie Ihr Publikum kennenlernen müssen, damit Ihre Präsentation die Bedürfnisse und Erwartungen erfüllen kann.

Wer ist Ihr Publikum?

„Wer Stierkämpfer werden will, muss erst lernen, Stier zu sein." (Spanisches Sprichwort)

homogen: gleichartig

inhomogen: verschiedenartig

Am einfachsten ist es für Vortragende, wenn sich die Personen im Publikum ähnlich sind: Schüler/innen aus dem gleichen Ausbildungszweig, Lehrer/innen, die den gleichen Gegenstand unterrichten, Ärzte/Ärztinnen mit dem gleichen Fachgebiet. Sie können dann bei der Vorbereitung davon ausgehen, dass die Vorbildung, die Interessen und auch der Wortschatz sehr ähnlich sein werden.

Schwieriger ist es, wenn das Publikum inhomogen zusammengesetzt ist, also aus Personen mit unterschiedlichen Interessen und Vorwissen besteht. Sie müssen dann bei der Vorbereitung Ihrer Präsentation darauf achten, dass nicht die einen überfordert sind, während sich die anderen langweilen und am Schluss niemand zufrieden ist.

Wer ist Ihr Publikum? Schüler, Lehrer, Elternvertreter, Fachleute, Interessenten ...

Die gleiche Präsentation, die bei Gärtnern gut angekommen ist, können Sie nicht ohne weiteres auch für Elektriker halten!

Bedenken Sie, dass praktische Beispiele immer aus dem **Erfahrungsschatz des Publikums** sein müssen.

Was interessiert Ihr Publikum?

> Kenntnisse erwerben, Zusammenhänge erkennen, Benotung der Kenntnisse, Entscheidungsvorbereitung ...

kooperativ: bereit zur Zusammenarbeit

Die wichtigste Frage ist immer: Nehmen die Personen im Publikum freiwillig an Ihrer Präsentation teil oder wurden sie geschickt? Freiwillige bringen meistens mehr Interesse mit und verhalten sich **kooperativer**. Die anderen müssen Sie erst „verführen", damit Sie ihr Interesse und ihre Aufmerksamkeit erhalten. Schließlich wollen Sie ja erreichen, dass möglichst viele Personen im Publikum mit Ihrer Präsentation zufrieden sind. Je ähnlicher die Interessen sind, umso eher wird es Ihnen gelingen, den Ansprüchen des Publikums zu entsprechen.

Welche Vorkenntnisse bringt Ihr Publikum mit?

> keine Vorkenntnisse, einige theoretische Kenntnisse, praktische Erfahrung ...

Mit einer kleinen **Überraschung,** die Sie sorgfältig auf Ihr Publikum abstimmen, kommen Sie besonders gut an: aktuelle Informationen und treffende Argumente, die für das Publikum neu sind und so wie sie sind gleich verwendet werden können.

Je ähnlicher die Vorkenntnisse des Publikums sind, umso leichter finden Sie einen passenden Einstieg. Schwieriger ist es, wenn interessierte Laien und Fachleute zu erwarten sind. Wählen Sie einen zu einfachen Einstieg, langweilen sich die Fachleute, beginnen Sie auf zu hohem Niveau, verstehen die Laien nicht, worüber Sie reden. Nicht nur, aber besonders in dieser Situation ist es von Vorteil, wenn Sie wissen, wer die wichtigen Personen im Publikum sind: An ihnen werden Sie sich orientieren und versuchen, auch die anderen nicht zu verlieren.

Wenn Sie im Rahmen des Unterrichts eine Präsentation halten, sollten vor allem Ihre **Mitschüler/innen** den **Inhalt verstehen können.** Obwohl die Noten von Lehrern vergeben werden, sollten Sie sich bezüglich der Vorkenntnisse nicht an ihnen orientieren.

Was interessiert Ihr Publikum?

4 Präsentation

Welchen Nutzen erwartet Ihr Publikum von der Präsentation?

- Können die Inhalte im täglichen Leben privat oder beruflich angewendet werden?
- Muss eine Prüfung über die Inhalte ablegt werden?
- Werden die Inhalte als Grundlage für eine Entscheidung oder eine weitere Veranstaltung gebraucht?

So manche Unterrichtsstunde empfinden Sie vielleicht in der Situation als nutzlos, weil sich ihr Nutzen erst später im Berufsleben ergibt.

Eine Präsentation, die keinen Nutzen für das Publikum stiftet, ist ziemlich entbehrlich und vergeudet nur Zeit. Der Nutzen ist allerdings nicht immer unmittelbar erkennbar, manchmal ist er erst viel später wirksam. Beim Präsentieren haben Sie daher nicht nur die augenblickliche Situation, sondern auch die Zukunft Ihres Publikums im Auge.

4 Ziele setzen
Wer sein Ziel nicht kennt, kann es auch niemals erreichen.

Als Kind haben Sie vielleicht davon geträumt, reich zu sein. Diese Wunschvorstellung könnte Sie dazu motivieren, fleißig zu lernen und sich im Beruf zu engagieren. Ob Sie Ihr Ziel jemals erreichen können, ist aber fraglich, denn was bedeutet „reich sein"? Reich an Geldmitteln oder Vermögen, reich an Erfahrungen, reich an Wissen, reich an guten Freunden, an Hobbys und vieles mehr?

Welche Ziele verfolgen Sie mit Ihrer Präsentation?

Formulieren Sie Ihre Ziele vollständig und ergebnisorientiert, bevor Sie mit Ihrer Präsentation beginnen.

Zum Beispiel:

> „Ich will mit meiner Präsentation erreichen, dass ..."
>
> - „... die Klasse den Zusammenhang zwischen Angebot, Nachfrage und Preis anhand von einfachen Beispielen versteht."
> - „... der Herr Direktor die Exkursion nach Salzburg genehmigt."
> - „... der Elternverein die Kosten für den Kopierer übernimmt."

Eine Formulierung wie „Ich will, dass die Lehrer mehr Verständnis für ihre Schüler haben sollen", ist ein frommer Wunsch, der als Leitsatz durchaus geeignet ist. Als Ziel ist diese Formulierung allerdings nicht brauchbar, weil keine konkrete Überprüfung möglich ist: Was konkret bedeutet „Verständnis"? Wie viel ist „mehr"?

Die **offiziellen Ziele** können z.B. sein:

- **Wissen vermitteln:** Grundlagen der EDV, Latein, Buchhaltung, Geografie, Projektstatus, Verkaufsplanung, Produktinformation ...
- **Fähigkeiten verbessern:** Kommunikation, Rhetorik, Präsentation, Führung ...
- **Einstellungen verändern:** Teamgeist, Toleranz, Umweltbewusstsein, Freizeit, Lebensqualität ...
- **Entscheidungen vorbereiten:** Kaufentscheidung, Wahl, Abstimmung, Konsum, Geldanlage, Ausbildung ...

Die **persönlichen Ziele** können z.B. sein:

- **Wirkung erzielen:** kompetent wirken, vorbereitet, Vertrauen erweckend, gründlich, selbstsicher ...
- **versteckte Ziele verfolgen:** eine gute Note erhalten, einen Ferialjob bekommen, mehr Taschengeld, eine Reise nach Amerika ...

Mit Ihrer Präsentation wollen Sie meistens beides: Mitschüler/innen **informieren** und Lehrer/innen von Ihren Kenntnissen und von Ihrem Fleiß **überzeugen**.

Ziele sind nur dann tauglich, wenn sie eindeutig überprüfbar sind.

Jedes Ziel muss **konkret formuliert** und **eindeutig überprüfbar** sein:

Zeit: bis wann?
Menge: wie viel?
Ort: wo?
Person: wer?, für wen?

konkret: bestimmt, genau

Meistens verfolgen Sie beim Präsentieren neben den sogenannten **offiziellen Zielen** auch noch **persönliche Ziele**.

Wenn Sie ein Fachreferat im Rahmen des Unterrichts halten, erwartet Ihr/e Lehrer/in sicherlich, dass Sie gut vorbereitet sind und Ihre Präsentation sachlich, informativ und einprägsam gestalten.

Das nebenstehende Formular soll Ihnen behilflich sein, das **strategische Konzept** für Ihre Präsentation vorzubereiten.

Allgemeines:

Veranstaltung:

Titel der Präsentation:

Datum:	**Zeit:**

Ort:

Ziele des Präsentators:

offizielle	persönliche

Analyse des Publikums:

Publikum	Wissensstand	Erwartungen	Gründe für die Teilnahme

Nutzen

Legen Sie in den Kästchen die entsprechende Wertigkeit durch Ankreuzen fest.

Merkmale der Präsentation:

informativ						überzeugend
sachlich						emotional
formell						informell
perfekt						einfach
vorbereitet						improvisiert
bestärkend						verändernd
Show						Workshop

Raumausstattung:

☐ Tafel
☐ Flipchart
☐ Overheadprojektor
☐ Beamer
☐ Projektionswand
☐ DVD-Player
☐ Moderationstafeln
☐ Moderationswand
☐ sonstige:

☐ Podium
☐ Sessel mit Schreibmöglichkeit
☐ Tische
  ○ in Reihen
  ○ in Gruppen
  ○ beides
☐ Beleuchtung
  ○ mehrere Systeme
  ○ stufenlose Schaltung
☐ IT-Ausstattung

4 Präsentation

Üben

Praxisaufgaben

Einstimmung auf das Thema

P 2:

Legen Sie eine ABC-Liste zum Thema „Eine Präsentation vorbereiten" an. Schreiben Sie das gesamte ABC senkrecht auf ein Blatt Papier und finden Sie zu jedem Buchstaben ein Wort, das Ihnen zu diesem Thema einfällt. Dafür sollten Sie nicht länger als 10 Minuten brauchen. Anschließend vergleichen Sie die Ergebnisse mit Ihren Mitschülerinnen und Mitschülern.

Zum Beispiel:

Aufmerksamkeit	E	I	M
B	F	J	N
Flip-Chart	G	K	O
D	H	L	P

Merkmale einer gelungenen Präsentation

P 3:

Finden Sie die **22 Merkmale einer gelungenen Präsentation,** die im folgenden Buchstabensalat versteckt sind.

K	X	A	B	T	F	N	A	M	D	C	B	H	L	V
Ö	A	R	K	S	O	N	Z	L	I	N	I	E	N	I
R	N	G	Y	P	L	Q	L	W	A	K	L	T	E	S
P	F	U	X	U	I	T	A	T	G	M	D	T	B	U
E	A	M	S	B	E	A	M	E	R	U	G	L	E	A
R	N	E	T	L	N	F	P	B	A	L	K	E	N	L
S	G	N	R	I	K	E	E	L	M	P	O	Z	Q	I
P	Y	T	U	K	W	L	N	V	M	B	N	X	Y	S
R	S	R	K	U	T	N	F	S	K	T	Z	Y	Q	I
A	C	T	T	M	B	J	I	D	P	T	E	X	T	E
C	H	A	U	P	T	T	E	I	L	X	P	Z	Q	R
H	L	T	R	C	J	W	B	Y	Q	T	T	Z	F	E
E	U	T	V	O	R	B	E	R	E	I	T	E	N	N
Q	S	P	U	N	T	E	R	L	A	G	E	N	S	C
R	S	B	L	I	C	K	K	O	N	T	A	K	T	T

**von der Idee
zum Konzept**

P 4:

Wann werden folgende Aufgaben erledigt? Ordnen Sie jede Aufgabe dem passenden Schritt zu, indem Sie Verbindungslinien ziehen.

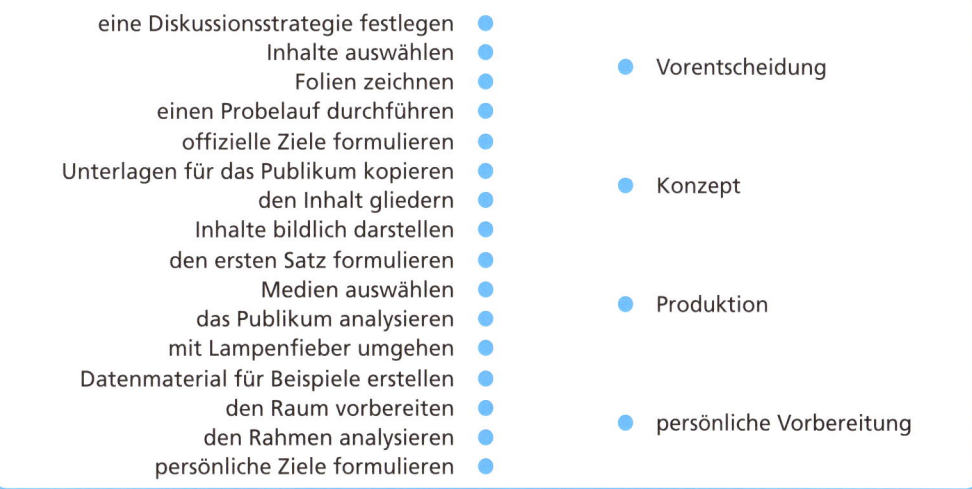

eine Diskussionsstrategie festlegen ●
Inhalte auswählen ●
Folien zeichnen ●   ● Vorentscheidung
einen Probelauf durchführen ●
offizielle Ziele formulieren ●
Unterlagen für das Publikum kopieren ●
den Inhalt gliedern ●   ● Konzept
Inhalte bildlich darstellen ●
den ersten Satz formulieren ●
Medien auswählen ●
das Publikum analysieren ●   ● Produktion
mit Lampenfieber umgehen ●
Datenmaterial für Beispiele erstellen ●
den Raum vorbereiten ●
den Rahmen analysieren ●   ● persönliche Vorbereitung
persönliche Ziele formulieren ●

Partnerarbeit

P 5:

Der Lernstoff der **Lerneinheit 2, Eine Präsentation vorbereiten,** wird in kleine Häppchen zerlegt. Je 2 Schüler/innen erhalten ein Häppchen zugeteilt und 4 Kärtchen. Jedes Schüler/innenpaar formuliert nun 4 Fragen aus seinem Stoffgebiet und schreibt je eine Frage auf die Vorderseite eines Kärtchens. Die zugehörige Antwort wird auf die Rückseite geschrieben. Sobald alle Kärtchen auf der Vorder- und Rückseite beschrieben sind, werden sie reihum an das nächste Schülerpaar weitergegeben. Abwechselnd ist nun jede/r einmal „Quizmaster" und dann wieder „Kandidat/in". Sobald jedes Schülerpaar alle Kärtchen bearbeitet hat, werden die Kärtchen vom Lehrer oder von der Lehrerin eingesammelt und für das **Abschlussquiz** (siehe Seite 154) aufgehoben.

◉ Sichern

**Merkmale
einer gelungenen
Präsentation**

Eine gute Präsentation ist informativ, überzeugend, unterhaltsam, anregend, verständlich, sachlich und emotional, und enthält Bilder, die den Inhalt unterstützend darstellen.

Die Informationen sind einfach zu erfassen und beziehen sich auf die Lebenssituation des Publikums.

4 Präsentation

Schritte zur Vorbereitung einer Präsentation	● Vorentscheidung ● Publikum analysieren, Ziele formulieren, Rahmen und Ablauf festlegen ● Konzept ● Themen und Inhalte auswählen, Inhalte gliedern, Texte und Bilder entwerfen, Medien auswählen ● Produktion ● Bild- und Textentwürfe als Computerpräsentation oder als Folien, Stichwortzettel und Handouts umsetzen, Kopien anfertigen ● persönliche Vorbereitung ● Raum und Medien vorbereiten, mit Lampenfieber umgehen, Probelauf
Publikum analysieren	Vorwissen, Wünsche, Erwartungen und Nutzen herausfinden
Ziele setzen	offizielle und persönliche Ziele konkret, ergebnisorientiert und nachprüfbar formulieren

Wissen

Wiederholungsfragen zu Lerneinheit 2

1. Welche Merkmale soll eine Präsentation haben, damit sie vom Publikum besonders geschätzt wird?

2. Welche Erwartungen hat das Publikum an gute Vortragende?

3. Welches Verhalten von Vortragenden kommt beim Publikum weniger gut an?

4. Welche Fehler treten bei folgenden Fehlerquellen in schlechten Präsentationen auf?

   a) Informationen   d) Vortragende

   b) Argumente   e) Unterlagen

   c) Sprache   f) Medieneinsatz

5. Wie lange braucht man für die Vorbereitung einer Präsentation, die 10 Minuten dauern soll?

   ☐ 20 Minuten   ☐ 2 Stunden   ☐ 5 Stunden   ☐ 10 Stunden

6. Welche Aufgaben erledigen Vortragende zur Vorbereitung einer Präsentation? Nennen Sie pro Schritt mindestens 5 Aufgaben.

   a) Vorentscheidung   c) Produktion

   b) Konzept   d) Persönliche Vorbereitung

7. Welche Informationen brauchen Vortragende über ihr Publikum?

8. Wie sollen die Ziele der Präsentation formuliert werden?

Basis: Grundlage

SbX

Alle SbX-Inhalte
zu dieser Lerneinheit
finden Sie unter der
ID: 1430.

Lerneinheit 3
Präsentieren

Sachliche Kompetenz und sorgfältige persönliche Vorbereitung sind die beste Basis für eine wirkungsvolle und erfolgreiche Präsentation. Vor größerem Publikum zu präsentieren löst sehr widersprüchliche Gefühle und Empfindungen aus: Einerseits genießen es die meisten Menschen, wenn sie im Mittelpunkt stehen und die volle Aufmerksamkeit und vielleicht auch Bewunderung bekommen, andererseits fürchten sich selbst erfahrene Manager/innen davor, sich vor Publikum zu blamieren.

Sie lernen hier,

- **wie Sie geeignete Medien gekonnt einsetzen,**
- **wie Sie beim Präsentieren Beachtung und Anerkennung erhalten,**
- **welche Signale des Körpers beim Publikum gut ankommen,**
- **wie Sie die Aufmerksamkeit Ihres Publikums erhalten und steuern,**
- **wie Sie mit Pannen umgehen und**
- **wie Sie mit Fragen aus dem Publikum umgehen.**

Lernen

SbX   ID: 1431

1 Medien einsetzen

Geeignete Medien unterstützen Sie dabei, Ihre Botschaft dem Publikum näherzubringen.

Welche Medien Sie für Ihre Präsentation einsetzen, hängt davon ab,

- in welchem Rahmen die Präsentation stattfindet,
- wie groß die Anzahl der teilnehmenden Personen ist,
- welche Medien vorhanden oder einfach zu beschaffen sind,
- mit welchen Medien Sie Erfahrung haben,
- ob Information oder Beeindruckung wichtiger ist und
- welcher Bezug zur realen Wirklichkeit gegeben ist.

Flipchart

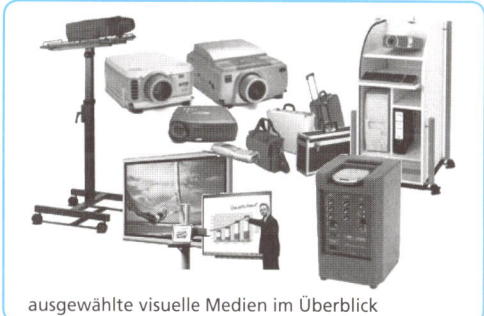

ausgewählte visuelle Medien im Überblick

Der **Einsatz von Medien,** die dem Ziel und dem Rahmen der Präsentation nicht entsprechen, kostet Zeit und Energie, bringt aber nicht den gewünschten Erfolg.

Für die Darbietung detaillierter realer Situationen eignen sich Foto, Film, Video- und Audiowiedergaben von Originalaufnahmen (Landschaft, Bauwerke, berühmte Persönlichkeiten, Menschen in bestimmten sozialen Situationen, typische Verhaltensweisen von Tieren, Bewegungsabläufe im Sport etc.).

Für die Darstellung von Zahlenmaterial, abstrakten Modellen, Konzepten, Strukturen, vereinfachten Abläufen, Zusammenhängen etc. eignen sich Overheadfolien, Plakate, Tafelbilder. Mit Computerpräsentationen können reale und abstrakte Darstellungen auf einem Medium kombiniert werden.

Für Informationen, die während der Präsentation spontan erzeugt oder schrittweise entwickelt werden sollen, eignen sich Tafelbild und Flipchart besonders gut und sind Ihnen in der Handhabung vertraut.

Häufig werden Overheadfolien und Plakate als **vorbereitete Medien** und Flipcharts als **spontanes Medium** kombiniert.

4 Präsentation

Overheadprojektor

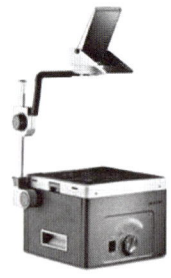

Overheadprojektor
Wirkung: einfach, sachlich

Vorteile	Nachteile
● einfach herzustellen (Freihandzeichnung, Computerprogramm) ● geringe Vorbereitungs- und Produktionszeit ● spontan zu ergänzen ● Reihenfolge kann einfach angepasst werden ● Vor- und Zurückspringen und neuerliches Auflegen von Folien ● Folien können ausgelassen werden, ohne dass es das Publikum merkt	● Folienwechsel dauert lang ● Folien können leicht durcheinandergeraten ● unprofessionelle Bilder langweilen das Publikum ● zu viele Folien überfordern das Publikum ● Projektor steht im Blickfeld ● Projektor nicht (mehr) vorhanden ● Projektor nicht mehr zeitgemäß

Tipps

Die nebenstehenden Tipps helfen Ihnen bei der **Gestaltung von Overhead-Folien.**

- ● maximal eine Folie pro Minute
- ● einheitliche Qualität – „Zuckerln" erlaubt
- ● Querformat ist augenfreundlicher und nutzt die Bildfläche besser aus
- ● wasserfeste Stifte verwenden – feuchte Hand verwischt nicht
- ● spontane Ergänzungen mit wasserlöslichen Stiften können nach dem Vortrag einfach entfernt werden
- ● Flächen nicht freihändig ausmalen, sondern schraffieren
- ● farbige Kopierfolien einsetzen, z.B. Folie gelb, Schrift schwarz, spontane Ergänzung rot
- ● Grundfarben (Rot, Blau, Grün, Schwarz) wirken lebhafter als Mischfarben (Violett, Orange)
- ● Schriftgröße mindestens 24 Punkt (kleines „a" ca. 6 mm)
- ● Überleger (Folienstücke, die Sie auf eine Folie auflegen oder darüberklappen) statt Abdeckung einsetzen
- ● maximal zwei Überleger pro Folie
- ● jede Folie beschriften und/oder nummerieren
- ● Folienhüllen verwenden

Laptop und Beamer

Laptop

Beamer
Wirkung: professionell

Vorteile	Nachteile
● keine Materialkosten für Folien und Tintenpatronen ● Ordnung im Computer, Handhabung muss erlernt werden ● kann für jede Präsentation individuell angepasst werden ● signalisiert Kompetenz und Perfektion ● Spezialeffekte wie Bewegung, Rollen ... ● komplexe Bilder werden schrittweise aufgebaut	● teuer in der Anschaffung der Geräte ● nur für häufiges Präsentieren wirtschaftlich ● Risikofaktor „Technik" – Bilder hängen, laufen, wackeln ... ● Barriere zwischen Vortragenden und Publikum ● Vortragende konzentrieren sich zu stark auf das Gerät

Tipps

Clip-Art: ursprünglich Illustrationen, die aus gemeinfreien Werken ausgeschnitten und in eigene Kreationen eingebettet wurden. (engl. clip = ausschneiden, art: Kunst); Sammelbezeichnung für computerisierte Bilder

Operator: Mittel, Instrument

- ● Erstellen Sie zuerst Ihr eigenes visuelles Konzept und setzen Sie es dann mit Hilfe Ihres Computers bestmöglich um.
- ● Verzichten Sie auf zu viele Effekte.
- ● Gehen Sie kritisch mit Clip-Arts und Spezialschriften um.
- ● Wählen Sie Hintergrund, Rahmen und sonstige Einstellungen sorgfältig aus.
- ● Achten Sie auf einheitliche Gestaltung, wenn Sie Bilder aus mehreren Präsentationen zusammenstellen.
- ● Beachten Sie, dass Farben bei unterschiedlichen Modellen unterschiedlich aussehen können.
- ● Überprüfen Sie das Zusammenspiel der Technik vorab und unmittelbar vor der Präsentation.
- ● Nehmen Sie für den Fall einer technischen Panne Ersatzfolien mit.
- ● Werden Sie nicht Operator/in Ihrer eigenen Präsentation.
- ● Achten Sie auf den Blickkontakt zum Publikum und führen Sie keine Zwiegespräche mit der Projektionsfläche.

Tafelbild

Tafel
Wirkung: einfach, konventionell

Vorteile	Nachteile
● Das Tafelbild ist ein vertrautes visuelles Medium. ● In jeder Schulklasse und in den meisten Seminarräumen sind Tafeln vorhanden. ● Es ist für die schrittweise Entwicklung eines Bildes geeignet. ● Es ist für die spontane Entwicklung einer Idee geeignet.	● Kreide klebt an den Händen. ● Farbige Kreide ist schwierig zu löschen. ● Das Tafelbild ist mühevoll und zeitraubend zu entfernen. ● Der Blickkontakt zum Publikum wird während des Schreibens unterbrochen. ● Eine schöne und gleichmäßige Handschrift ist notwendig.

Tipps

● Tafel nicht als Haupt-, sondern als Ergänzungsmedium einsetzen
● immer darauf achten, dass das Tafelbild zum Vortrag passt oder die Tafel sauber und leer ist
● Blickkontakt zum Publikum halten – nicht zur Tafel sprechen

Flipchart

Flipchart
Wirkung: spontan

Vorteile	Nachteile
● einfach, kostengünstig, anspruchslos ● technische Pannen unwahrscheinlich ● in Kombination mit einer Pinnwand kann das Bild lange zur Verfügung stehen ● geringer Platzbedarf ● einfach zu transportieren ● steht beinahe überall zur Verfügung ● zur schrittweisen Entwicklung	● Vor- und Zurückblättern ist mühevoll und erzeugt Unruhe ● Vorbereitete Blätter nur im Zusammenhang mit einer Pinnwand sinnvoll ● Archivieren und wieder verwenden ist wegen des Formats schwierig ● Publikum muss mitschreiben ● Kopien zwar möglich, aber aufwendig herzustellen

Tipps

● Flipchart als Ergänzungsmedium einsetzen
● für kleine Gruppen verwenden
● für moderierte Präsentationen mit Pinnwand und Kärtchen einsetzen
● dicke Stifte in mehreren Farben einsetzen
● schöne Blockschrift in großer Schriftgröße

Pinnwand

Pinnwand
Wirkung: professionell, gruppenorientiert

Vorteile	Nachteile
● große Arbeits- und Darstellungsfläche ● Inhalte können vorbereitet und dann interaktiv ergänzt werden ● Publikum wird aktiv eingebunden (siehe Lerneinheit 4: Eine Gruppe moderieren)	● großer Platzbedarf ● schwierig zu vervielfältigen

Tipps

● Verwenden Sie Moderationspapier, das ist größer als normales Packpapier und hat – für das Publikum unsichtbare – Linien als Hilfestellung zum Schreiben.
● Fotografieren Sie die Ergebnisse mit einer Digitalkamera, um sie zu dokumentieren und allen Teilnehmerinnen und Teilnehmern zur Verfügung zu stellen.
● Arbeiten Sie mit 2 bis 3 Pinnwänden.

4 Präsentation

"Was wir sind, sind wir durch unseren Körper. Der Körper ist der Handschuh der Seele, seine Sprache das Wort des Herzens. Jede innere Bewegung, Gefühle, Emotionen, Wünsche drücken sich durch unseren Körper aus." (Samy Molcho)

2 Überzeugend auftreten

Wer als Person gut ankommt, kann auch mit seinen Inhalten überzeugen.

Ein guter Start trägt wesentlich zum Erfolg Ihrer Präsentation bei – das Publikum wird neugierig und Sie selbst ruhig und selbstsicher. Zunächst können Sie allerdings nicht von dieser idealen Situation ausgehen. Viel wahrscheinlicher ist, dass das Publikum mäßig interessiert ist und Sie Lampenfieber haben. Sie müssen also gleich zu Beginn an zwei Fronten kämpfen: gegen Ihre eigene Nervosität und gegen das Desinteresse Ihres Publikums.

Sachliche Kompetenz und **sorgfältige persönliche Vorbereitung** sind die beste Basis für eine wirkungsvolle und erfolgreiche Präsentation.

Beim Präsentieren kommunizieren Sie nicht nur mit Worten und Bildern, sondern mit dem ganzen Körper. Für das Publikum ist ihr Vortrag dann stimmig, wenn Körper und Mund das Gleiche sagen und einander ergänzen. Es kann aber auch vorkommen, dass Sie selbst nicht so ganz daran glauben, was Sie sagen: „Das Weihnachtskonzert der 6A hat mich wirklich sehr beeindruckt." Genaugenommen verraten Sie sich schon mit dem kleinen Wörtchen „wirklich", das könnte Ihnen das Publikum aber noch verzeihen, wenn Sie sich nicht gleichzeitig Ihre Frisur korrigieren und dabei kurz Ihr linkes Ohr zuhalten würden. Mit dieser scheinbar ganz zufälligen Handbewegung drückt Ihr Körper das Unbehagen mit der Notlüge aus. Wer in der Sprache des Körpers geschult ist, wird diese kleine Geste im Zusammenhang mit anderen Ausdrucksformen erkennen und interpretieren können. Wer sich noch nicht so intensiv mit dem Thema Körpersprache beschäftigt hat, wird intuitiv erkennen, dass irgendetwas nicht stimmt.

Samy Molcho ist einer der bekanntesten Pantomimen des 20. Jahrhunderts sowie der Fachmann für Körpersprache.

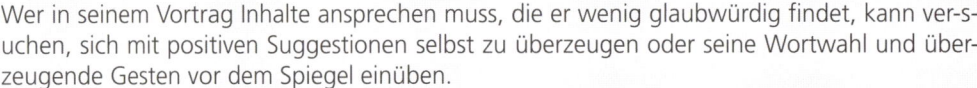

Suggestion: seelische Beeinflussung, Willensübertragung

Wer in seinem Vortrag Inhalte ansprechen muss, die er wenig glaubwürdig findet, kann versuchen, sich mit positiven Suggestionen selbst zu überzeugen oder seine Wortwahl und überzeugende Gesten vor dem Spiegel einüben.

Die Hände bereiten ungeübten Vortragenden oft große Schwierigkeiten, weil sie nicht wissen, wohin damit – in den Hosentaschen oder am Rücken verstecken, seitlich hinunterhängen lassen oder verschränken. Dabei sind es gerade die Hände, mit denen Sie beim Präsentieren Ihre Worte gestenreich unterstützen können!

Die Grundhaltung beim Präsentieren ist immer **offen** und **dem Publikum zugewandt**. Selbst wenn Sie am Flipchart schreiben, sollten Sie nie den Blickkontakt zum Publikum verlieren. Ihren Standpunkt können Sie nur dann überzeugend darbieten, wenn Sie, wörtlich gemeint, mit beiden Beinen am Boden stehen. Wer hin und her wackelt, abwechselnd ein Bein entlastet oder unmotiviert spazieren geht, wirkt nicht sehr glaubwürdig.

Haltungen, die bei einer Präsentation unvorteilhaft sind:

- beide Hände in den Hosentaschen
- Hände hinter dem Rücken
- Hände vor dem Hosenbund verschränken
- mit erhobenem Zeigefinger sprechen
- die Hände zu Fäusten ballen
- mit dem Stichwortzettel herumfuchteln

Diese Haltung während einer Präsentation kommt beim Publikum gut an:

- Sie stehen Ihrem Publikum offen gegenüber.
- Sie halten Blickkontakt.
- Sie gestikulieren oberhalb der Gürtellinie.
- Sie gestikulieren mit geöffneten Handflächen.
- Sie stehen mit beiden Beinen fest am Boden.

Ganz seinem Publikum zugewendet zu sein ist die **ideale Position des Präsentators.**

Ihr Auftreten während der Präsentation entscheidet darüber, ob das Publikum gewillt ist, Ihnen seine volle Aufmerksamkeit zu schenken und den Inhalt zu akzeptieren.

Was das Publikum erwartet:

● eine positive Einstellung zur Veranstaltung, zum Thema und zum Publikum
● Sachkenntnis, einen erkennbaren Standpunkt und überzeugende Argumente
● sicheres Auftreten, ausgedrückt durch feste Schritte, Standfestigkeit und Gestik, die nicht Ausdruck von Nervosität ist, sondern das gesprochene Wort unterstützt
● Blickkontakt und das Gefühl, direkt angesprochen zu werden
● Pausen vor und nach wichtigen Aussagen: vorher, damit die Aufmerksamkeit des Publikums steigt; nachher, damit es Zeit zum „Speichern" hat
● Vortragende, die ihre angekündigte Zeit einhalten und Sensibilität für die Bedürfnisse des Publikums zeigen

Was das Publikum stört:

● Vortragende, die schlecht vorbereitet sind, und sich ständig entschuldigen (z.B. für eine nicht vorhandene Information, für eine vergessene Folie, für einen Tippfehler, für die Kürze oder Länge der Präsentation, für ihre bloße Anwesenheit)
● Vortragende, die nervös auf und ab gehen und ihr Publikum keines Blickes würdigen
● Vortragende, die steif dastehen oder unmotiviert heftig gestikulieren
● Vortragende, die unentwegt in ihren Taschen kramen, an ihrer Kleidung oder ihrem Haar herumzupfen, mit ihrem Kugelschreiber spielen oder mit ihrem Zeigestab herumfuchteln
● Vortragende, die nur von ihrem Manuskript ablesen und sich an das Vortragspult anklammern
● Vortragende, die den Bedürfnissen und der Befindlichkeit des Publikums keine Aufmerksamkeit schenken und ihren Vortrag unbeirrt fortsetzen

*Die Körpersprache ist etwas sehr Persönliches. Daher gibt es grundsätzlich keine gute oder schlechte, sondern nur eine **passende** oder **unpassende Ausdrucksweise.** Manche Menschen sind von Natur aus ruhiger und gestikulieren weniger, andere sind temperamentvoller und zeigen das auch in ihrem körperlichen Ausdruck.*

3 Aufmerksamkeit des Publikums steuern

Wer die Bedürfnisse des Publikums beachtet, wird auch seine Aufmerksamkeit bekommen.

Am Anfang einer Präsentation ist das Publikum neugierig und daher auch aufmerksam. Wenn die Einleitung allerdings zu lange dauert oder wenig Aussicht auf interessante Inhalte liefert, lässt sich das Publikum gerne ablenken.

Den Start haben Sie gemeistert, die Präsentation ist voll im Gang, Sie dürfen es sich aber noch nicht gemütlich machen. Die konzentrierte Aufmerksamkeit Ihres Publikums lässt allmählich nach, Sie müssen sich etwas Besonderes einfallen lassen, um sie wieder zu erringen.

Darf ich um Ihre Aufmerksamkeit bitten?!

Tipps
So können Sie die Aufmerksamkeit Ihres Publikums steigern!

● Variieren Sie Ihre Lautstärke; sprechen Sie manchmal lauter, gelegentlich leiser.
● Legen Sie Pausen ein. Stille erzeugt Spannung, besonders vor einer wichtigen Aussage. Pausen nach einer Aussage erlauben dem Publikum, den Inhalt zu überdenken.
● Setzen Sie Reizwörter ein – „jetzt", „besonders", „Achtung", „neu" etc.
● Sprechen Sie Ihr Publikum direkt an: „Sie, Herr Müller, haben in Ihrem Referat erwähnt, dass ...", „Diejenigen von Ihnen, die schon einmal in Salzburg waren, wissen, dass ...", „Was bedeutet das für Sie als Schüler einer ..."
● Sprechen Sie über Ihre eigenen Gefühle: „Dieses Problem hat mich lange nicht losgelassen.", „Ich war außer mir vor Freude, als ich sah, dass mein Weg der richtig war."
● Wechseln Sie das Medium: Erstellen Sie z.B. ein spontanes Bild am Flipchart, wenn Sie hauptsächlich mit Folien oder Dias arbeiten.
● Ergänzen Sie Ihre vorbereiteten Folien spontan; am besten mit wasserlöslichen Stiften, damit Sie bei der nächsten Präsentation wieder ergänzen können.
● Setzen Sie kleine akustische Signale. Klopfen Sie auf den Tisch oder auf die Tafel, lassen Sie ein Buch wie zufällig etwas lauter auf den Tisch fallen.
● Bringen Sie Bewegung in Ihre Präsentation. Wechseln Sie Ihren Standort, setzen Sie etwas größere Gesten ein oder zeigen Sie ein kurzes Video.

!

Der letzte Eindruck hält besonders lang.

Geht Ihre Präsentation dem Ende zu, dann haben Sie es fast geschafft, aber denken Sie daran, dass der letzte Eindruck besonders lange hält. Bereiten Sie auch Ihr Publikum darauf vor, dass es nun nicht mehr lange dauert.

● Die Aufmerksamkeit des Publikums steigt noch einmal kräftig an.
● Sie können die wichtigsten Punkte nochmals in Erinnerung rufen.
● Sie selbst werden als gute Präsentatorin/guter Präsentator in Erinnerung bleiben.
● Sie leiten die anschließende Diskussionsrunde ein.

!

Pannen sind für Vortragende meistens peinlich, für das Publikum aber oft eine willkommene Abwechslung.

Selbst routinierte Vortragende vergessen manchmal einen wesentlichen Punkt, verlieren eine Folie oder haben nur ausgeschriebene Plakatschreiber dabei.

Das Publikum möchte keine Pannen sehen und ist gerne bereit, jeden Vorfall als geplante Einlage zu interpretieren. Ist eine Entschuldigung dennoch nicht vermeidbar, halten Sie sich kurz und wärmen Sie den Vorfall nicht noch einmal während der Präsentation auf.

● Nehmen Sie die Situation, wie sie ist, aber entschuldigen Sie sich nicht unnötigerweise beim Publikum.
● Sind die Plakatschreiber ausgeschrieben, entwickeln Sie Ihr Bild eben auf einer leeren Folie.
● Fehlt Ihnen eine wesentliche Folie, erstellen Sie ein Tafelbild oder Flipchart.
● Ist die Lampe des Overheadprojektors ausgebrannt, ersetzen Sie diese schweigend und fahren dann mit Ihrer Präsentation fort.
● Haben Sie schon die halbe Zeit verbraucht, aber erst ein Viertel Ihres Inhalts dargeboten, lassen Sie einfach einige – vorher festgelegte – Teilbereiche aus. Vielleicht haben Sie im nachfolgenden Frage- und Diskussionsteil noch Gelegenheit, diese Teilbereiche nachzuliefern.
● Versuchen Sie nicht, schneller oder langsamer zu sprechen, mit dem Ziel, den vorgegebenen Zeitrahmen einzuhalten. Bitten Sie Ihr Publikum um eine kleine Zugabe, wenn Sie merken, dass es sich nicht ausgeht.

Kleine Pannen während der Präsentation sollten Sie nicht aus der Fassung bringen!

4 Diskussionen führen
Das Publikum beteiligt sich aktiv an der Präsentation.

Präsentationen, die länger als 30 Minuten dauern, können durch eingeschobene Frage- und Diskussionsrunden lebhafter gestaltet werden.

interaktiv/Interaktion: Wechselbeziehung zwischen Partnerinnen und Partnern

Jede **Präsentationsveranstaltung** besteht aus **zwei Phasen: Darstellungsphase** (Präsentation im engeren Sinn) und **Austauschphase** (Fragerunde, Diskussion). Diese zwei Phasen können getrennt und hintereinander oder gemeinsam stattfinden. Aus dem Schulunterricht kennen Sie interaktive Präsentationen und finden es wahrscheinlich gut, wenn Sie selbst jederzeit eine Frage stellen dürfen, andererseits stört es Sie aber auch, wenn dadurch der „rote Faden" des Vortrags verlorengeht.

Am Anfang Ihrer Präsentation sagen Sie Ihrem Publikum, ob Fragen zwischendurch gestellt werden sollen oder ob am Ende des Vortrags Zeit zur Diskussion vorgesehen ist. Ihr Publikum möchte sich nämlich auch **aktiv am Geschehen beteiligen** und nicht nur passiv zuhören und zusehen.

!

Diskussionsrunde: Meistens ist ein kleiner Anstoß nötig, bevor sich der Erste zu Wort meldet.

Tipps

● Ermuntern Sie Ihr Publikum, Fragen zu stellen: „Ich bin mir sicher, dass nicht alle Teile meiner Präsentation Ihre uneingeschränkte Zustimmung finden werden."
● Bereiten Sie selbst eine erste Frage als Einstiegshilfe vor: „Oft werde ich gefragt, warum ..."
● Wenn die Diskussion lebhafter verläuft, bedenken Sie immer, dass Sie selbst der Moderator bzw. die Moderatorin sind und damit die volle Verantwortung für das Ergebnis tragen.

Tipps

- Beantworten Sie nur Fragen, die auch zu Ihrer Präsentation gehören. Wenn Sie über „Kreative Methoden zur Problemlösung" sprechen, gehen Sie zwar auf die Frage „Wie lange dauert eine Brainstorming-Sitzung?" ein, die Frage „Welche Methode schlagen Sie zur Lösung des Konfliktes mit der Schulbehörde vor?" werden Sie mit dem Hinweis beantworten, dass sie eben nicht zum Thema passt und daher in einem anderen Rahmen beantwortet werden sollte.
- Verschieben Sie sehr spezielle Fragen einer Person, die nicht von allgemeinem Interesse sind, ruhig auf die Pause.
- Unterstellen Sie einzelnen Personen im Publikum nicht, dass sie besonders intelligente bzw. besonders dumme Fragen stellen, sondern behandeln Sie alle Fragen mit dem ihnen gebührenden Ernst.
- Wenn Sie vermuten, dass sich eine Person mit Ihrer Frage über Sie lustig machen will, formulieren Sie die Frage so um, dass sie einen Sinn ergibt, und beantworten Sie die umformulierte Frage.
- Nutzen Sie die Gelegenheit, auf wichtige Punkte noch einmal eindringlich hinzuweisen.
- Fassen Sie die wichtigsten Punkte noch einmal zusammen.
- Gehen Sie auf weitere Aspekte Ihres Themas ein, für die Sie während der Präsentation keine Zeit hatten oder die Sie aus Zeitgründen während der Präsentation ausgelassen haben.

SbX

Im SbX finden Sie eine Linkliste mit weiterführenden Informationen zum erfolgreichen Präsentieren unter der ID: 1431.

Auch eine interessante Diskussion ist einmal zu Ende. Es ist Ihre Aufgabe, sie nicht einfach abzubrechen („Es ist 12.00 Uhr und wir müssen leider schließen.") oder sie im Sande verlaufen zu lassen („Also, wenn wirklich niemand mehr eine Frage hat, ja, das war's dann eben."). Nutzen Sie stattdessen die Gelegenheit, die wichtigsten Punkte noch einmal zusammenzufassen und eine positive Schlussfolgerung zu ziehen.

Üben

Praxisaufgaben

geeignete Medien einsetzen

P 1:

Zu welchen Medien passen die folgenden Aussagen?

Aussage	Medium
für die schrittweise Entwicklung geeignet	
Aufmerksamkeit wendet sich von der präsentierenden Person ab	
einfach herzustellen	
in vielen Seminarräumen vorhanden	
Grundausstattung teuer, laufende Kosten gering	
Reihenfolge der Bilder vorgegeben	
als spontanes Medium flexibel einsetzbar	

P 2:

Computerpräsentationen mit Laptop und Beamer sind sehr bequem vorzubereiten und können ohne viel Aufwand an jedes Zielpublikum individuell angepasst werden. Dennoch raten namhafte Präsentationstrainer dazu, **spontane Medien** wie das **Flipchart** intensiver einzusetzen.

Sammeln Sie Pro- und Kontraargumente für Computerpräsentationen und schreiben Sie je ein Argument mit einem dicken Filzstift auf ein Kärtchen. Anschließend sammelt Ihre Lehrerin/Ihr Lehrer alle Kärtchen ein und befestigt sie an einer Pinnwand, damit sie für alle erkennbar sind. Anschließend spannt Ihre Lehrerin/Ihr Lehrer eine lange Schnur von einer Wand des Klassenzimmers zur anderen. An einem Ende der Schnur befestigt er/sie ein Kärtchen mit „pro Computerpräsentation", am anderen Ende eines mit „kontra Computerpräsentation".

Nachdem alle Schüler/innen die Argumente gelesen haben, nimmt jede Schülerin/jeder Schüler Stellung, indem er/sie sich eine passende Position entlang der Schnur sucht. Anschließend vertritt jede Schülerin/jeder Schüler die gewählte Position mit einem kurzen Redebeitrag.

als Präsentatorin oder als Präsentator überzeugend auftreten

Wenn Sie die Ergebnisse in der Klasse vergleichen und diskutieren, überlegen Sie, ob es geschlechtsspezifische Unterschiede gibt oder geben könnte.

P 3:

Schreiben Sie Ihren Vor- und Nachnamen senkrecht auf ein Blatt Papier und finden Sie zu jedem Buchstaben ein Wort, wie Sie selbst als Präsentator/in überzeugen wollen.

Zum Beispiel:

> E
> Vertrauen
> A
> S
> Chancen nutzen
> H
> L
> A
> U

die Aufmerksamkeit des Publikums steuern

P 4:

Schreiben Sie folgende Begriffe auf kleine Kärtchen:

Reizwort	Lautstärke	akustisches Signal	Pause
Stille	direkte Ansprache	Gefühle	Erlebnisse
Witz	Medienwechsel	Bewegung	Schluss ankündigen

Die Kärtchen werden gefaltet und gemischt. 12 Personen ziehen je ein Kärtchen und erklären ihren Mitschülerinnen und Mitschülern – unter Verwendung des Begriffs am Kärtchen – wie sie die Aufmerksamkeit steuern werden.

mit Pannen umgehen

P 5:

Welche Lösung/en schlagen Sie für folgende Pannen vor?

a) Die Lampe des Overheadprojektors ist ausgebrannt.

b) Die Folien sind auf den Boden gefallen und durcheinandergeraten.

c) Der Vorredner hat um 10 Minuten überzogen.

d Sie haben Ihren Stichwortzettel verloren.

e) Die Hintergrundfarbe, die der Beamer an die Wand strahlt ist – anders als auf dem Bildschirm Ihres Laptops – gelbgrün.

eine Diskussion führen

P 6:

Wie gehen Sie mit folgenden Situationen um? Finden Sie möglichst praktikable Lösungen und vergleichen Sie diese mit jenen Ihrer Mitschülerinnen und Mitschülern.

a) Ihre Präsentation ist zu Ende und Sie leiten die Frage- und Diskussionsrunde ein.

b) Ein Teilnehmer meint: „Wie konnten Sie in Ihren Ausführungen nur darauf vergessen, dass …"

c) Nach 2 Fragen aus dem Publikum, die Sie auch ausführlich beantwortete haben, kommt keine weitere Frage/kein weiterer Diskussionsbeitrag aus dem Publikum.

Partnerarbeit

P 7:

Der Lernstoff der **Lerneinheit 3, Präsentieren,** wird in kleine Häppchen zerlegt. Je 2 Schüler/innen erhalten ein Häppchen zugeteilt und 4 Kärtchen. Jedes Schülerpaar formuliert nun 4 Fragen aus seinem Stoffgebiet und schreibt je eine Frage auf die Vorderseite eines Kärtchens. Die zugehörige Antwort wird auf die Rückseite geschrieben. Sobald alle Kärtchen auf der Vorder- und Rückseite beschrieben sind, werden sie reihum an das nächste Schülerpaar weitergegeben. Abwechselnd ist nun jede/r einmal Quizmaster/in und dann wieder Kandidat/in. Sobald jedes Schülerpaar alle Kärtchen bearbeitet hat, werden die Kärtchen vom Lehrer/von der Lehrerin eingesammelt und für das **Abschlussquiz** (siehe Seite 154) aufgehoben.

Sichern

Medieneinsatz	Ihre Präsentation ist interessanter und abwechslungsreicher, wenn Sie spontane und vorbereitete Medien gemeinsam einsetzen.
spontane Medien	Tafel, Flipchart, Pinnwand
vorbereitete Medien	Overheadprojektor, Laptop und Beamer
Körpersprache beim Präsentieren	dem Publikum zugewandt, Blickkontakt mit allen Personen im Publikum halten, ohne eine Person anzustarren, mit beiden Beinen fest am Boden stehen, die Hände oberhalb der Gürtellinie, den Inhalt mit Gesten unterstreichen
Einstellung von Vortragenden	Wertschätzung für das Publikum, Wissen und Engagement für den Inhalt
die Aufmerksamkeit des Publikums erhalten	Blickkontakt halten, Interesse und Engagement ausstrahlen, Pausen einlegen, Reizwörter einsetzen, Gefühl und Verstand ansprechen
mit Pannen umgehen	ruhig und gelassen bleiben, keine langen Entschuldigungen, über sich selbst lachen können
die Diskussion führen	• mit einer konkreten Aufforderung zum Diskussionsteil überleiten • nur auf themenbezogene Fragen antworten, unpassende Fragen eventuell umformulieren • eigene rhetorische Fragen vorbereiten für den Fall, dass das Publikum keine oder zu wenige Beiträge liefert

Wissen

Wiederholungsfragen zu Lerneinheit 3

1. Welche körpersprachlichen Signale kommen beim Publikum gut an?

2. Welche körpersprachlichen Signale kommen beim Publikum weniger gut an?

3. Wie können Vortragende die Aufmerksamkeit des Publikums steuern?

4. Welche Bedeutung hat der Frage- und Diskussionsteil für Vortragende?

5. Welche Bedeutung hat der Frage- und Diskussionsteil für das Publikum?

6. Welche besonderen Merkmale und Einsatzmöglichkeiten bieten Ihnen die folgenden Medien?
   a) Flipchart
   b) Tafel
   c) Laptop und Beamer

4 Präsentation

Eine Gruppe moderieren

SbX

Alle SbX-Inhalte zu dieser Lerneinheit finden Sie unter der ID: 1440.

Die Moderation ist eine Methode, welche die interaktive Arbeit mit Gruppen unterstützt, wenn es darum geht, eine von allen teilnehmenden Personen gemeinsam getragene Lösung zu finden oder Informationen und Meinungen auszutauschen. Sie eignet sich daher besonders gut für die schülerorientierte Gestaltung von Unterrichtsstunden, die Durchführung von Projektsitzungen, die Vorbereitung von Projektwochen, die Gestaltung von Klassensprechersitzungen und Elternabenden, alle Veranstaltungen, deren Ergebnis von den kreativen Ideen, vom Wissen und der Bereitschaft zur Zusammenarbeit aller Beteiligten abhängt.

Moderation bedeutet Mäßigung und diese wird besonders vom Moderator bzw. von der Moderatorin verlangt.

Sie lernen hier,

- aus welchen Elementen die Moderationsmethode besteht,
- was Sie brauchen, um die Moderationsmethode zielorientiert einzusetzen,
- wie Sie einen Moderationszyklus aufbauen und
- wie Sie eine Veranstaltung moderieren.

Lernen

| SbX | ID: 1441 |

1 Elemente der Moderationsmethode
Was man alles braucht, um eine Gruppe zu moderieren.

Voraussetzungen für einen erfolgreichen Einsatz der Moderationsmethode:

- ausgebildete Moderatorinnen und Moderatoren
- aktive Teilnehmer/innen
- eine spezielle Raumausstattung
- Moderationsmaterial
- ein spezielles Methodenset

Von guten Vortragenden erwartet man, dass sie **informieren, überzeugen** und ähnlich wie im Theater ihr Publikum **unterhalten**. Die Präsentation ist zwar ein besonders wichtiger, aber eben nur ein Teil vieler Veranstaltung. Wenn die gesamte Gruppe in den Ablauf einbezogen werden soll, braucht man andere Methoden, um Ergebnisse zu erzielen.

Moderation ist eine (Unterrichts-)Methode zur gemeinsamen Arbeit in Gruppen. Das wichtigste Ziel dabei ist, **alle** in der Gruppe an der Diskussion/der Arbeit zu beteiligen.

Moderatorinnen und Moderatoren schaffen einen Rahmen, in dem die Beteiligten ihre persönlichen Stärken und Fähigkeiten optimal nutzen können. Sie kümmern sich um das **organisatorische** und **räumliche Umfeld der Moderation,** fördern ein angenehmes Arbeitsklima und strukturieren den Prozess der Meinungsbildung und Entscheidungsfindung.

Moderatorinnen und Moderatoren leiten und steuern die Gruppe durch gezieltes Fragen und Einsatz ausgewählter Methoden. Inhaltlich halten sie sich bewusst zurück, auch wenn sie eine eigene Meinung zu einzelnen Themen haben. Ihre Aufgabe ist es, für eine angenehme Arbeitsumgebung zu sorgen, alle teilnehmenden Personen zu aktivieren und möglichst viel aus ihnen herauszuholen. Sie kennen das Methodenset und können entscheiden, welche Methode für welche Aufgabe optimal ist. Moderatorinnen und Moderatoren bereiten den gesamten Ablauf und jeden Einzelschritt sorgfältig vor. Sie sollen ein positives Arbeitsklima schaffen und, falls es zu Konflikten kommt, mäßigend eingreifen.

Die **teilnehmenden Personen** sollen fachliche Kompetenz, kreative Ideen und die Bereitschaft einbringen, am Gruppenprozess aktiv teilzunehmen.

Eine **spezielle Raumausstattung** unterstützt den Gruppenprozess. Eine halbkreisförmige Sitzordnung ermöglicht den direkten Sichtkontakt.

Auf **Pinnwänden** werden Informationen für alle teilnehmenden Personen sichtbar erarbeitet und dargestellt. **Flipchart** und **Overheadprojektor** unterstützen den Ablauf und die Präsentation der Ergebnisse.

Spezielles **Moderationsmaterial** unterstützt das themenzentrierte und gruppenorientierte Arbeiten:

- Pinnwandpapier wird mit Pinn-Nadeln an die Pinnwand geheftet.
- Ein gut ausgestatteter **Moderatorenkoffer** enthält Moderationskarten in verschiedenen Farben und Formen, Moderationswolken, Moderationsstifte in den 4 Grundfarben, Markierungspunkte, ein Klebeband, eine Schere, Pinn-Nadeln in einem Nadelkissen, selbstklebende Korrektur-Pads und Markierungsnadeln.

Moderatorenkoffer

Die **Moderationsmethode** umfasst ein Set aufeinander abgestimmter und einander ergänzender Methoden, aus dem der Moderator die am besten geeigneten auswählt und zu einem Moderationszyklus zusammenfasst.

Ein **Moderationszyklus** besteht aus mehreren Phasen und jede Phase aus einzelnen Teilschritten.

Phase	Teilschritte	Methode
❶ **Einstieg**	Eröffnung, Vorstellung, Erwartungen abklären	Steckbrief, Ein-/Mehrpunktabfrage
❷ **Sammeln und auswählen**	Themen, Probleme, Ideen sammeln, formulieren, auflisten, Reihenfolge festlegen	Themenspeicher, Brainstorming, Mehrpunktabfrage
❸ **Bearbeiten**	ergebnisorientiertes, interaktives Arbeiten	Problem-Analyse-Schema, Fadenkreuz, Matrix, Ursache-Wirkungs-Diagramm, Netzbild, Mind-Map, Ablaufplan
❹ **Planen**	Maßnahmen planen, Teilnehmer zu konkreten Aktivitäten verpflichten	Maßnahmenplan
❺ **Abschluss**	Ergebnisse zusammenfassen und präsentieren, Gruppenprozess besprechen	Mind-Map, Präsentation, Blitzlicht, Stimmungsbarometer

Die Moderationsmethode ist eine Form der Gruppenarbeit, mit der Meinungsbildung und Entscheidungsfindung erleichtert werden.

Je mehr Praxis und Erfahrung Moderatorinnen und Moderatoren haben, umso größer ist auch ihr persönlicher Vorrat an Darstellungsmethoden.

4 Präsentation

 SbX

Im SbX finden Sie beispielhafte Moderationsplakate zum Thema Outdoorwoche unter der ID: 1441.

2 Ausgewählte Darstellungsmethoden
Alle teilnehmenden Personen identifizieren sich gerne mit ihren ansprechend gestalteten Plakaten.

Der Erfolg einer moderierten Veranstaltung hängt zu einem großen Teil davon ab, wie viel Mühe und Sorgfalt die Moderatoren in die Vorbereitung der Plakate stecken. Die folgenden Methoden stellen nur die Grundelemente dar, die geübte Moderatoren nach eigenen Vorstellungen ergänzen, erweitern oder einfach als Anregung für eigene Entwürfe verwenden.

Steckbrief

❶ Steckbrief

Jede Person erhält einen Flipchart-Bogen und eine vorbereitete Vorlage mit allen Fragen als Grundlage für ihren persönlichen Steckbrief. Reihum stellt sich jede Person anhand ihres Steckbriefes vor.

> Der **Steckbrief** ist empfehlenswert, um alle teilnehmenden Personen miteinander bekanntzumachen.

Einpunktabfrage

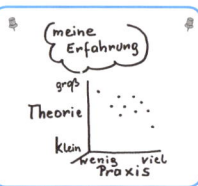

❷ Einpunktabfrage

In Ihrer Rolle als Moderator/in stellen Sie das vorbereitete Plakat vor. Jede/r Teilnehmer/in erhält einen Klebepunkt und markiert damit auf einer Skala, die ein- oder zweidimensional sein kann, seine/ihre Erwartungen oder Einschätzungen.

> **Einpunktabfragen** eignen sich gut zur Abklärung von Erwartungen, Einstellungen, Vorwissen oder Befindlichkeit der teilnehmenden Personen.

Kartenabfrage

❸ Kartenabfrage

Als Moderator/in stellen Sie das vorbereitete Plakat vor. Jede/r Teilnehmer/in erhält einige Moderationskarten, auf denen er/sie jeweils eine Idee formuliert. Anschließend sammeln Sie alle Karten ein, gruppieren sie gemeinsam mit den teilnehmenden Personen, befestigen sie an der Pinnwand und formulieren passende Überschriften.

> **Kartenabfragen** sind empfehlenswert für das Sammeln von Ideen, Problemen oder Themen.

Themenspeicher

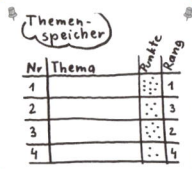

❹ Themenspeicher

Die Ergebnisse der Kartenabfrage werden zielorientiert formuliert und aufgelistet. Jede teilnehmende Person erhält halb so viele Klebepunkte wie es Themen gibt, und verteilt diese beliebig auf alle Themen, die sie für wichtig hält. Als Moderator/in addieren Sie alle Klebepunkte pro Thema und legen danach die Reihenfolge zur Bearbeitung der Themen fest.

> **Themenspeicher** eignen sich besonders gut, um eine Reihenfolge zur Bearbeitung der Themen zu finden.

Fadenkreuz

❺ Fadenkreuz

Als Moderator/in stellen Sie der Gruppe das vorbereitete Fadenkreuz ohne Text vor und geben Hilfestellung bei der Formulierung der Fragen. Die Teilnehmer/innen formulieren möglichst konkrete Fragen und beantworten diese. Als Moderator/in halten Sie alle Beiträge am Pinnwand-Papier fest.

> Das **Fadenkreuz** ist eine empfehlenswerte Methode für den Einstieg einer kleinen Gruppe in die Bearbeitung eines Themas oder Teilthemas.

Matrix

❻ Matrix

Als Moderator/in formulieren Sie gemeinsam mit der Gruppe eine Frage, zeichnen eine Tabelle mit mehreren Zeilen und Spalten auf ein Moderationspapier, das an der Pinnwand befestigt ist und wählen Überschriften für Zeilen und Spalten. Die Gruppe bearbeitet das Thema anhand der einzelnen Felder.

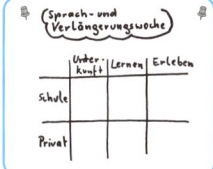

> Die **Matrix** eignet sich gut, wenn Daten zueinander in Beziehung gebracht werden sollen.

Aktionsplan

❼ Aktionsplan

Als Moderator/in stellen Sie das vorbereitete Plakat vor. Die Gruppe einigt sich auf die weitere Vorgangsweise. Sie tragen alle Maßnahmen ein, auf die sich die Gruppe geeinigt hat, formulieren den Zweck, den Verantwortungsträger, den Zeitplan und eventuelle weitere Informationen.

> Ein **Aktionsplan** ist empfehlenswert, damit die Arbeit nicht ohne konkretes Ergebnis bleibt.

Stimmungsbarometer

❽ Stimmungsbarometer

Als Moderator/in erklären Sie das vorbereitete Plakat. Jede Teilnehmerin und jeder Teilnehmer markiert mit einem Klebepunkt seine/ihre momentane Befindlichkeit. Anschließend interpretieren und besprechen Sie das Stimmungsbild mit der Gruppe.

❾ Blitzlicht

Die momentane Befindlichkeit und Zufriedenheit mit dem bisher Erreichten und dem Gruppenprozess wird reihum oder in selbst gewählter Reihenfolge von jeder Teilnehmerin und jedem Teilnehmer kurz dargelegt. Die Beiträge bleiben so, wie sie sind, und werden weder kommentiert noch diskutiert.

> Der **Stimmungsbarometer** zeigt die Stimmung und Befindlichkeit aller Teilnehmer/innen und eignet sich gut am Ende eines Moderationszyklus.
>
> Die Ergebnisse sind beim **Blitzlicht** vielfältiger und damit aussagekräftiger als beim Stimmungsbarometer – unter der Bedingung, dass sich die Teilnehmer/innen mitteilen wollen.

[SbX]

Im SbX finden Sie eine Linkliste mit weiterführenden Informationen zum Thema Moderation unter der ID: 1441.

4 Präsentation

Üben

Moderationsmethode

P 1:

Finden Sie die **23 Begriffe zum Thema Moderation,** die im folgenden Buchstabensalat versteckt sind.

A	M	A	S	S	O	P	I	N	N	W	A	N	D	B
K	O	F	F	E	R	B	P	R	O	B	L	E	M	L
C	D	B	I	L	D	D	G	E	H	I	R	N	F	I
T	E	X	T	T	N	P	U	N	K	T	A	S	A	T
E	R	F	G	H	E	L	F	E	N	B	N	T	D	Z
K	A	R	T	E	N	A	B	F	R	A	G	E	E	L
S	T	I	M	M	U	N	G	S	M	R	H	C	N	I
W	O	L	K	E	B	I	R	Z	A	O	J	K	K	C
K	R	L	L	N	R	M	U	Y	T	M	E	H	R	H
K	R	E	A	T	I	V	P	K	R	E	I	N	E	T
N	O	N	A	D	E	L	P	L	I	T	D	A	U	P
S	C	H	R	I	F	T	E	U	X	E	E	H	Z	N
Q	R	S	A	N	A	L	Y	S	E	R	E	M	T	E
M	I	N	D	U	V	E	I	N	S	T	I	E	G	T
M	A	P	W	X	Y	P	I	N	N	W	A	N	D	Z

Gruppenarbeit

ausgewählte Darstellungsmethoden

P 2:

Entwerfen Sie in Kleingruppen einige Plakate für eine Besprechung zum Thema „Maturareise":

- **Einpunktabfrage:** Die Erwartungen der Schüler/innen sollen abgeklärt werden, in welchem Ausmaß Erlebnis und Erholung gewünscht wird.
- **Kartenabfrage:** Jede Schülerin/Jeder Schüler erhält einige Moderationskarten, auf denen er/sie konkrete Wünsche formuliert, z.B. baden im Meer, historische Stätten besichtigen, Flugreise, Strohhütten etc.
- **Themenspeicher:**
  Annahme: Alle Karten wurden zu 7 Gruppen zusammengefasst: Reise, Unterbringung, Kosten, Termin, Erholung, Sport, Erlebnis.
  Themen werden formuliert, aufgelistet und in eine Reihenfolge gebracht.
- **Fadenkreuz:** Als Einstieg einigt sich die Klasse auf grundlegende Merkmale der bevorstehenden Maturareise.
- **Aktionsplan:** Nachdem alle wesentlichen Themen bearbeitet wurden, wird ein Aktionsplan erstellt, der das Einholen von Angeboten, Vergleich und Auswahl, Reservierungen etc. enthält.
- **Stimmungsbarometer:** Am Ende der Besprechung erhebt der Moderator/die Moderatorin die momentane Befindlichkeit und Zufriedenheit aller Schüler/innen mit dem Gruppenprozess.

Entwerfen Sie ein eigenes Plakat für diese Besprechung und beschreiben Sie den vorgesehenen Einsatz.

P 3:

Quizfragen auf Kärtchen schreiben: Alle Schüler/innen schreiben je 5 Quizfragen mit dazugehörigen Antworten auf Kärtchen. Der Lehrer bzw. die Lehrerin sammelt alle Kärtchen ein und behält die besten für das **Abschlussquiz.**

Sichern

Moderation	Methode zum interaktiven Arbeiten mit Gruppen
Moderator/in	Darunter versteht man die Person, welche die Gruppe leitet und steuert, indem sie die Veranstaltung vorbereitet und aus den Teilnehmerinnen und Teilnehmern möglichst gute Beiträge herausholt.
Teilnehmer/innen	Sie sind fachlich kompetent, kreativ und beteiligen sich aktiv am Gruppenprozess.
Moderationsmaterial	Moderationspapier (größer als Packpapier und fein liniert), Pinn-Nadeln, Moderationskarten in verschiedenen Größen, Formen und Farben, dicke Plakatstifte, Markierungspunkte, Klebebänder, Schere etc.
Raumausstattung	Teilnehmer/innen sitzen im Halbkreis; es sind eine oder mehrere Pinnwände zur Verfügung
Moderationszyklus	Einstieg, sammeln und auswählen, bearbeiten, planen, Abschluss
einfache Plakate	Steckbrief, Ein- und Mehrpunktabfrage, Kartenabfrage, Themenspeicher, Fadenkreuz, Matrix, Aktionsplan, Stimmungsbarometer

4 Präsentation

 **Wissen**

Wiederholungsfragen zu Lerneinheit 4

1. Warum eignet sich die Moderationsmethode besonders gut für die interaktive Arbeit mit Gruppen?

2. Welche Voraussetzungen sollten die Moderatorinnen und Moderatoren sowie die Teilnehmer/innen mitbringen, damit die Veranstaltung erfolgreich abläuft?

3. Womit ist ein gut sortierter Moderationskoffer gefüllt?

4. Aus welchen Phasen besteht ein vollständiger Moderationszyklus?

5. Welche Darstellungsmethoden werden in den einzelnen Phasen eingesetzt?

6. Warum kann es keine vollständige Liste aller Darstellungsmethoden für die Moderationsmethode geben?

Abschlussquiz

Zum Abschluss können Sie nun das **vollständige Quiz zum Kapitel 4** spielen: Der erste Schüler bzw. die erste Schülerin zieht eine Frage und stellt sie seinem/ihrem Nachbarn bzw. seiner/ihrer Nachbarin. Sobald diese/r die Frage richtig beantwortet hat, erhält er/sie das Kärtchen mit seiner/ihrer richtig beantworteten Frage, dann zieht er/sie wiederum eine Frage, die er/sie seinem/ihrem Nachbarn/Nachbarin stellt. Kann ein Schüler bzw. eine Schülerin seine/ihre Frage nicht richtig beantworten, behält der Fragesteller bzw. die Fragestellerin das Kärtchen. Zum Schluss wird festgestellt, welche Schüler/innen viele, wenige oder gar keine Kärtchen besitzen. Da nicht alle Fragen den gleichen Schwierigkeitsgrad haben, ist natürlich auch ein bisschen Glück dabei.

5 Persönlichkeitsbildung

Fragen nach der eigenen Persönlichkeit beschäftigen uns alle mehr oder weniger bewusst unser ganzes Leben lang. Die meisten Menschen wollen wissen, wo ihre Stärken und Schwächen liegen, mit welchen Begabungen und Möglichkeiten sie ausgestattet sind und welche Persönlichkeitsmerkmale sie besitzen, damit sie das Beste aus ihrem Leben herausholen können.

In diesem Kapitel lernen Sie:

- wie Sie sich selbst einschätzen
- wie Sie Rückmeldungen von Menschen aus Ihrem Umfeld erhalten
- was Sie motivieren kann und wie Sie mit Rückschlägen umgehen
- wie Sie Ihre eigenen Ziele verfolgen
- wie Sie Ihren Lernprozess organisieren
- wie Sie sich erfolgreich um einen Arbeitsplatz bewerben

Lerneinheit 1
Die persönlichen und sozialen Fähigkeiten entwickeln

SbX

Alle SbX-Inhalte zu dieser Lerneinheit finden Sie unter der ID: 1510.

Jeder Mensch ist einzigartig und wertvoll mit all seinen Stärken und Schwächen. Dennoch gelingt es manchen Menschen besser als anderen, ihr Leben glücklich und erfolgreich zu gestalten. Ein Erfolgsgeheimnis dieser Menschen ist, dass sie sich selbst gut einschätzen können, ihre Stärken und Schwächen kennen und mit sich selbst und ihrer Umwelt im Einklang leben können. Eine gute Ausbildung alleine genügt nicht mehr, wenn Sie im Beruf erfolgreich sein wollen. Selbstvertrauen, eine angenehme persönliche Ausstrahlung, ein gutes Gespür für die Bedürfnisse anderer Menschen und die Fähigkeit, im Team zu arbeiten werden nicht nur im Berufsleben immer wichtiger.

Sie lernen hier,

- wie Sie sich selbst und andere besser kennenlernen,
- wie Sie Ihre Begabungen und Fähigkeiten erkennen,
- was man unter emotionaler Intelligenz versteht und
- was Ihre persönliche Ausstrahlung ausmacht.

Lernen

SbX ID: 1511

1 Selbstbild und Fremdbild
Wenn Sie sich selbst besser kennenlernen wollen, sind Sie auf die Hilfe anderer angewiesen.

Ein Geheimnis erfolgreicher Menschen ist, dass sie sich selbst gut einschätzen können.

Das **Selbstbild** ist das Bild, das wir von uns haben.
Gegensatz: **Fremdbild** (das Bild, das andere von uns haben).
Selbstbild und Fremdbild stimmen oft nicht überein.

Wenn Sie wissen wollen, ob Ihre Frisur in Ordnung ist oder die Kleidung passt, genügt ein Blick in den Spiegel. Schwieriger ist es herauszufinden, ob Sie ausgeglichen, lebhaft, aktiv oder eher scheu sind. Einige **Merkmale Ihrer Persönlichkeit** kennen Sie selbst sehr genau, andere Merkmale kennen zwar Ihre Eltern, Geschwister, Freunde oder Mitschüler, ohne deren Hilfe werden Sie diese Merkmale aber nicht erfahren.

Manchmal ist es gar nicht so einfach, **Stärken und Schwächen** voneinander zu unterscheiden. Eine Eigenschaft, die an sich positiv bewertet wird, kann durch Übertreibung rasch ins Gegenteil, also ins Negative kippen. Sparsamkeit ist eine Tugend, wenn man allerdings zu sparsam ist, wird Geiz daraus. Jeder positive Wert hat einen positiven Gegenpol, und nur wenn sich beide Werte in einem ausgewogenen Verhältnis zueinander befinden, handelt es sich um eine Tugend oder echte Stärke.

Das Wertequadrat wurde von **Friedemann Schulz von Thun** entwickelt (Siehe **Kapitel 2,** Seite 36).

Ihre Eltern haben vermutlich ein anderes Bild von Ihnen als Ihre Lehrer/innen oder Mitschüler/innen. Wahrscheinlich verhalten Sie sich zu Hause auch anders als in der Schule. Alle Personen, die Sie umgeben und mit denen Sie in Kontakt sind, helfen Ihnen dabei, sich selbst besser kennenzulernen!

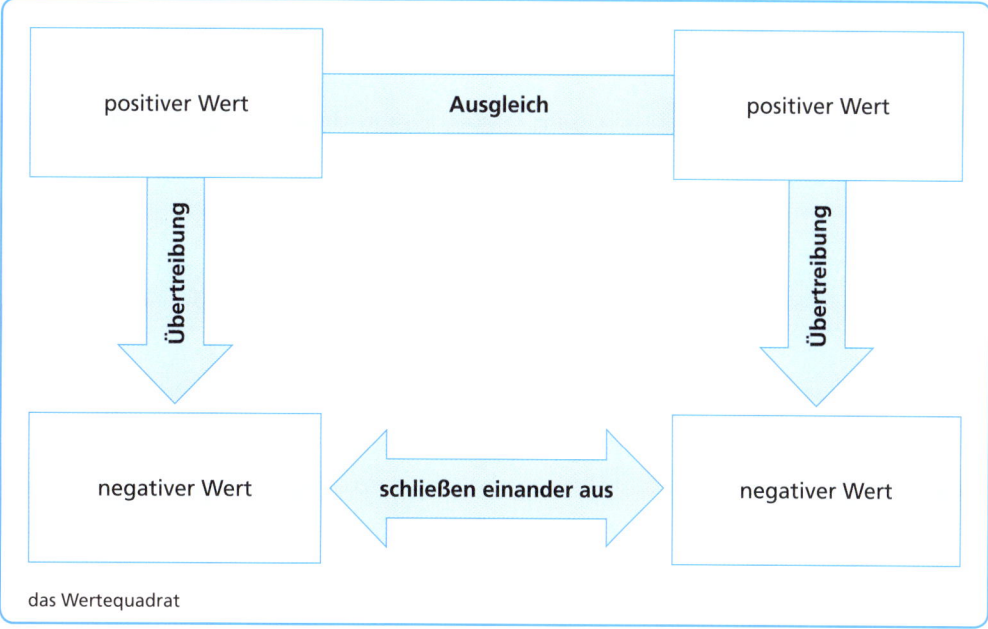

das Wertequadrat

Es gibt keine allgemein gültigen Aussagen darüber, ob eine Eigenschaft eine Stärke oder eine Schwäche darstellt. Für einen Mitarbeiter der Bergrettung sind Mut, Einsatzbereitschaft und eine gewisse Freude am Risiko wesentliche Voraussetzungen für seinen Beruf, für einen Mitarbeiter in der Buchhaltung könnte Risikobereitschaft zum Problem werden.

 Behalten Sie Ihre Stärken und Schwächen immer im Auge und achten Sie darauf, dass Stärken nicht immer moralisch wertvoll und Schwächen nicht immer moralisch verwerflich sein müssen. Schwach sein ist daher manchmal besser als Stärke zeigen.

Beispiele für den „blinden Fleck":

Sprechgewohnheiten: Laute, Wörter oder Redewendungen, die Sie immer wieder verwenden, wie z.B. äh, nicht wahr?, oder?, natürlich

Sprachfehler: z.B. Lispeln, Zischen

Mimik: offener Mund, weit aufgerissene Augen, Dakkelfalten auf der Stirn

Gestik: mit dem Fuß wippen, Fäuste ballen, Nase reiben, Ohren kratzen

Verhalten: unbewusst und ohne es zu bemerken gegen Regeln, z.B. der Höflichkeit oder der Kultur eines Landes, verstoßen

Josef Luft und Harry Ingham entwickelten mit dem nach ihren Vornamen benannten **Johari-Fenster** ein einfaches und anschauliches System zur Entdeckung der eigenen Persönlichkeit. Sie teilen die Persönlichkeit in folgende 4 Bereiche ein:

	mir selbst bekannt	mir selbst unbekannt
anderen bekannt	**A: Öffentliche Person** **Bereich des freien Handelns:** ● meine Größe ● meine Haarfarbe ● mein Beruf ● meine Telefonnummer	**B: „Blinder Fleck"** ● unbewusste Gewohnheiten ● räuspern, äh ● mit Schlüsselbund klimpern ● häufig verwendete Wörter ● Sprachfehler ● Vorurteile
anderen unbekannt	**C: Private Person** ● meine geheimen Wünsche ● meine empfindlichen Stellen ● meine privaten Pläne ● meine Sorgen und Ängste ● meine politische Einstellung ● meine sonstigen Geheimnisse	**D: Bereich des Unbewussten** ● frühkindliche Erlebnisse ● verborgene Ängste ● verdrängte Wünsche

Nutzen Sie jede Gelegenheit, um von Ihren Verwandten, Bekannten, Freunden und Mitschülern **Rückmeldungen zu den Merkmalen Ihrer Persönlichkeit** zu bekommen!

A + C: öffentliche und private Person

Das **Johari-Fenster** zeigt, dass Selbstwahrnehmung und Fremdwahrnehmung nicht ausreichen, wenn man das Gesamtbild einer Person erhalten will. Je größer A ist, umso kleiner ist C und umgekehrt!

Wie groß Sie sind und welche Haarfarbe Sie haben, ist für jede Person, die Sie anschaut, unmittelbar erkennbar. Mit den weniger offensichtlichen Informationen wie Name, Telefonnummer, Geburtsdatum oder gar den vertraulicheren wie Hobbys, Lieblingsschauspieler/in, Wünsche und Sorgen werden Sie sehr sorgsam umgehen und sie nur nahestehenden Personen und guten Freunden anvertrauen.

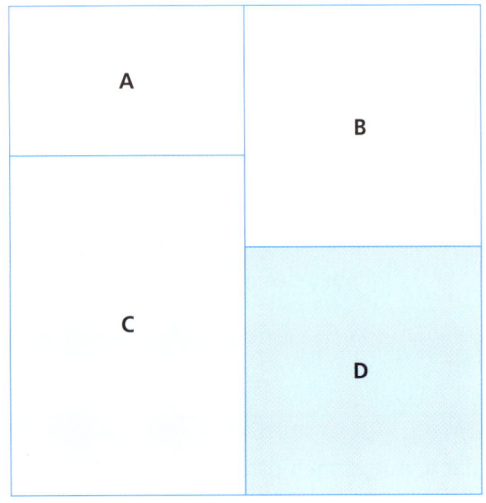 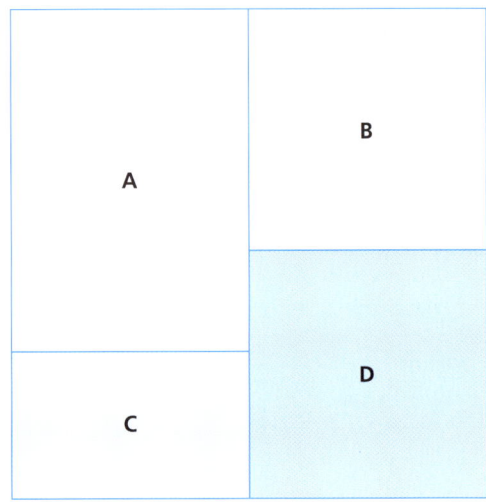

Achten Sie darauf, dass Sie nicht zu viele private Informationen öffentlich preisgeben, z. B. in sozialen Netzwerken.

Oberflächlich bekannt:

- Größe
- Haarfarbe
- Kleidung

Gut befreundet:

- Hobbys
- bevorzugte Musikrichtung
- Lieblingsschauspieler
- Sorgen und Probleme

A + B: Wie groß ist mein „blinder Fleck"?

Jeder Mensch ist auf die Hilfe seiner Mitmenschen angewiesen, um mehr über sich selbst zu erfahren.

Manche Menschen haben ein wenig wirklichkeitsnahes Bild von sich selbst. Sie sind davon überzeugt, dick zu sein, obwohl sie tatsächlich schlank sind, oder halten sich für witzig und bemerken nicht, dass die anderen über sie selbst und nicht über ihre Witze lachen.

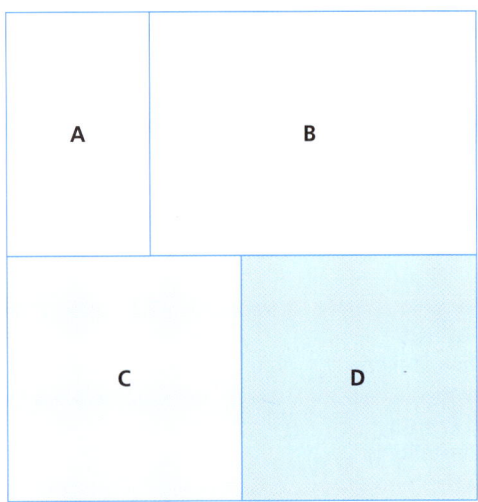 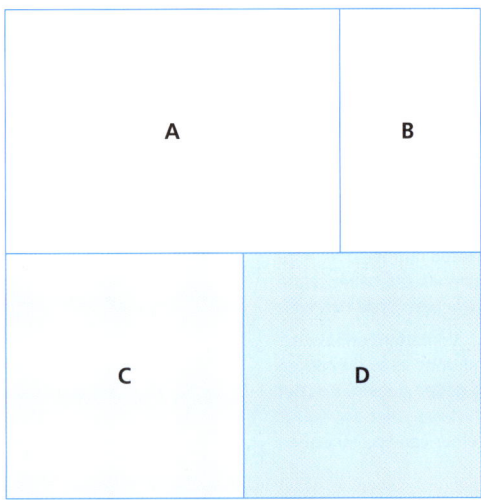

Wirklichkeitsfernes Selbstbild:

Es gibt wenig Übereinstimmung zwischen dem Bild, das jemand von sich selbst hat, und dem Bild, das andere von der Person haben.

Wirklichkeitsnahes Selbstbild:

Je offener eine Person auf andere zugeht, umso bereitwilliger werden diese wertvolle Informationen über den „blinden Fleck" geben. Sich über den „blinden Fleck" zu unterhalten, setzt gegenseitiges Vertrauen voraus.

Rhetorik – Kommunikation – Präsentation

Vor ca. 100 Jahren entwickelte der französische Psychologe **Alfred Binet** den ersten standardisierten Intelligenztest, um Schulkinder einzustufen: Mit diesem Test konnte man erkennen, ob das natürliche Alter des Kindes auch seinem „Intelligenzalter" entsprach oder davon abwich.

sprachliche Intelligenz

Der **Intelligenzquotient (IQ)** ist eine Maßzahl, die das allgemeine intellektuelle Leistungsvermögen (Intelligenz) angibt.

Intelligenzquotient =
(Intelligenzalter/
Lebensalter) × 100

2 Intelligenz und emotionale Kompetenz
Mit sich selbst und mit anderen gut umgehen können

Wenn Sie in Ihrem Leben erfolgreich sein wollen, brauchen Sie nicht nur intellektuelle, sondern auch emotionale Fähigkeiten. Einfach ausgedrückt bedeutet es, dass Sie Herz und Gehirn gemeinsam einsetzen können und mit sich selbst und anderen Menschen gut umgehen können. Als emotional kompetenter Mensch haben Sie gelernt, sich selbst und andere Menschen zu verstehen und anzunehmen, Ihre eigenen Gefühle und die Befindlichkeiten Ihrer Mitmenschen zu erkennen und zu steuern. Als intelligenter Mensch setzen Sie Ihren Verstand ein, um die unterschiedlichsten Probleme zu lösen.

Die verschiedenen Arten von Intelligenz

Früher haben Wissenschafter die Intelligenz als logisch-mathematische und sprachliche Fähigkeit der Person und als mehr oder weniger unveränderliche Größe gesehen. Heute unterscheidet man **verschiedene Arten von Intelligenz,** deren Ausprägung sich im Laufe des Lebens durch Training oder Vernachlässigung verändern kann.

❶ **Die sprachliche Intelligenz**

Personen mit einer hohen sprachlichen Intelligenz

- haben einen großen aktiven und passiven Wortschatz,
- können viele Worte nicht nur verstehen, sondern auch selbst im Gespräch anwenden,
- haben keine Schwierigkeiten, komplizierte Texte zu verstehen,
- kennen zu vielen Worten andere Wörter mit gleicher oder ähnlicher Bedeutung,
- können auch komplizierte Sachverhalte klar und verständlich erklären,
- sind spannende Erzähler, denen man gerne zuhört,
- können in einer Diskussion Ihre Meinung vertreten und andere davon überzeugen.

logisch-mathematische Intelligenz

❷ **Die logisch-mathematische Intelligenz**

Viele Probleme, die wir im Alltag ganz selbstverständlich lösen, setzen logisch-mathematische Intelligenz voraus:

- einkaufen gehen
- das Taschengeld einteilen
- einen Schnitt zeichnen und den Stoff zuschneiden
- einen Fahrradschlauch wechseln
- einen Kasten zusammenbauen

räumliche Intelligenz

❸ **Die räumliche Intelligenz**

Sie brauchen Ihre räumliche Intelligenz in vielen Situationen des täglichen Lebens:

- sich im Schulgebäude zurechtfinden, um z.B. auf dem kürzesten Weg vom Turnsaal in die Bibliothek zu gelangen
- das Kino am Stadtplan finden und mit den öffentlichen Verkehrsmitteln oder mit dem Fahrrad erreichen können
- ohne Stadtplan nach der Wegbeschreibung in einem Reiseführer den angegebenen Weg finden
- auf einer „blinden" Landkarte von Österreich die Bundesländer und deren Hauptstädte einzeichnen können
- Wanderwege und Schipisten einprägen, um nicht an jeder Abzweigung im Plan nachsehen zu müssen
- im Supermarkt die Regale finden und zielorientiert einkaufen

künstlerische Intelligenz

❹ **Die künstlerische Intelligenz**

Vielleicht gehören Sie zu den Menschen mit besonderen künstlerischen Fähigkeiten. Dann haben Sie wahrscheinlich schon als kleines Kind gerne gezeichnet, gesungen oder sogar kleine Melodien selbst komponiert.

körperlich-kinästhe-tische Intelligenz

❺ Die körperlich-kinästhetische Intelligenz

Als kleines Kind haben Sie die Welt hauptsächlich über Ihren Körper „begriffen". Sie haben alles, was Ihnen interessant erschien, mit Ihren Händen berührt und vieles davon auch „gekostet".

Menschen mit hoher körperlich-kinästhetischer Intelligenz

- empfinden und beherrschen Ihren Körper,
- verstehen die Sprache des Körpers,
- bewegen sich gern und elegant,
- können andere Personen gut imitieren,
- haben geschickte Hände.

emotionale Kompetenz

Ihre Gefühle beeinflussen Ihre Gedanken und umgekehrt. Sie sind Ihren Stimmungen und Gefühlen daher nicht hilflos ausgeliefert, sondern können sie über Ihre Gedanken steuern.

Sie können mit Ihren Gefühlen so umgehen, dass weder für Sie selbst noch für andere Personen ein Problem daraus entsteht.

❻ Die emotionale Kompetenz (Intelligenz)

Manche Menschen haben mehr als andere die Fähigkeit, sich selbst zu erkennen, ihre eigenen Gefühle und ihr Verhalten zu beeinflussen und zu steuern. Sie können sich mit ihren individuellen Stärken und Schwächen gut einschätzen und haben Vertrauen zu sich selbst und ihren Leistungen. Sie haben gleichsam einen Schlüssel zu ihren inneren Kräften, einen sogenannten „sechsten" Sinn, und können Situationen intuitiv – ihrer inneren Eingebung folgend – erfassen.

Als emotional-kompetente Person haben Sie folgende fünf Fähigkeiten:

① **Selbstwahrnehmung:** Sie erkennen, was Sie im Augenblick empfinden, und haben ein Bild von sich selbst, so wie Sie wirklich sind. Sie haben Vertrauen zu sich selbst und Ihren Fähigkeiten.

② **Selbstregulierung:** Sie erkennen, wenn Sie wütend sind, und haben sich so weit im Griff, dass Sie weder Ihren Sitznachbarn schlagen noch Ihre Freundin anbrüllen. Ihre Gefühle richtig einzuschätzen hilft Ihnen dabei, Ihre Probleme zu lösen und Ihre Ziele zu erreichen. Von gefühlsmäßigen Belastungen, wie Ärger, Wut, Kränkung, Trauer etc. erholen Sie sich schneller als andere.

③ **Motivation:** Ihre inneren Kräfte leiten und treiben Sie an, Ihre Ziele zu erreichen. Sie lassen sich auch von Rückschlägen und Enttäuschungen nicht davon abbringen.

④ **Empathie:** Sie spüren, was andere Menschen empfinden, und können sich gut in deren Lage versetzen. Sie kommen mit vielen unterschiedlichen Personen gut aus.

⑤ **Soziale Fähigkeiten:** Sie haben ein Gespür für soziale Situationen und Beziehungsgeflechte und können gut im Team arbeiten, eine Gruppe leiten, Verhandlungen führen und Streitigkeiten schlichten. Sie haben eine gefühlsmäßige Antenne dafür, was gerade läuft, wer wen mag oder nicht mag, wer mit wem zusammen oder nicht zusammen sein möchte etc.

Buchtipp zum Thema Emotionale Intelligenz: Der amerikanische Psychologe Daniel Goldman hat 1996 ein Buch mit dem Titel „Emotionale Intelligenz" herausgebracht!

Zum Beispiel:

Stellen Sie sich folgende Situation vor: Sie sind ein Polizist, der gerade ein Strafmandat wegen Falschparkens an der Windschutzscheibe eines Autos befestigt, als sich der Fahrer seinem Auto nähert. Er ist sichtlich wütend und beschimpft Sie unflätig. Sie spüren die Bereitschaft Ihres Körpers, mit mindestens gleichwertigen Schimpfwörtern zu antworten, besinnen sich aber, atmen tief durch und antworten in ruhigem Ton: „Ich verstehe, dass Sie verärgert sind wegen des Strafmandats. Sie haben allerdings Ihr Fahrzeug in einer Kurzparkzone abgestellt, ohne einen Parkschein auszufüllen. Für kurze Aufenthalte reicht ein 15-Minuten-Schein und der ist gratis. Für längere Aufenthalte sollten Sie immer einen Parkschein zur Verfügung haben."

3 Persönliche Ausstrahlung
„Der Körper ist der Handschuh der Seele." (Samy Molcho)

Es liegt auch an Ihrem **äußeren Erscheinungsbild,** wenn Sie bestimmte Eigenschaften ausstrahlen.

Dieser Ausspruch von Samy Molcho drückt aus, dass es nicht nur auf die inneren Werte, sondern auch auf deren Darstellung durch den Körper ankommt.

Die meisten Menschen schließen von äußeren Erscheinungen auf innere Werte. Eine zerrissene Hose wird eher als Ausdruck von Lässigkeit denn als besondere Sorgfalt ausgelegt.

Stellen Sie sich vor, Sie befinden sich in der U-Bahn. In Ihrem Waggon sind außer Ihnen noch 5 Personen. Da Sie gerade nichts Besseres zu tun haben, überlegen Sie, wer sich hinter jeder Person verbergen könnte. Ist die Person alt oder jung, fröhlich, mürrisch, dynamisch, lethargisch, klug, fleißig, faul, ordentlich, chaotisch, ein Lehrer, ein Arzt, ein Handwerker, vielleicht arbeitslos?

Einige Minuten genügen und schon haben Sie einen ersten Eindruck von jeder Person. Wahrscheinlich schließen Sie von einem beobachtbaren oder vermuteten Merkmal gleich auf eine Reihe anderer: Brillenträger werden meist als intelligent eingestuft, junge und modisch gekleidete Personen als dynamisch etc.

Das Wort **Charisma** kommt aus dem Griechischen und bedeutet „Gnadengabe".

Manchen Menschen gelingt es besser als anderen, die Blicke Ihrer Mitmenschen auf sich zu ziehen. Sie haben das „gewisse Etwas", auch „Charisma" genannt. Diese Menschen strahlen Selbstsicherheit, Gelassenheit und Interesse an Ihrem Umfeld aus. Charisma ist daher nicht vom Zufall abhängig, sondern von der inneren Einstellung und Bereitschaft zur persönlichen Entwicklung.

An sich selbst arbeiten bringt langfristig den meisten Erfolg, besonders wenn man darauf achtet, dass die Entwicklung der eigenen Persönlichkeit und den ganz individuellen Möglichkeiten entspricht. Echte Persönlichkeiten holen sich Anregungen, sind aber niemals Abbilder von irgendjemandem, sondern entwickeln ihren eigenen Stil.

SbX

Weitere Informationen zum Thema persönliche und soziale Fähigkeiten finden Sie im SbX unter der ID: 1511.

Achten Sie bei jeder Veränderung darauf, ob sie auch Ihrem Wesen entspricht, und vermeiden Sie es, Idolen nachzueifern!

Üben

Selbstbild – Fremdbild: Johari-Fenster

Praxisaufgaben

P 1:
Ordnen Sie folgende Merkmale durch Ankreuzen dem passenden Bereich des Johari-Fensters zu:

	oberflächlich bekannt	gut befreundet
meine Größe		
mein Alter		
mein Sparguthaben		
meine auch mir selbst verborgenen Wünsche		
meine Hobbys		
meine Angewohnheit, viele Sätze mit „oder was" zu beenden		
meine Pläne für den Sommer		
meine Art, beim Sprechen den Kopf zu neigen		

P 2:

Sie brauchen zwei Bunt- oder Faserstifte in unterschiedlichen Farben.

Ergänzen Sie die folgenden Listen mit weiteren positiven und negativen Eigenschaften. Wählen Sie dann aus den Listen 10 Eigenschaften aus, die Sie als Ihre **Stärken** und weitere 10, die Sie als Ihre **Schwächen** bezeichnen würden. Unterstreichen Sie Ihre Stärken mit einer Farbe und Ihre Schwächen mit einer anderen Farbe.

Positive Eigenschaften:

konstruktiv: aufbauend, fördernd, entwickelnd

verlässlich, rücksichtsvoll, konstruktiv, tolerant, offen, mitfühlend, freundlich, lebhaft, offen, aufrichtig, geduldig, vertrauensvoll, fair, ehrlich, fleißig, pünktlich, taktvoll, pflichtbewusst, abwägend, genau, einfühlsam, warmherzig, herzlich, zärtlich, ausgeglichen, zufrieden, gehorsam, selbstsicher, zielgerichtet, ehrgeizig, entschlossen, aktiv, praktisch, vielseitig, optimistisch, energisch, kreativ, konstruktiv, tapfer, mutig, attraktiv, sinnlich, geschickt, robust, schlagfertig, kommunikativ, klug, vital, gefühlvoll, heiter, witzig, originell, natürlich, spontan, visionär, korrekt

Negative Eigenschaften:

destruktiv: zerstörend, zersetzend

feindselig, rücksichtslos, verschlossen, unterwürfig, zögerlich, langweilig, unbegabt, unpraktisch, unschlüssig, aggressiv, destruktiv, arrogant, prahlerisch, egozentrisch, feig, schwerfällig, schwächlich, unbeständig, intolerant, gefühlskalt, misstrauisch, falsch, oberflächlich, faul, taktlos, nachlässig, launisch, selbstzerstörerisch, unzuverlässig, überkontrolliert, ohne Selbstkontrolle, verantwortungslos, unsensibel, nicht einfühlsam

Reihen Sie Ihre eigenen Stärken und Schwächen nach ihrer Bedeutung. Beginnen Sie mit Ihrer wichtigsten Stärke und Ihrer größten Schwäche:

Nr.	Stärken	Nr.	Schwächen
1		1	
2		2	
3		3	
4		4	
5		5	
6		6	
7		7	
8		8	
9		9	
10		10	

Gruppenarbeit

P 3: Vielleicht stellen Sie bei dieser Übung fest, dass einige Ihrer vermeintlichen Nachteile von Ihrer Umwelt als **Vorzüge** betrachtet werden oder dass Sie auf Ihre Umwelt **anders** wirken, als Sie vermuten. Wirkt etwa Ihre Frisur nicht „cool", sondern ungepflegt, ist Ihre Lieblingsjeans nicht originell, sondern schlampig, dann sollten Sie sich überlegen, was Ihnen wichtiger ist: Ihre Frisur oder der Eindruck, den Sie damit erwecken. Manchmal zeigen schon kleinere Korrekturen große Wirkungen!

P 3:

Bilden Sie Kleingruppen zu je 3 bis 6 Personen. Jedes Gruppenmitglied füllt zu jedem anderen Gruppenmitglied ein Kärtchen nach dem vorgegebenen Muster aus:

Name:	
Gesamteindruck:	
Vorzüge:	Nachteile:
Verbesserungsvorschläge:	

Sobald alle Kärtchen geschrieben sind, werden sie ausgeteilt und jede teilnehmende Person hat die Gelegenheit, die sie selbst betreffenden Kärtchen zu lesen und mit ihrem eigenen Bild zu vergleichen. Anschließend liest jede Person ihr Kärtchen vor und die Gruppe bespricht den Gesamteindruck, die Vorzüge, Nachteile und eventuellen Verbesserungsvorschläge zu jeder Person.

Wertequadrate bilden

P 4 und **P 5:** Wenn Sie die genaue Bedeutung mancher Begriffe nicht kennen, nehmen Sie ein **Wörterbuch** zur Hand.

P 4:

Bilden Sie Wertequadrate zu Mut und Fleiß. Verwenden Sie dazu die passenden Begriffe aus folgender Liste:

> Geduld, Selbstsicherheit, Vorsicht, Faulheit, Bequemlichkeit, Feigheit, Streitsucht, Strebertum, Leichtsinn, Kühnheit, Besonnenheit, Rücksichtslosigkeit, Gleichgültigkeit.

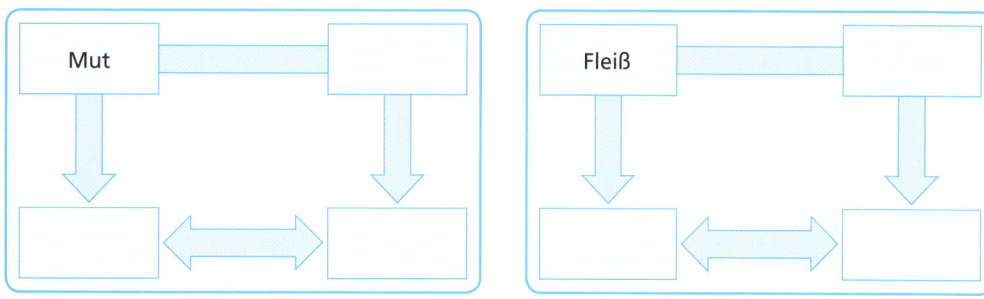

P 5:

Wählen Sie aus folgenden Tugenden zwei aus und bilden Sie Wertequadrate:

> Offenheit, Egoismus, Sorgfalt, Spontaneität, Treue, Fürsorge, Pflichtbewusstsein, Optimismus, Ernsthaftigkeit, Ehrlichkeit

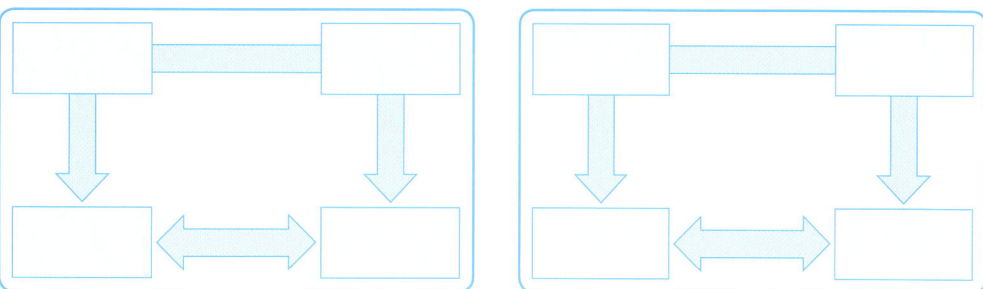

5 Persönlichkeitsbildung

Intelligenz und emotionale Kompetenz

P 6:

Ordnen Sie folgende Merkmale und Tätigkeiten einer Person der zugehörigen Intelligenz zu:

sich bei einer Stadtbesichtigung rasch orientieren können	
ein Musikinstrument spielen	
schwierige Choreografien tanzen können	
ein Bücherregal nach Anleitung zusammenbauen können	
andere von der eigenen Meinung überzeugen können	
Streitigkeiten unter Freunden schlichten können	
die eigene Wut erkennen und damit umgehen können	
wie Charlie Chaplin gehen können	
Bücher und Filme spannend nacherzählen können	

Sichern

Selbstbild
die Vorstellung, die jeder Mensch von sich selbst hat

Fremdbild
wie jemand auf seine Umgebung wirkt

Wert
Vorstellung vom Wünschenswerten, Tugend. Jeder positive Wert kippt ins Negative, wenn er sich nicht in Harmonie mit seinem positiven Gegenpol befindet.

Johari-Fenster
Tabelle mit Merkmalen einer Person, die den anderen/der Person selbst bekannt/nicht bekannt sind

der blinde Fleck
Merkmale der Persönlichkeit, die zwar den anderen, der Person selbst aber nicht bekannt sind

Intelligenz
die Fähigkeit zum Erkennen von Zusammenhängen und zum Finden optimaler Problemlösungen

Man unterscheidet verschiedene Arten von Intelligenz:

- sprachliche
- logisch-mathematische
- räumliche
- künstlerische
- körperlich-kinästhetische
- emotionale

emotionale Intelligenz
eine übergeordnete Fähigkeit, von der es abhängt, wie gut Menschen ihre sonstigen Fähigkeiten, darunter auch den Verstand, nutzen können. Sie besteht aus folgenden Teilkompetenzen:

- Selbstwahrnehmung
- Selbstregulierung
- Motivation
- Empathie
- soziale Fähigkeiten

persönliche Ausstrahlung
Mit Charisma bezeichnet man die besondere Ausstrahlungskraft eines Menschen. Charismatische Menschen sind nicht körperlich attraktiver als andere, sie haben mehr Selbstvertrauen und strahlen Selbstsicherheit aus.

# Wissen

**Wiederholungsfragen
und Testaufgaben zu
Lerneinheit 1**

1. Was versteht man unter dem Spannungsverhältnis zwischen zwei positiven Werten?

2. Was passiert, wenn man einen Wert übertreibt?

3. In welche Richtung sollte sich eine Person entwickeln, die ein „i-Tüpfel-Reiter" ist?

4. In welche 4 Bereiche teilt man das Johari-Fenster ein?

5. Nennen Sie je 3 Merkmale von Personen mit:
   a) sprachlicher Intelligenz
   b) logisch-mathematischer Intelligenz
   c) räumlicher Intelligenz
   d) künstlerischer Intelligenz
   e) körperlich-kinästhetischer Intelligenz

6. Beschreiben Sie eine Personen, die folgende Fähigkeiten besitzt:
   a) Selbstwahrnehmung
   b) Selbstregulierung
   c) Motivation
   d) Empathie
   e) soziale Fähigkeiten

7. Welche Merkmale hat eine Person, die Charisma besitzt?

SbX

Alle SbX-Inhalte
zu dieser Lerneinheit
finden Sie unter der
ID: 1520.

Lerneinheit 2
Ziele setzen und erreichen

„Nur wer sein Ziel kennt, findet den Weg." Dieser chinesische Sinnspruch drückt aus, dass es nicht reicht, aktiv zu sein und irgendwelche Aufgaben zu erledigen. Manche Menschen setzen ihre Ziele so hoch, dass sie diese nie erreichen können, andere wiederum so niedrig, dass sie jedes ihrer Ziele ohne besondere Anstrengung erreichen können. Beide werden langfristig nicht zufrieden sein. Überprüfen Sie daher Ihre Fähigkeiten und Möglichkeiten, damit Sie Ihre Ziele herausfordernd, aber erreichbar stecken. So gewinnen Sie Selbstvertrauen und damit neue Energie für weitere Ziele.

Sie lernen hier,

- **dass Glaubenssätze aus der Kindheit einen Einfluss auf das Verhalten haben,**
- **welche persönlichen Programme das Zusammenleben erleichtern,**
- **welche persönlichen Programme das Selbstvertrauen schmälern,**
- **wie Sie Ihre Programme verändern können,**
- **wie Sie Ihr Selbstvertrauen stärken können,**
- **welche Ursachen und Wirkungen Stress hat,**
- **wie Sie mit Stress und Frustration umgehen können und**
- **wie Sie sich selbst motivieren und organisieren können.**

 # Lernen

SbX   ID: 1521

1 Persönliche Programme entdecken
Glaubenssätze sind persönliche Überzeugungen, die nicht notwendigerweise wahr sein müssen.

Wenn Sie auch nicht mehr
an den Osterhasen glauben, so sind doch noch
einige Glaubenssätze aus
Ihrer Kindheit vorhanden.

Als kleines Kind haben Sie wahrscheinlich daran geglaubt, dass der Osterhase die Ostereier im Garten versteckt. Zu keiner anderen Jahreszeit haben Sie mehr Feldhasen bei Ihren Spaziergängen gesehen und diese „Tatsache" sofort als Bestätigung akzeptiert, dass die Osterhasen vor Ostern eben besonders viel zu tun haben.

Häufig verwendete **Glaubenssätze** sind Ihnen vielleicht als **Sprichwörter** in Erinnerung.

Jeder Mensch bildet seine eigenen Glaubenssätze aufgrund seiner Erziehung und seiner Erfahrung und richtet sich in seinen Handlungen danach.

Beispiele für Glaubenssätze:

„Nur die Dummen haben
immer Glück."
„Den Tüchtigen gehört
die Welt."
„Reich wird man nur
durch Korruption."
„Wer Erfolg hat, schadet
den anderen."
„Bescheidenheit ist
eine Zier."

Wer den Glaubenssatz „Geld verdirbt den Charakter" verinnerlicht hat, wird sich unbewusst selbst davon abhalten, viel Geld zu verdienen. Wer fest daran glaubt, dick und unsportlich zu sein, wird alles daran setzen, diesen Zustand beizubehalten. Wer andererseits wirklich seine Kondition verbessern will, kann das auch erreichen.

Es liegt aber nicht nur an Ihnen selbst, Ihre Glaubenssätze zu bilden; Ihre Eltern, Verwandten, Erzieher/innen, Lehrer/innen, Vorgesetzten und Ihre Freundinnen und Freunde mischen kräftig mit. Alle haben Anweisungen für Sie parat. Sie sagen Ihnen, was gut und was schlecht ist, was Sie tun und was Sie unterlassen sollen, und prägen damit Ihre persönliche Sicht der Welt. So werden Sie gleichsam „programmiert", und zwar durch Anweisungen, die Sie häufig wahrnehmen:

- „Lauf nicht über die Straße!"
- „Grüße Menschen, die du kennst!"
- „Beim Essen spricht man nicht!"

- „Wer rastet, der rostet!"
- „Ein braves Kind spricht nur, wenn es gefragt wird!"
- „Brave Kinder stellen Ihren Eltern keine lästigen Fragen!"
- „Richtige Männer können keine Hemden bügeln!"
- „Zarte Frauenhände können keine Nägel einschlagen!"
- „Wer seine Aufgaben nicht schafft, ist ein Versager!"
- „Lernen ist hart und darf keinen Spaß machen!"
- „Sei lieb zu deiner kleinen Schwester!"

Wir alle sind mit einer Vielzahl von ganz unterschiedlichen Programmen und Verhaltensmustern ausgestattet. Manche dieser Programme helfen uns, den Alltag zu meistern, andere unsere Persönlichkeit zu entfalten und unsere Ziele zu erreichen, wieder andere hindern uns daran, ein glückliches und erfülltes Leben zu führen.

Programme, die uns helfen, den Alltag zu meistern

Ihr Unterbewusstsein ist mit unterschiedlichen Programmen ausgestattet.

Programme, die das Überleben sichern

Wenn Sie häufig mit dem Fahrrad unterwegs sind, denken Sie über die Regeln der Straßenverkehrsordnung sicherlich nicht mehr bewusst nach, sondern handeln ganz automatisch – Ihrem Programm entsprechend.

Beim Tanzen erlernen Sie zunächst die Grundschritte, dann die dazugehörige Körperhaltung und üben schließlich weitere Figuren ein. Am Anfang konzentrieren Sie sich voll auf die Koordination aller Bewegungen und zählen vielleicht sogar mit, um nicht aus dem Takt zu kommen. Später unterhalten Sie sich mit Ihrem Tanzpartner, während Sie die Tanzschritte scheinbar automatisch setzen.

Programme für den Alltag

Läuft ein Programm einmal automatisch ab, fällt es den meisten Menschen sogar ziemlich schwer, es wieder bewusst in seine Einzelschritte zu zerlegen.

Programme, die uns motivieren, unsere Ziele zu erreichen

Versuchen Sie so oft wie möglich hinderliche Anweisungen so zu formulieren, dass diese zu förderlichen Anweisungen werden.

Erfolge und positive Rückmeldungen aus dem sozialen Umfeld wirken als Verstärker und ermuntern uns, den eingeschlagenen Weg fortzusetzen.

Und welche Anweisungen geben Sie sich selbst?

Die meisten Menschen kommentieren Ihr eigenes Verhalten mit Aussagen wie: „Das habe ich wieder gut gemacht!", „Das nächste Mal werde ich ein besseres Resultat erzielen!", „Ich bin anscheinend zu dumm dafür!", „Immer mache ich den gleichen Fehler!", „So etwas kann auch nur mir passieren!" usw.

Menschen neigen dazu, Anweisungen, die sie sich selbst erteilen, auch auszuführen. Mit negativen Formulierungen tut sich das Gehirn allerdings ziemlich schwer.

Wenn Sie sich selbst aufmuntern, aktivieren Sie Ihre **inneren Kräfte** und können so **Ihr Ziel leichter erreichen.**

Programm zur Entfaltung der persönlichen Stärken

Programm zur Entfaltung der persönlichen Stärken

Nehmen wir an, Sie haben schon als Kind gerne gezeichnet. Ihre Eltern haben Ihnen erlaubt, mit Farben und Materialien zu experimentieren; sie haben Ihre „Werke" im Wohnbereich aufgehängt. Indirekt haben Sie daher etwa folgende Anweisung erhalten: „Du sollst zeichnen!", „Trau dich zu experimentieren!", „Ich bin stolz auf deine Zeichnungen".

 Experiment

Probieren Sie folgendes kleine Experiment:
- Schließen Sie die Augen.
- Stellen Sie sich eine schöne, saftige Wiese mit bunten Blumen vor.
- Stellen Sie sich bitte **keinen** roten Elefanten vor.
- Der Elefant ist **nicht** rot.

Sie können gar nicht anders, Sie sehen einen roten Elefanten. Um zu verhindern, dass Sie einen roten Elefanten sehen, müssten Sie sich bewusst einen grauen, blauen, grünen Elefanten vorstellen.

Was mit dem roten Elefanten funktioniert, geschieht genauso mit anderen negativ formulierten Anweisungen.

Hilfreiche Anweisungen enthalten eine **positive Aussage.**

Zum Beispiel:

- „Das nächste Mal schaffe ich es bestimmt!"
- „Diesmal hat meine Anstrengung noch nicht gereicht, ich werde mich aber schrittweise verbessern."
- „Ich kann mich schon ganz gut konzentrieren!"
- „Ich bin mit mir und meinen Leistungen zufrieden!"
- „Du bist kreativ und hast viele gute Ideen!"
- „Ich bewundere deinen Einsatz!"
- „Deine Offenheit schätze ich besonders an dir!"
- „Ich weiß, dass du es schaffst!"

Programme, die uns behindern

„Ich bin viel zu langsam!" oder „Das schaffe ich nie!" bilden die besten Voraussetzungen dafür, dass Sie Ihr Ziel wirklich nicht erreichen!

Wenn Sie sich selbst negative Anweisungen erteilen, sollten Sie sich nicht wundern, wenn diese auch ausgeführt werden:

„Vergiss den Apfel nicht!" ist die direkte Aufforderung, den Apfel **nicht** mitzunehmen. Wenn Sie die Aufforderung in „Apfel mitnehmen!" umformulieren, ist sichergestellt, dass der Apfel nicht liegen bleibt.

„Pass auf, dass du dich nicht verletzt!" enthält sowohl die Aufforderung aufzupassen als auch die Aufforderung, sich zu verletzen.

Sie selbst entscheiden, was Sie in Ihren Selbstgesprächen sagen.

Zum Beispiel:

- „Ich bin einfach zu dumm und zu unkonzentriert, immer verpatze ich meine Schularbeit."
- „Ich konzentriere mich und bereite mich sorgfältig vor, dann werden auch meine Leistungen besser!"
- „Ich bin hässlich, dick und langweilig; niemand mag mich!"
- „Ich akzeptiere mich so wie ich bin; ich will immer gepflegt sein und auf meinen Körper achten."
- „Ich suche den Kontakt zu meinen Mitschülern."

Positive Anweisungen:

hinderlich	förderlich
Ganz egal, wie viel ich lerne, mehr als ein Genügend schaffe ich nicht.	Wenn ich ausdauernd lerne, verbessern sich auch meine Noten.
Meine Schulkollegen finden mich sicher langweilig, daher werde ich auch nie zu einer Geburtstagsparty eingeladen.	Ich werde meinen Schulkollegen zeigen, dass ich sie mag. Ich bin sicher, dass sie mich zu ihren Geburtstagspartys einladen.
Niemand will mich verstehen, anscheinend bin ich der ganzen Welt gleichgültig.	Ich helfe den anderen mich zu verstehen, indem ich ihnen mehr über mich und meine Vorstellungen erzähle.
Ich bin ein Mauerblümchen, das niemandem auffällt.	Ich überwinde meine Schüchternheit und mache andere auf mich aufmerksam
Mir fallen keine Witze ein, ich erzähle immer nur langweiliges Zeug.	Ich bin gut informiert und kann bei vielen Sachthemen interessante Diskussionsbeiträge liefern.

Tipps

Sagen Sie zu sich selbst und zu anderen, was Sie erreichen und nicht, was Sie vermeiden wollen. Nützen Sie die Kraft Ihrer Gedanken und formulieren Sie positive anstelle von negativen Anweisungen.

2 Selbstvertrauen gewinnen

Nur wer sich seiner Stärken und Schwächen bewusst ist, kann Selbstvertrauen entwickeln.

„Was wären die großen Erfolge ohne die kleinen!" Dieser Werbespruch eines Geldinstituts drückt sehr anschaulich aus, dass erst das Selbstvertrauen, das man aus den kleinen Erfolgen schöpft, Kraft und Energie für größere Vorhaben liefert.

Oft liegen die Ursachen für mangelndes Selbstvertrauen in der Kindheit. Manche Eltern neigen dazu, ihre Kinder mehr zu behüten als notwendig wäre, und nehmen ihnen so die Gelegenheit, einfache Situationen selbst zu meistern und darauf stolz zu sein:

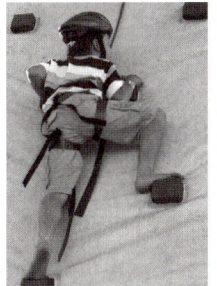

Ängste, die sich einmal verfestigt haben, sind schwer wieder loszuwerden. Nach einem Misserfolg wäre es daher sinnvoll, dieselbe Handlung mit weniger Risiko und mehr Aufmerksamkeit zu wiederholen: den Kopfsprung vom Rand aus durchführen oder eine niedrigere Kletterwand besteigen.

- Ein Kind, das nie eine Kletterwand bestiegen hat, weiß nicht, dass es klettern kann.
- Ein Kind, das immer von seinen Eltern zur Schule gebracht wird, weiß nicht, dass es auch allein mit dem Bus fahren kann.
- Ein Kind, das nie ohne Eltern auf Urlaub war, weiß nicht, wie es sich allein zurechtfinden soll und hat Angst davor.

Ängste können aber auch die **Folge von Misserfolgen** sein. Wer von einer Kletterwand gefallen ist, sich dabei wehgetan hat und obendrein von seinen Eltern dafür bestraft wurde, wird wahrscheinlich Kletterwände meiden und daher keine Gelegenheit mehr haben, das negative Erlebnis durch ein positives zu ersetzen. Wer im Schwimmbad statt eines Kopfsprungs eine Bauchlandung hinlegt und von den Klassenkollegen gehörig ausgelacht wird, zieht vermutlich den Schluss daraus, lieber keine weiteren Kopfsprünge zu wagen.

Doch auch Ängste und Hemmungen, die schon tiefer sitzen, können Sie schrittweise beseitigen. Stecken Sie Ihre Ziele so, dass Sie diese als Herausforderung empfinden und auch erreichen können, denn Erfolg motiviert und stärkt das Selbstvertrauen.

Stecken Sie sich **Ziele**, die **herausfordernd** und **erreichbar** sind. Nehmen Sie sich nicht zu viel auf einmal vor. Der Erfolg wird Sie aufbauen und Ihnen genug Sicherheit geben, damit Sie die nächste Schwierigkeitsstufe in Angriff nehmen können.

Betrachten Sie Fehler als wesentliche Lernschritte!

Wer einen Fehler einmal macht, kann daraus lernen; wer denselben Fehler immer wieder macht, festigt das unerwünschte Verhalten. Versuchen Sie auch, aus den Fehlern der anderen zu lernen, vielleicht bleibt Ihnen dann so manche negative Erfahrung erspart. Jede negative Erfahrung sagt Ihnen, wie Sie es nicht machen sollen, Sie können also eine Handlungsvariante ausscheiden. Die meisten erfolgreichen Menschen haben eine Vielzahl von Fehlern gemacht und Rückschläge einstecken müssen.

Seien Sie stolz darauf, Ihre Ziele erreicht zu haben! Es gibt nichts, was so sehr motiviert wie Erfolg!

Beziehen Sie andere Personen in Ihr Vorhaben mit ein!

Informieren Sie Ihren besten Freund oder Ihre beste Freundin in der Klasse, woran Sie arbeiten, und bitten Sie ihn oder sie um eine ehrliche Rückmeldung. Jedes Vorhaben wird verbindlicher, wenn Sie es öffentlich kundtun. Sie können dann nicht mehr so tun als ob nichts wäre, Ihr soziales Umfeld wird Sie kontrollieren und damit dazu motivieren, sich anzustrengen, um Ihr Ziel zu erreichen.

Ängste und Hemmungen haben durchaus auch positive Seiten!

Ein Kind, das sich fürchtet, allein mit dem Bus zu fahren, wird mit dem Auto zur Schule gebracht, ein Jugendlicher, der sich davor fürchtet, am späten Abend allein nach Hause zu kommen, wird von seinen Eltern abgeholt.

Viele Menschen genießen sogar leichte Angstzustände und den Nervenkitzel, sonst wären Horrorfilme, Rundschaukeln und Achterbahnfahrten im Vergnügungspark nicht so beliebt.

Besteigen Sie jeden Tag einmal den Mount Everest!

Dieser Ratschlag ist natürlich nicht wörtlich zu nehmen. Er besagt, dass Sie jeden Tag eine Handlung setzen sollen, die Sie herausfordert und auf die Sie richtig stolz sein können, z.B.:

Tipps

- Gehen Sie auf eine Ihnen unbekannte Person zu und fragen Sie diese nach dem Weg.
- Fragen Sie eine Gruppe von Englisch sprechenden Touristen, ob Sie Ihnen behilflich sein können.
- Sprechen Sie auf einer Party oder im Schulhof eine Person an, die Sie gerne kennenlernen möchten.
- Nehmen Sie den Stadtplan und fahren Sie in einen Ihnen bislang unbekannten Stadtteil. Gehen Sie dort in ein Kaffeehaus und bestellen Sie ein alkoholfreies Getränk.
- Springen Sie im Schwimmbad vom Dreimeterbrett.

Erfolg motiviert

3 Sich selbst motivieren
Mit Erfolgen und Misserfolgen umgehen

Menschen handeln, weil sie ein bestimmtes **Bedürfnis** befriedigen wollen: Sie essen, weil sie hungrig sind, treffen Freundinnen und Freunde, weil sie soziale Kontakte suchen, gehen ins Theater, weil sie kulturell interessiert sind.

Man kann die **menschlichen Bedürfnisse** in 5 **Stufen** einteilen und nach ihrer Bedeutung für das Überleben ordnen.

Abraham Harold Maslow (1908–1970) war ein US-amerikanischer Psychologe. Er teilte die menschlichen Bedürfnisse in 5 Kategorien ein.

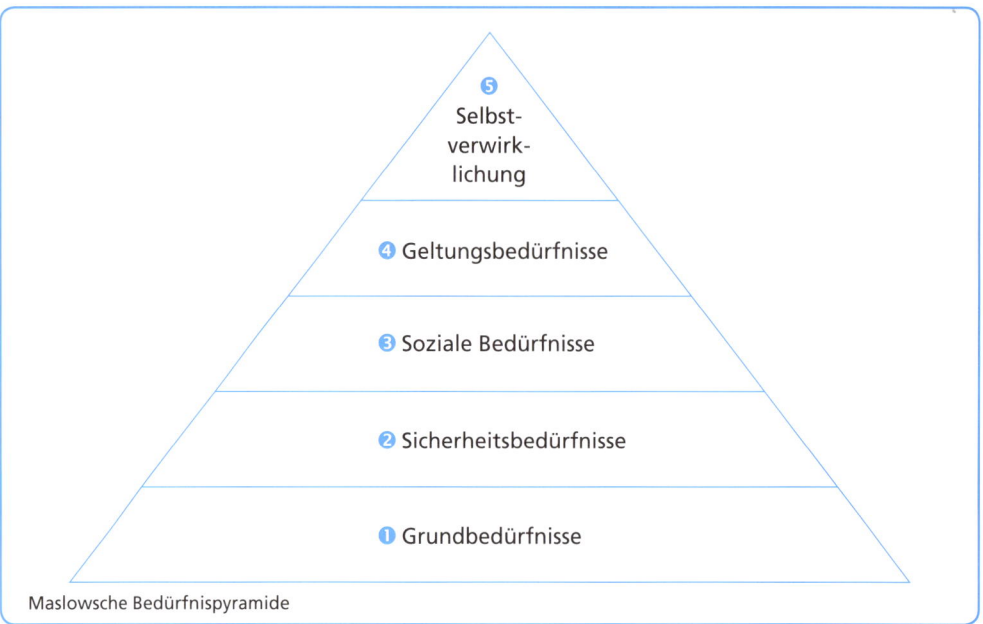

Maslowsche Bedürfnispyramide

❺ Selbstverwirklichung
❹ Geltungsbedürfnisse
❸ Soziale Bedürfnisse
❷ Sicherheitsbedürfnisse
❶ Grundbedürfnisse

❶ Grundbedürfnisse: Diese Bedürfnisse sichern das Überleben und sind weitgehend angeboren (Hunger, Durst, Schutz vor Kälte, ein Mindestmaß an Zuwendung und Sexualität). Werden die Grundbedürfnisse nicht befriedigt, kann der Mensch nicht überleben.

❷ Sicherheitsbedürfnisse: Schutz vor Krankheit, Schmerz, Bedrohung, Diskriminierung, Arbeitslosigkeit und Verarmung im Alter. Als Jugendlicher fühlt man sich in seiner Clique sicher, weil man seinen Platz und die Verhaltensweisen kennt. In einer fremden Umgebung mit anderen Sitten und Gebräuchen fühlen sich die meisten Menschen eher unsicher. Sicherheit bedeutet aber auch, sich auf das eigene Wissen verlassen können.

❸ Soziale Bedürfnisse: Bedürfnis nach Gesellschaft, Freundschaft, Kameradschaft und Liebe. Der Mensch ist ein soziales Wesen und braucht daher andere Menschen, denen er sich zugehörig fühlen kann: seine Familie, seine Freunde, Schulkollegen oder Klubmitglieder. Menschen wollen mit anderen Menschen kommunizieren, in bestimmten Gruppen aufgenommen werden und dort Geborgenheit finden.

❹ Geltungsbedürfnisse: Bedürfnis nach Selbstvertrauen, Selbstbewusstsein, Können, Wissen, Unabhängigkeit, Freiheit, Bedürfnis nach Anerkennung durch andere, nach Status und Macht. Menschen entwickeln und stärken ihr Selbstwertgefühl. Manche Menschen übertreiben aber die Befriedigung ihrer Geltungsbedürfnisse, weil sie darüber hinwegtäuschen wollen, dass sie ihre Sicherheits- oder sozialen Bedürfnisse nicht voll befriedigen können. Eine Schülerin oder ein Schüler würde beispielsweise gerne in eine bestimmte Gruppe in der Klasse aufgenommen werden und weil es nicht gelingt, versucht die Schülerin oder der Schüler, über besonders negatives Verhalten im Unterricht Aufmerksamkeit und Anerkennung zu erhalten.

❺ Bedürfnis nach Selbstverwirklichung: Entfaltung der Persönlichkeit. Menschen setzen bestimmte Handlungen, einfach weil es ihnen Freude bereitet, unabhängig davon, ob sie Geld, Lob oder Anerkennung dafür bekommen. Für Außenstehende ist es immer schwierig zu entscheiden, ob eine Handlung der Selbstverwirklichung oder der Befriedigung anderer Bedürfnisse dient. Wenn jemand beispielsweise eine Ausstellung besucht, weil ihm der Künstler gefällt, so dient der Besuch seiner Selbstverwirklichung. Besucht er die Ausstellung aber, um in der nächsten Unterrichtsstunde ein Mitarbeitsplus zu bekommen, befriedigt er sein Geltungsbedürfnis.

Mit Misserfolgen umgehen

Handlungen bringen nicht immer den gewünschten Erfolg.

Nach neuen Wegen suchen ist die konstruktive Möglichkeit, Misserfolge und Frustrationen zu bewältigen. Viele wirklich erfolgreiche Menschen – Erfinder/innen, Entdecker/innen, Politiker/innen, Firmengründer/innen, Sportler/innen etc. – haben immer wieder Enttäuschungen und Rückschläge erlebt, bevor sie endlich einen geeigneten Weg zu ihrem Ziel finden konnten.

Erst die Bewältigung von Enttäuschungen, Rückschlägen und Misserfolgen führt schließlich zum Erfolg. Geben Sie daher nicht auf, sondern suchen Sie immer wieder nach neuen Wegen; Rückschläge und Misserfolge bringen Ihnen persönliche Reife.

4 Die eigenen Ziele verfolgen
Wer sein Ziel kennt, findet auch den Weg.

Wer erfolgreich sein möchte, braucht nicht nur herausfordernde und erreichbare Ziele, sondern auch **Energie, Ausdauer** und **Beharrlichkeit,** um seine Ziele erreichen zu können.

Wir müssen jeden Tag eine Vielzahl von **Entscheidungen** treffen, weniger wichtige – „Was ziehe ich heute an?" – oder wichtige – „In welcher Schule werde ich meine Ausbildung fortsetzen?". Jede Entscheidung für etwas ist auch gleichzeitig eine Entscheidung gegen etwas anderes. Manche Menschen treffen ihre Entscheidungen spontan, andere sind weniger entscheidungsfreudig und wägen alle Möglichkeiten sorgfältig ab und wieder andere überlassen ihre Entscheidungen lieber anderen Personen oder dem Zufall.

Randspalte links:

Es gibt keinen einfachen Zusammenhang zwischen einer bestimmten Handlung und einem bestimmten zugrunde liegenden Bedürfnis, wie folgendes Beispiel zeigt:

Wenn eine Schülerin in der Pause einen Schokoriegel isst, können folgende Bedürfnisse befriedigt werden:

Grundbedürfnis:
Sie ist hungrig.

Sicherheitsbedürfnis:
Sie möchte sich für die Prüfung Mut machen.

Soziales Bedürfnis:
Sie teilt den Schokoriegel mit ihren Freunden.

Geltungsbedürfnis:
Der Schokoriegel ist besonders teuer.

Suche nach neuen Wegen:
Der Südtiroler Extrembergsteiger **Reinhold Messner** wurde einmal während eines Vortrags gefragt, worauf er seinen Erfolg zurückführt, und er beantwortete die Frage folgendermaßen:

„Weil ich mindestens ebenso viele Expeditionen abgebrochen habe, wie ich Gipfelsiege errungen habe. Und hätte ich das nicht gemacht, würde ich heute nicht vor Ihnen stehen."

Nur wer weiß, was er erreichen möchte, wer seine Wünsche und Ziele kennt, ist in der Lage, qualifizierte Entscheidungen zu treffen und die Verantwortung dafür zu übernehmen.

„Wenn ein Seemann nicht weiß, welches Ufer er ansteuern muss, dann ist kein Wind der richtige."
(**Seneca,** römischer Philosoph)

Wer anderen Personen wichtige Entscheidungen überlässt, darf sich nicht wundern, wenn er nicht sein eigenes Ziel, sondern das der anderen erreicht. Trotzdem kommt es manchmal vor, dass Handlungen dem vermeintlichen Ziel nicht entsprechen: Sie treiben gerne Sport, sind aber abends viel zu müde und setzen sich daher vor den Fernseher.

Vielleicht sind die Wünsche und Ziele, die Sie nennen, nur vorgeschoben, um den Ansprüchen anderer Personen aus Ihrem sozialen Umfeld (Eltern, Lehrer/innen, Freunde, Klassenkollegen/-kolleginnen) zu genügen. Vielleicht gefällt es Ihnen vor dem Fernseher tatsächlich besser als auf dem Tennisplatz, vielleicht sind Sie aber auch nur zu bequem.

Erfolg hat nur, wer etwas tut, während er auf den Erfolg wartet.

Erfolg bezieht sich nicht nur auf Schule und Beruf, sondern auch auf Familie, Freunde, Gesundheit und Wohlbefinden. Sie sollten keinen dieser Bereiche vernachlässigen, die für ein erfülltes Leben wichtig sind. Wenn Sie Ihre gesamte Zeit und Energie nur für den beruflichen oder schulischen Erfolg einsetzen, werden Sie bald Ihre Freunde verlieren und gesundheitliche Probleme bekommen. Formulieren Sie Ihre Wünsche und Ziele konkret, damit Sie feststellen können, ob Sie diese auch tatsächlich erreicht haben.

Wünsche und Ziele formulieren

„Ich will später einmal viel Geld verdienen!" Für Sie als Schüler/in bedeutet „viel Geld" sicher etwas anderes als für einen berufstätigen Erwachsenen und „später" kann nächstes Jahr und in 20 Jahren sein.

Ziele in Angriff nehmen

Ein Ziel, das Sie schriftlich festgehalten haben, ist um vieles verbindlicher als eines, das nur in Ihrer Vorstellung existiert. Sobald Sie sich Klarheit über Ihre Wünsche und Ziele verschafft haben, können Sie diese in Angriff nehmen.

Folgende Fragen werden Ihnen dabei behilflich sein:

- Warum will ich mein Ziel erreichen?
- Welche anderen Ziele unterstütze ich damit?
- Welche anderen Ziele gefährde ich damit?
- Wann will ich mein Ziel erreicht haben?
- In welcher Quantität und Qualität will ich mein Ziel erreichen?
- Welche Etappenziele will ich festlegen?
- Wie kann ich kontrollieren, ob und in welchem Ausmaß ich mein Ziel erreicht habe?
- Welche Aufgaben muss ich erledigen?
- Welche Hilfsmittel stehen mir zur Verfügung?
- Was kann ich besonders gut?
- Wo sehe ich Schwierigkeiten und Hindernisse?
- Wer kann mir dabei helfen?

Zum Beispiel: Sie möchten Italienisch lernen.

Ich mag die Sprache und die italienische Kultur.

Ich glaube, dass jede zusätzliche Fremdsprache meine Chancen im Berufsleben erhöht.

Ich will einen interessanten Beruf ausüben, der mir die Möglichkeit bietet, internationale Kontakte zu knüpfen und zu pflegen.

Lebenslanges Lernen ist mir wichtig.

Eine Sprache zu pflegen kostet viel Zeit, ich kann daher meine IT-Kenntnisse nicht in demselben Ausmaß erweitern.

in einem Jahr, nachdem ich diese Schule abgeschlossen habe

Ich will die Umgangssprache und die Geschäftssprache so gut beherrschen, sodass ich fehlerfrei schriftlich und mündlich kommunizieren kann.

Manche Menschen sind dauernd im Einsatz, haben nie Zeit für eine Verabredung und vermitteln dennoch nicht den Eindruck, dass sie ein konkretes Ziel verfolgen; sie laufen immer irgendetwas hinterher, ohne es je erreichen zu können.

SbX

Eine Linkliste, die Sie dabei unterstützen kann, Ziele zu setzen und zu erreichen, finden Sie unter der ID: 1521.

Tipps

Warum will ich mein Ziel erreichen?

Welche anderen Ziele unterstütze ich damit?

Welche anderen Ziele gefährde ich damit?

Wann will ich mein Ziel erreicht haben?

In welcher Quantität und Qualität?

Welche Etappenziele will ich festlegen?

- nach dem zweiten Unterrichtsjahr einen Sommerkurs in Italien absolvieren und bei einer Familie wohnen
- nach dem dritten Unterrichtsjahr einen Ferienjob in Italien ausüben

Wie kann ich kontrollieren, ob und in welchem Ausmaß ich mein Ziel erreicht habe?

- eine international anerkannte Prüfung ablegen

Welche Aufgaben muss ich erledigen?

- im Unterricht bestmöglich mitlernen
- Sommerkurs auswählen und absolvieren
- Ferienjob suchen

Welche Hilfsmittel stehen mir zur Verfügung?

2 Unterrichtsstunden pro Woche, Lehrbücher, interaktive Sprachkurse, italienische Zeitungen im Internet

Was kann ich besonders gut?

Aussprache, Vokabeln merken

Wo sehe ich Schwierigkeiten und Hindernisse?

Grammatik, Finanzierung der Sprachwoche

Wer kann mir dabei helfen?

Lehrer/in, Internet, Freunde meiner Eltern

lezione uno: **Ziele formulieren und in Angriff nehmen!**

5 Mit Stress umgehen
Eustress gibt Kraft und Energie, Distress nimmt sie uns wieder weg.

Eustress: positive Stressauslöser (Stressoren)

Distress: Negativ sind diejenigen Reize, die als unangenehm, bedrohlich oder überfordernd gewertet werden. Dies sind die meisten Stressoren.

Wir leben heute in einer Zeit, die gekennzeichnet ist durch immer schnellere Veränderungen und immer weniger Zeit, um darauf angemessen zu reagieren. Viele von uns haben das Gefühl, immer irgendetwas hinterherzulaufen. Wir werden von immer neuen Herausforderungen angetrieben und haben oft gar nicht die Zeit, um uns über ein erreichtes Ziel zu freuen. Diesen Druck, der von mehreren Seiten auf den Menschen einwirkt, bezeichnet man als **Stress.**

Stress ist eine wertvolle Energiequelle. Ihr Herz schlägt häufiger, Ihr Puls steigt, Ihre Atmung wird schneller, Ihr Körper hat alle Kräfte mobilisiert. Wenn Sie die freigesetzte Energie nicht produktiv einsetzen, macht sie sich auf andere, eher unangenehme Art bemerkbar: trockene Kehle, weiche Knie, hektische Bewegungen, Hin- und Herlaufen, mit den Füßen wippen, mit den Händen herumfuchteln, Schwitzen, Erröten und Ähnliches mehr.

chronisch: ständig, dauerhaft

Solange die Stressbelastung nicht zu groß ist, wirkt sich Stress durchaus positiv aus, er motiviert uns, Aufgaben ordentlich und termingerecht zu erledigen. Immer mehr Menschen stehen allerdings immer häufiger unter so großem Druck, dass Sie unter chronischem Stress leiden. Sie haben das Gefühl, Ihr Leben nicht mehr unter Kontrolle zu haben. Sie fordern immer mehr Leistung von sich selbst, können sich kaum erholen und entspannen und sind daher immer weniger imstande, Ihre Aufgaben zu erledigen.

Häufige Ursachen für Stress

- besondere Anlässe, egal ob freudig oder weniger angenehm
- Schwierigkeiten und Probleme in der Schule, im Beruf oder in der Familie
- Überforderung oder Unterforderung in der Schule oder im Beruf
- Zeit- und Termindruck
- zu hohe Ansprüche an die Leistung
- finanzielle Probleme, Angst um den Arbeitsplatz
- Zurückweisung durch Schul- und Arbeitskolleginnen oder -kollegen
- Kommunikationsprobleme
- Umweltprobleme: Lärm, Luftverschmutzung, Verkehr, Wetter
- gesundheitliche Probleme, schlechte Ernährung, wenig Bewegung
- auf engem Raum mit vielen Menschen zusammenleben
- die Art und Weise, wie wir unsere Umwelt wahrnehmen und wie viele Sorgen wir uns machen

Kennen Sie die **Geschichte vom Frosch,** der so lange im heißen Topf geblieben ist, bis er starb? Am Anfang war das Wasser angenehm kalt, dann wurde es langsam erhitzt, so dass der Frosch nicht bemerken konnte, wann die für ihn lebensgefährliche Temperatur erreicht war. Hätte man den Frosch gleich ins heiße Wasser geworfen, er wäre sofort wieder herausgesprungen.

Ähnlich verhält es sich auch mit stetig zunehmenden Belastungen: wer die Alarmsignale nicht richtig oder zu spät erkennt, kann dauerhafte Schäden davontragen!

Isolation: Absonderung, Vereinsamung, Beziehungslosigkeit

Jeder Mensch hat seine **individuellen Stressquellen** und was für den einen eine große Belastung darstellt, ist für den anderen vielleicht sogar mit Spaß verbunden: Umzug in eine andere Wohnung, eine neue Fremdsprache erlernen, ein Sommerfest organisieren etc.

Ein oder zwei Stressfaktoren lassen sich gleichzeitig ganz gut bewältigen, doch wenn zu viele Faktoren zusammentreffen, kann es leicht zu einer Überforderung kommen. Die Folgen von zu viel Stress machen sich auf vielfältige Art und Weise bemerkbar.

Achten Sie schon auf die ersten Anzeichen von zu viel Stress:

- Leistungsabfall, mangelndes Engagement, häufige Fehlstunden in der Schule und im Berufsleben
- Fehler, Missgeschicke, kleinere Unfälle
- Müdigkeit, Zerstreutheit, Vergesslichkeit, Mangel an Konzentration
- Gereiztheit, Erschöpfung, Angst
- soziale Isolation
- Kopfschmerzen, Ohrensausen, Durchfall oder Verstopfung, Magenschmerzen, Sodbrennen, Rückenschmerzen, Bluthochdruck, Schlafstörungen
- Anfälligkeit für Erkältungen und andere Krankheiten, Allergien
- Schwächung der Abwehrkräfte und des Immunsystems

Menschen, die häufig unter Stress leiden, haben ein wesentlich höheres Risiko, krank zu werden, weil ihr Abwehrsystem geschwächt ist.

Maßnahmen zur Vorbeugung von Stress

Zeit planen

Wenn Sie Ihre Ziele kennen, also genau wissen, was Sie wollen, können Sie Ihre Zeit sinnvoll planen. Manche Aktivitäten können Sie einfach weglassen, weil Sie feststellen werden, dass Sie keinem Ihrer Ziele dienen. Dafür bleibt Ihnen mehr Zeit für die wirklich wichtigen Aufgaben. Planen Sie nicht nur Zeit für die Schule und den Beruf, sondern auch für Ihre Freundinnen/Freunde, Ihre Familie und für sich selbst und Ihr eigenes Wohlbefinden ein.

Gestalten Sie Ihren Arbeitsplatz so angenehm wie möglich!

Arbeitsplatz gestalten

Gestalten Sie die Umgebung, in der Sie lernen, so angenehm wie möglich und achten Sie darauf, dass sich auf Ihrem Schreibtisch immer nur die Unterlagen befinden, die Sie zur Erledigung Ihrer momentanen Aufgabe gerade brauchen. Bevor Sie mit einer neuen Aufgabe beginnen, räumen Sie am besten alles weg, was Sie an die vorige Aufgabe erinnert, damit Sie nicht abgelenkt werden. Achten Sie darauf, dass Ihr Blick immer wieder auf etwas Angenehmes fallen kann, das Sie erfreut, aber nicht ablenkt.

Bedürfnisse beachten

Sorgen Sie gut für sich selbst und achten Sie auf Ihre Bedürfnisse. Vielleicht wollen Sie manchmal einfach nur aus dem Fenster schauen und die Gedanken herumschweifen lassen oder Ihrem Ärger freien Lauf lassen, indem Sie kräftig mit dem Fuß aufstampfen oder laut „So ein Mist!" ausrufen. Tun Sie es einfach, es befreit ungemein. Vielleicht schreiben Sie auch das, was Sie stört, auf ein Blatt Papier und zerreißen es anschließend in ganz kleine Stücke.

Positiv formulieren

Vertreiben Sie möglichst alle negativen Gedanken und finden Sie stattdessen positive Formulierungen. Denken Sie statt „Die Hausübung in Mathematik verpatzt mir den ganzen Nachmittag!" besser „Wenn ich die Mathematikhausübung jetzt sorgfältig erledige, erspare ich mir Lernzeit vor der Schularbeit".

Pausen einlegen

Legen Sie regelmäßig Pausen ein, in denen Sie sich bewegen, Musik hören und entspannen. Füttern Sie in Lernpausen Ihr Gehirn nicht mit zusätzlichen Informationen. Zeitung lesen, fernsehen und ähnliche Beschäftigungen eignen sich zur Erholung weniger als Lerngymnastik, ein kleiner Spaziergang oder einfach ein bisschen zu träumen.

Nein-Sagen lernen

Fordern Sie nicht zu viel von sich selbst und lernen Sie auch „Nein" zu sagen, wenn andere Sie mit Aufgaben überlasten wollen. Konzentrieren Sie sich nur auf die Aufgaben, die unmittelbar vor Ihnen liegen, und lassen Sie sich nicht von dem riesigen Berg an Aufgaben entmutigen, der in Zukunft noch vor Ihnen liegt. Teilen Sie Ihre Lernstrecke in kleine überschaubare Etappen ein und belohnen Sie sich für jeden „Etappensieg".

Für Abwechslung sorgen

Langweilen Sie Ihr Gehirn nicht mit zu viel gleichartigem „Futter"; sorgen Sie für Abwechslung. Lernen Sie nach den Englischvokabeln nicht Italienisch, sondern lieber Mathematik oder Rechnungswesen.

Entspannungstechniken einsetzen

Lernen Sie körperliche und mentale Entspannungstechniken wie autogenes Training, Meditation, Yoga, Tai Chi oder Qi Gong. Achten Sie darauf, dass Entspannungstechniken nur dann hilfreich sind, wenn sie richtig angewandt werden; andernfalls würden Sie Ihrem Wohlbefinden mehr schaden als nützen.

Lernen Sie zu **entspannen!**

Bewegung machen

Wählen Sie unbedingt eine oder mehrere Sportarten, die Ihnen wirklich **Spaß** machen, denn die sportlichen Aktivitäten sollen Ihren Stress mindern und nicht selbst zum Stressfaktor werden. Vielleicht können Sie auch Ihre Mitschüler dafür begeistern, denn in der Gruppe macht Bewegung meistens noch mehr Spaß.

Menschen, die viel Bewegung machen, können mit zusätzlichen Belastungen besser umgehen und sind im Durchschnitt weniger häufig krank.

Die typischen Reaktionen auf Stress – flüchten oder kämpfen – waren früher immer mit **Bewegung** verbunden. Als moderner Mensch reagieren Sie auf Stress viel häufiger im Sitzen: Sie sitzen bei der Vorbereitung für eine Prüfung, bei der Schularbeit, bei einem Bewerbungsgespräch, im morgendlichen Stau im Bus oder in der Straßenbahn. Da die automatischen Reaktionen Ihres Körpers aber nach wie vor auf Kampf oder Flucht vorbereiten, kann Ihr Körper im Sitzen mit dem gestiegenen Blutdruck, den aus Händen und Füßen zu wichtigeren Muskeln gepumpten Blutreserven und den freigesetzten Fettreserven wenig anfangen. Wenn Sie Ihrem Körper keine Gelegenheit zur Bewegung geben, belasten Sie ihn zusätzlich und vergrößern nur Ihren Stress.

Wenn in der Schule besonders viel zu tun ist, glauben manche Schüler/innen, keine Zeit für Sport und Bewegung erübrigen zu können, doch gerade in besonders stressigen Zeiten braucht der Körper Bewegung, um **negative Energien abbauen** zu können. Reagieren Sie sich ab, indem Sie regelmäßig laufen, Rad fahren oder einen anderen Sport betreiben, der Ihnen Spaß macht. Es kann unheimlich befreiend sein, mit einem kräftigen Aufschlag den Tennisball zu treffen und dabei die Eltern oder den Lehrer im Sinn zu haben, der einem gerade Probleme bereitet.

Nutzen Sie jede Gelegenheit, um Bewegung zu machen: Meiden Sie den Lift und warten Sie für kurze Fahrstrecken nicht auf den Bus, sondern gehen Sie stattdessen zu Fuß. Stehen und gehen Sie herum, wenn Sie telefonieren. Gehen Sie öfter im Zimmer oder im Garten auf und ab. Bewegung hat auch einen für viele Menschen sehr angenehmen Nebeneffekt: Wer sich locker und leicht bewegt, versorgt seine Muskeln mit Sauerstoff und verbrennt Fett. Wer häufig außer Atem gerät, greift seine Zuckerreserven an.

Nehmen Sie sich ausreichend **Zeit für Ihre Mahlzeiten** und achten Sie auf gesunde und ausgewogene Ernährung.

6 Lernvorgänge organisieren
Die Zeit zielstrebig und wirkungsvoll nutzen

Statt der Zeit hinterherzulaufen, sollte man versuchen, sie nicht zu vergeuden, sondern möglichst sinnvoll zu nutzen. Eine Bestandsaufnahme zeigt Ihnen, wie Sie derzeit mit Ihrer Zeit umgehen und welche Problem damit verbunden sind.

Eine **Analyse Ihres Zeitverhaltens** hilft Ihnen dabei, sich in Zukunft auf Aufgaben zu konzentrieren, die Sie Ihren Zielen näherbringen, statt Sie davon abzuhalten:

Arbeiten Sie wirkungsvoll.

Erledigen Sie die richtigen Aufgaben; das sind all jene, die Sie Ihren Zielen näherbringen.

Arbeiten Sie zielstrebig.

Erledigen Sie Ihre Aufgaben richtig. Nutzen Sie alle zur Verfügung stehenden Hilfsmittel, gehen Sie in der richtigen Reihenfolge vor und überprüfen Sie immer wieder, ob das, was Sie tun, nicht besser erledigt werden kann.

Suchen Sie Ihre ganz persönlichen **Zeiträuber** und sagen Sie ihnen den Kampf an. Die folgenden Beispiele stellen keineswegs eine vollständige Auflistung aller Zeiträuber dar, sie dienen lediglich dazu, Ihnen die Suche zu erleichtern.

Zeiträuber:

- **Mangelnde Selbstdisziplin:** Unangenehmes aufschieben, Wichtiges übersehen, Zeit totschlagen
- **nicht Nein-Sagen können:** niemanden kränken wollen, sich gern unentbehrlich fühlen, Gespräche nicht beenden können, eigene Interessen nicht durchsetzen können.
- **sich ablenken lassen:** vom Straßenlärm, vom Telefon, von den eigenen Gedanken und Träumereien
- **Chaos am Schreibtisch und in den Unterlagen:** Unordnung, Wichtiges vergessen oder verlieren

Ein irisches Gedicht bringt die Bedeutung der Zeit auf eindrucksvolle Weise zur Geltung.

> **Irisches Gedicht**
>
> Nimm dir Zeit, um zu arbeiten, es ist der Preis des Erfolgs.
>
> Nimm dir Zeit, um nachzudenken, es ist die Quelle der Kraft.
>
> Nimm dir Zeit, um zu spielen, es ist das Geheimnis der Jugend.
>
> Nimm dir Zeit, um zu lesen, es ist die Grundlage des Wissens.
>
> Nimm dir Zeit, um freundlich zu sein, es ist das Tor zum Glücklichsein.
>
> Nimm dir Zeit, um zu träumen, es ist der Weg zu den Sternen.
>
> Nimm dir Zeit, um zu lieben, es ist die wahre Lebensfreude.
>
> Nimm dir Zeit, um froh zu sein, es ist die Musik der Seele.
>
> Nimm dir Zeit, um zu genießen, es ist die Belohnung deines Tuns.
>
> Nimm dir Zeit, um zu planen, dann hast du Zeit für die übrigen 9 Dinge.

Wer ein bestimmtes Ziel erreichen will, muss dieses Ziel auch kennen, und nur wer seine Ziele immer wieder hinterfragt und gelegentlich auch Korrekturen vornimmt, wird letztendlich mit sich selbst zufrieden sein. Zielstrebigkeit und Flexibilität in einem ausgewogenen Verhältnis sind die notwendige Voraussetzung dafür, dass Sie den größtmöglichen Nutzen aus Ihren Anstrengungen ziehen.

Tipps

- Legen Sie Ihre Latte weder zu hoch noch zu niedrig, sondern formulieren Sie Ziele, die herausfordernd und für Sie selbst in Ihrer derzeitigen Situation erreichbar sind.
- Formulieren Sie Ihre Ziele so, dass Sie genau überprüfen können, ob und in welchem Ausmaß Sie Ihre Ziele erreicht haben.
- Formulieren Sie Ihre Ziele positiv. Sagen Sie nicht „Ich möchte nicht mehr so unordentlich sein.", sondern „Ich möchte meine Unterlagen in Ordnung halten.".
- Zerlegen Sie Ihre großen Ziele in kleinere Teilziele, damit Sie zwischendurch Erfolgserlebnisse haben, die Sie anspornen.

Manches von dem, was Sie heute nicht schaffen, müssen Sie morgen zusätzlich erledigen, anderes, wie eine verpasste Geburtstagsparty, kann nicht nachgeholt werden und ist daher für immer verloren.

Nicht alle Tätigkeiten, die Sie im Laufe eines Tages durchführen, sind gleich wichtig. Manche Tätigkeiten bringen Sie Ihren Zielen näher, andere sind eher unwichtig. Trotzdem verbringen die meisten Menschen einen Großteil ihrer Zeit mit eher unwichtigen Tätigkeiten, weil sie es nicht gewöhnt sind, Aufgaben nach ihrer Wichtigkeit zu ordnen.

Folgende Tabelle hilft Ihnen, wichtige und dringliche Aufgaben in angemessener Art und Weise zu bearbeiten:

Dringlichkeit	hoch	wenn Zeit bleibt, erledigen	sofort und sorgfältig erledigen
	niedrig	Zeitverschwendung, in den Papierkorb damit	ausreichend Zeit für eine sorgfältige Erledigung einplanen
		niedrig	**hoch**
		Wichtigkeit	

Tipps

Pareto, ein italienischer Ökonom, der in der zweiten Hälfte des 19. Jahrhunderts gelebt hatte, beobachtete, dass nicht jede Tätigkeit den gleichen Nutzen bringt:

- 20% Ihrer Tätigkeiten bringen 80% Ihres Erfolges.
- 50% Ihrer Tätigkeiten bringen 90% Ihres Erfolges.
- 100% Ihrer Tätigkeiten bringen 100% Ihres Erfolges.

- Führen Sie alle Aufgaben, die sowohl wichtig als auch dringlich sind, vorrangig und so rasch wie möglich durch. Achten Sie darauf, dass Sie noch frisch und munter sind, damit möglichst wenige Fehler passieren und eventuell notwendige Hilfestellungen zu bekommen sind.
- Aufgaben, die zwar nicht besonders wichtig, dafür aber dringlich sind, führen Sie mit angemessener Sorgfalt durch, wenn Sie noch Zeit dafür erübrigen können. Wenn die Zeit dafür nicht reicht, sollte auch kein Problem daraus entstehen.
- Für Aufgaben, die zwar wichtig sind, aber noch nicht dringend erledigt werden müssen, wie beispielsweise die Ausarbeitung eines Referats, das Sie in 2 Monaten halten sollen, suchen Sie in Ihrer Semesterplanung einen geeigneten Zeitraum und reservieren ihn dafür.

Bleiben nur noch Aufgaben, die weder wichtig noch dringend sind. Manche davon machen Ihnen vielleicht Spaß, wie das Durchblättern von Postwurfsendungen. Sie brauchen zwar keine neue Tennisausrüstung, blättern den Sportartikelkatalog aber doch ganz gerne durch. Genau genommen handelt es sich dabei um eine Freizeitbeschäftigung. Sind Sie allerdings der Ansicht, dass Sie Ihre Freizeit mit interessanteren Tätigkeiten verbringen wollen, dann sollten Sie den Katalog einfach zum Altpapier werfen und dafür sorgen, dass Sie in Zukunft nicht mit Informationsmaterial versorgt werden, das Sie gar nicht brauchen.

Üben

Praxisaufgaben

Gruppenarbeit

persönliche Programme entdecken

P 1:

Jede Gruppe wählt einen **typischen Glaubenssatz** und bespricht die möglichen Auswirkungen auf das Verhalten von Menschen. Im Anschluss trägt jede Gruppe ihre Lösung der Klasse vor.

1. Nur wer arbeitet, soll auch essen.
2. Ehrlichkeit siegt.
3. Ich kann alles schaffen, was ich will.
4. Geld verdirbt den Charakter.
5. Was Hänschen nicht lernt, lernt Hans nimmermehr.
6. Ohne Fleiß kein Preis.
7. Der Zweck heiligt die Mittel.
8. Der Klügere gibt nach.
9. Je reicher einer ist, desto leichter ist es für ihn, ein Lump zu sein.
10. Das Alter gräbt uns mehr Falten in den Geist als in das Gesicht.
11. Auch ein blindes Huhn findet manchmal ein Korn.
12. Gelobt sei, was hart macht!

P 2:

Formulieren Sie folgende hinderliche Anweisungen so um, dass diese hilfreich und förderlich werden:

hinderlich	förderlich
In Zukunft will ich keine Schokolade und auch sonst nichts Ungesundes mehr essen.	
Ich will nicht mehr so oft vor dem Fernseher liegen und meine Zeit mit uninteressanten Sendungen vergeuden.	
Ich interessiere mich nicht für Hip-Hop, daher finden mich alle langweilig.	
Ich bin zu dick und anscheinend auch unfähig, auch nur ein paar Kilos abzunehmen.	

Selbstvertrauen gewinnen

P 3:

Finden Sie alle **22 Wörter zum Thema Selbstvertrauen und Motivation,** die im folgenden Buchstabensalat versteckt sind.

E	R	F	O	L	G	R	X	S	A	R	N	P	L	W
R	E	R	A	I	R	B	K	I	Q	E	C	O	C	E
Z	I	E	L	E	H	R	E	K	L	I	Y	S	L	G
I	N	U	U	B	E	D	U	R	F	N	I	S	K	
E	H	D	S	E	I	R	E	I	X	E	E	T	N	M
H	I	E	N	V	K	I	C	H	R	O	C	I	A	O
U	X	Y	I	O	Y	N	A	E	H	W	Y	V	D	T
N	E	U	X	L	M	G	E	D	U	L	D	W	J	I
G	E	R	T	L	U	L	E	S	I	Q	K	U	Y	V
Q	M	U	T	Z	R	I	P	X	K	Y	U	R	Z	V
A	U	S	X	W	I	C	H	T	I	G	N	S	Z	K
N	U	S	J	A	K	H	R	I	N	D	X	I	P	O
G	E	F	A	H	R	X	G	E	D	A	N	K	E	N
S	O	Z	I	A	R	P	W	N	Y	Z	O	L	B	I
T	O	L	E	R	A	N	Z	P	G	L	A	U	B	E

sich selbst motivieren

Da bei P 4 je nach Sichtweise mehrere Antworten möglich sind, ist eine anschließende Diskussion zu empfehlen.

P 4:

Ordnen Sie folgende Handlungen der/den jeweiligen Bedürfnisstufe/n nach Maslow zu:

	Grundbedürfnis	Sicherheitsbedürfnis	Soziales Bedürfnis	Geltungsbedürfnis	Selbstverwirklichung
ein Musical mit Freunden im Theater anschauen					
für einen karitativen Weihnachtsmarkt basteln					
für eine Prüfung lernen und sich gegenseitig abprüfen					
zu Mittag mit Freunden gemeinsam eine Pizza essen					
warme Stiefel für den Winter einkaufen					
einen Ferienjob in einer Bank ausüben					
Gitarre spielen lernen, um in einer Band mitspielen zu können					
den neuesten MP3-Player kaufen und deutlich sichtbar tragen					

mit Stress umgehen

P 5:

Suchen Sie ca. 10 unterschiedliche Websites im Internet, die Informationen zum Thema „Stress" enthalten. Wählen Sie 2 bis 3 davon aus, die Ihnen besonders ergiebig und vertrauenswürdig erscheinen. Kopieren Sie Textpassagen und Bilder, die zu folgenden Fragen passen, in Ihre „Fundgrube". Inhalte aus Ihrer „Fundgrube" und aus dem Lehrbuch bereiten Sie schließlich so auf, dass Sie folgende Themen spannend vortragen können.

❶ Stress in der Schule
❷ Stress in der Familie
❸ Stress am Arbeitsplatz
❹ Persönliche Maßnahmen zur Stressvorbeugung
❺ Organisatorische Maßnahmen zur Stressvorbeugung

Lernvorgänge organisieren

P 6:

Finden Sie für jedes Feld mindestens 5 typische Tätigkeiten aus dem Leben von Schülerinnen und Schülern.

Dringlichkeit	hoch		
	niedrig		
		niedrig	hoch
Wichtigkeit			

Sichern

persönliche Programme ändern

Persönliche Programme sind Glaubenssätze, die über die Erziehung und Erfahrung gebildet werden. Manche helfen, den Alltag zu meistern und ganz automatisch zu handeln (bei einer roten Ampel stehen bleiben), andere behindern die Entwicklung („Brave Kinder stellen ihren Eltern keine lästigen Fragen."). Glaubenssätze zu ändern ist anstrengend und langwierig. Die Änderungen müssen positiv formuliert werden und sich auf die Gegenwart beziehen: „Ich will pünktlich sein." statt: „Ich werde in Zukunft nicht mehr unpünktlich sein."

Selbstvertrauen entwickeln

Vertrauen in die eigenen Kenntnisse und Fähigkeiten setzt voraus, dass ein Mensch sich selbst annimmt, so wie er ist und sich mit allen Vorzügen und Fehlern für wertvoll und liebenswert hält.

Misserfolge schmälern und Erfolge vergrößern das Selbstvertrauen, daher ist es wichtig, sich möglichst viele Ziele zu setzen, die auch erreichbar sind. Misserfolge und Rückschläge bewältigen und aus Fehlern lernen sind wichtige Schritte zur Entwicklung des Selbstvertrauens.

Bedürfnisse befriedigen

Menschen handeln, weil Sie Bedürfnisse befriedigen wollen:
- Grundbedürfnisse, die das Überleben sichern
- Sicherheitsbedürfnisse
- soziale Bedürfnisse
- Geltungsbedürfnisse
- das Bedürfnis nach Selbstverwirklichung

Ziele erreichen

Strategische Ziele geben die Richtung an, man kann Sie daher nie wirklich erreichen. **Operationale Ziele** sind konkret formulierte Ziele, die eindeutig überprüfbar sind. Ziele, die aufgeschrieben und nicht nur gedacht werden, sind verbindlicher und man fühlt sich eher verpflichtet, sie auch zu erreichen. Jeder Mensch verfolgt mehrere Ziele gleichzeitig, die zueinander in Verbindung stehen: Manche Ziele unterstützen einander, andere behindern einander, manche haben keinerlei Auswirkung aufeinander.

Stress

Eustress und **Distress** unterscheiden sich in der Intensität. Anspannung als Kraft- und Energiespender wird als Eustress bezeichnet. Wenn die Anspannung stark zunimmt, entsteht Distress, oder einfach Stress, wie er im allgemeinen Sprachgebrauch benannt wird. Menschen gehen mit Stress unterschiedlich um, was für manche einen Leistungsanreiz darstellt, ist für andere bereits unangenehmer Distress. Distress entsteht immer dann, wenn zu viele stressverursachende Faktoren gleichzeitig wirksam sind.

Stressvorbeugung

Die wichtigsten Maßnahmen zur Vorbeugung gegen Stress sind:
- die eigenen Bedürfnisse beachten
- sich gesund ernähren
- viel Bewegung am besten an der frischen Luft
- Entspannungstechniken lernen und anwenden
- sich selbst gut organisieren
- erreichbare Ziele setzen
- positiv formulieren
- Nein-Sagen lernen
- für Abwechslung sorgen
- den Arbeitsplatz angenehm gestalten

Zeiträuber ausschalten

Alle Tätigkeiten, die nicht unmittelbar zu einem angestrebten Ziel führen und nicht als Freizeitbeschäftigung empfunden werden, nennt man Zeiträuber.

Aufgaben einteilen

Aufgaben werden nach Wichtigkeit und Dringlichkeit geordnet.
- Wichtige und dringende Aufgaben werden sofort erledigt.
- Wichtige, aber noch nicht dringende Aufgaben werden verplant.
- Nicht wichtige, aber dringende Aufgaben werden nur erledigt, wenn ausreichend Zeit vorhanden ist.
- Weder wichtige noch dringende Aufgaben werden nicht erledigt.

Wissen

1. Welche Bedeutung haben persönliche Programme (Glaubenssätze) im Leben jedes Menschen?

2. Wie sollen persönliche Anweisungen formuliert werden, damit sie wirksam sind?

3. Was versteht man unter Selbstvertrauen?

4. Wodurch kann das Selbstvertrauen gestärkt werden?

5. Wodurch wird das Selbstvertrauen geschwächt?

6. Beschreiben Sie die 5 Stufen der Bedürfnispyramide nach Maslow.

7. Was bedeutet der Spruch: „Wer sein Ziel kennt, der findet auch den Weg?"

8. Wie sollen Ziele formuliert werden, damit eindeutig feststellbar ist, ob und in welchem Ausmaß sie erreicht wurden?

9. Wodurch kann Stress ausgelöst werden?

10. Durch welche Anzeichen kündigt sich Stress an?

11. Wie kann man Stress vorbeugen?

12. Was versteht man unter Zeiträuber?

13. Nach welchen Kriterien teilt man Aufgaben ein, die erledigt werden sollen?

Lerneinheit 3
Den Einstieg ins Berufsleben schaffen

Nach dem erfolgreichen Abschluss ihrer schulischen Ausbildung wollen viele Absolventinnen und Absolventen möglichst rasch ins Berufsleben einsteigen. Manche haben schon während der Ferialpraxis Kontakte zu künftigen Arbeitgebern geknüpft, andere informieren sich zunächst über den Arbeitsmarkt.

Sie lernen hier:

● **wie Sie aus Stellenanzeigen möglichst viele Informationen herauslesen,**
● **welche zusätzlichen Informationen für eine Bewerbung vorteilhaft sind,**
● **wie Sie vorgehen, wenn Sie sich bei einem Unternehmen bewerben wollen,**
● **wie Sie Anschreiben, Lebenslauf und Motivationsschreiben formulieren und gestalten,**
● **wie Sie sich auf das Vorstellungsgespräch vorbereiten,**
● **was Sie während der ersten Tage im neuen Job beachten.**

 # Lernen

1 Stellenanzeigen analysieren
Junge, dynamische Mitarbeiter mit viel praktischer Erfahrung gesucht

Bevor Sie eine konkrete Stelle in einem Unternehmen annehmen, ist es empfehlenswert, dass Sie sich mit Ihren ganz persönlichen Bedürfnissen, Interessen und Fähigkeiten beschäftigen. Nicht jedes Angebot, das für Ihre Mitschüler/innen der Traumjob zu sein scheint, ist auch für Sie der Start in eine erfolgversprechende Karriere!

Linktipp: Informationen zum Arbeitsmarktservice (AMS) finden Sie im Internet unter www.ams.at.

In Stellenanzeigen werden manchmal wahre Alleskönner gesucht; lassen Sie sich davon nicht abschrecken. Wenn Sie den überwiegenden Teil der Anforderungen erfüllen und sich vorstellen können, die ausgeschriebene Stelle im Unternehmen zu besetzen, dann haben Sie ganz gute Chancen. Jetzt kommt es darauf an, wie Sie sich selbst und Ihre Fähigkeiten im Bewerbungsprozess darstellen.

Sammeln Sie möglichst viele **Stellenanzeigen** und Informationen über Branchen, Unternehmen und Berufsbilder. Wertvolle Informationsquellen sind Zeitungen, Fachzeitschriften, Nachrichtensendungen, Kammern, Arbeitsmarktservice und besonders das Internet.

Eine **gute Stellenanzeige** informiert Sie über

● das Unternehmen: Größe, Internationalität, Bedeutung innerhalb der Branche, Unternehmensphilosophie …

● die ausgeschriebene Stelle: Aufgaben, Voraussetzungen

● was vom Bewerber/von der Bewerberin erwartet wird: Ausbildung, Erfahrung, Fachkenntnisse, persönliche und soziale Kompetenz

● was dem Bewerber/der Bewerberin geboten wird

● wie, wo und bei wem sich der Bewerber/die Bewerberin bewerben soll

● das kollektivvertragliche Mindestgehalt für die ausgeschriebene Stelle bzw. die Gehaltsvorstellungen des Unternehmens

Stelleninserat ❶:

Bilder machen nicht nur neugierig, sie liefern auch Informationen zum Unternehmen und zu seiner Kultur!

Da bin ich mir sicher.

Bereit
für Erfolg?

Hofer ist Österreichs führender Lebensmittel-Diskonter.
Wir stehen für beste Qualität zu niedrigsten Preisen.

**Aufgrund unseres ständigen Wachstums und zur Unterstützung
unseres erfolgreichen Teams suchen wir eine/n**

Assistent/in Einkauf
Standort Sattledt, Vollzeit

Ihre Aufgaben:
- selbstständiges Durchführen administrativer und organisatorischer Einkaufsagenden im eigenen Zuständigkeitsbereich
- Bearbeiten und Prüfen von Kooperationsvereinbarungen sowie Rechnungskontrolle
- allgemeines Korrespondieren mit Lieferanten und Kooperationspartnern
- Informations- und Kommunikationsdrehscheibe

Ihr Profil:
- fundierte kaufmännische Ausbildung auf Maturaniveau (gute Noten bevorzugt)
- einschlägige Berufserfahrung von Vorteil
- routinierter Umgang mit dem PC (insbesondere MS-Office)
- sehr gute kommunikative Fähigkeiten in Deutsch, Englisch von Vorteil
- zuverlässige, eigenständige Persönlichkeit mit außergewöhnlichem Organisationstalent

Unser Angebot:
- gezielte Einarbeitung
- Aus- und Weiterbildung im Rahmen der Hofer Akademie
- krisensicherer Arbeitsplatz
- abwechslungsreiches Aufgabengebiet in einem sympathischen Team
- überdurchschnittlich hohes Gehalt
  (deutlich über dem Kollektivvertragsgehalt von € 1.450,- ab dem 1. Jahr)

Ihre vollständigen Bewerbungsunterlagen
(Anschreiben, Lebenslauf mit Foto und
sämtliche Zeugnisse) senden Sie bitte an
bewerbung@hofer.at.

Hofer KG Hauptniederlassung
4642 Sattledt, Hofer Straße 1

f facebook.com/hofer.at　　　　**karriere.hofer.at**

(Quelle: www.karriere.at, Juli 2014)

Ihr erster Schritt in eine erfolgversprechende Berufslaufbahn ist die sorgfältige Analyse Ihrer eigenen Interessen, Stärken und Schwächen.

Welche der folgenden **Persönlichkeitsmerkmale,** die häufig in Stellenanzeigen vorkommen, treffen auf Sie zu?

Persönlichkeitsmerkmal	genauere Beschreibung
kontaktfreudig	ist heiter, fröhlich, großzügig, teilnahmsvoll, gesellig, offen, aktiv, nicht distanziert, geht auf andere Menschen zu, ist selbstsicher
verlässlich	ist pflichtbewusst, gewissenhaft, genau, anerkennt Regeln, ist nicht nachlässig, nicht leichtfertig
selbständig	kann seine Arbeit selbst planen, organisieren und kontrollieren, ist entscheidungsfreudig, übernimmt Verantwortung, hat Vertrauen in die eigenen Fähigkeiten
willensstark	hat starke Selbstdisziplin, Vertrauen in die eigenen Fähigkeiten, kann Misserfolge verkraften, kann sich selbst motivieren
tatkräftig	rasches Handeln ist wichtiger als langes Tüfteln an der besten Lösung, hat positive Grundeinstellung, ist optimistisch, offen, setzt Ideen um
durchsetzungsfähig	hat klare Ziele, kann seine und die Interessen seiner Organisation durchsetzen, achtet die Persönlichkeit seiner Verhandlungspartner und auf langfristig gute Beziehungen
flexibel	ist Änderungen gegenüber positiv eingestellt, passt sich neuen Situationen rasch an
kreativ	kann Wissen und Erfahrungen zu neuen Lösungen kombinieren, nicht engstirnig, mag keine eingefahrenen Bahnen
teamorientiert	arbeitet gern mit anderen zusammen, gemeinsame Ziele sind wichtiger als individuelle Interessen
motiviert	kann sich selbst motivieren, setzt sich für die Sache selbst ein, nicht für die zu erwartende Belohnung oder Anerkennung
konsensfähig	ist Konflikten gegenüber positiv eingestellt, kann sachliche Aspekte von persönlichen trennen, ist bereit für eine tragfähige Lösung Zeit und Energie aufzubringen
zielorientiert	orientiert sich in am Ziel und am angestrebten Ergebnis, erledigt die wichtigen Aufgaben vorrangig, arbeitet effektiv und effizient
analytisch denkend	kann eine komplexe Aufgabenstellung in überschaubare Teile zerlegen und ganzheitlich systematisch bearbeiten, erkennt Zusammenhänge zwischen Ursache und Wirkung
sozial kompetent	ist sich seiner selbst bewusst, kann eigenes Verhalten reflektieren und steuern, kann Empfindungen und Verhalten anderer erkennen und konstruktiv darauf eingehen

Es ist vorteilhaft, wenn Sie sich auch über das **Unternehmen** informieren können. Ein großes Unternehmen mit internationalen Kunden wird Ihnen multikulturelle Kontakte bieten, setzt aber meist ausgezeichnete Sprachkenntnisse voraus. Darüber hinaus sind die Karrierewege breiter und vielfältiger als in einem kleinen Unternehmen, wo eher Generalisten gefragt sind.

Ein stark wachsendes Unternehmen in der Aufbauphase setzt mehr Pioniergeist voraus als ein Marktführer innerhalb der Branche.

Ein erfolgreiches Unternehmen wird eher in die Weiterbildung seiner Mitarbeiter investieren als ein notleidendes. Im Staatsdienst sind zwar die Gehälter niedriger, dafür ist der Arbeitsplatz sicherer.

Unternehmen unterscheiden sich nicht nur durch ihre Größe, Internationalität, Branchenzugehörigkeit, Wachstum und Erfolg, sondern auch durch ihre **Unternehmenskultur.** In einem jungen, dynamischen Unternehmen, das Dienstleistungen in der EDV anbietet, in dem sich alle Mitarbeiter mit Vornamen ansprechen und bei dem es keine festen Arbeitszeiten pro Woche gibt, ist die Unternehmenskultur deutlich anders als in einem alteingesessenen Familienunternehmen mit langer Tradition, in dem sich alle Mitarbeiter/innen mit Titel und Familiennamen ansprechen und jeder sorgsam darauf bedacht ist, Bewährtes unverändert zu lassen.

Die **Unternehmenskultur** umfasst die Werte, an denen sich das Unternehmen und alle Mitarbeiter/innen orientieren, die Art und Weise, wie sich das Unternehmen in seinem Umfeld verhält und wie Mitarbeiter und Führungskräfte miteinander umgehen.

Die **Unternehmenskultur** tritt in vielen Bereichen in Erscheinung:

- Art und Ausführung der Produkte
- Architektur und Ausstattung des Gebäudes und der Arbeitsplätze
- Werbung und Public Relations
- Internetauftritt
- Leitsätze des Unternehmens
- Sprache und Verhalten der Mitarbeiter/innen
- Arbeitsmentalität, Führungsstil etc.

Stelleninserat ❷:

(Quelle: www.karriere.at, Juli 2014)

SbX

Bewerben Sie sich auf das Stelleninserat im SbX unter der ID: 1531.

Praxisaufgabe

P 1:

Analysieren und vergleichen Sie die beiden Stellenanzeige auf den Seiten 183 und 185:

- Welche Kenntnisse und Fähigkeiten werden von Bewerberinnen und Bewerbern erwartet?
- Welche Aufgaben sind zu erledigen?
- Was wird den Bewerberinnen und Bewerbern geboten?
- Wie stellt sich das Unternehmen im Internet dar?
- Was ist das Leitbild des Unternehmens?
- Wie groß ist das Unternehmen und in welcher Branche ist es tätig?
- Was sagt mein Gefühl zum Unternehmen und zur ausgeschriebenen Stelle?

2 Anschreiben, Lebenslauf und Motivationsschreiben
Mit dem Bewerbungsschreiben machen Sie für sich selbst Werbung.

Ihre Botschaft an die personalverantwortliche Person lautet: „Stell mich ein, ich bin für die ausgeschriebene Stelle in deinem Unternehmen bestens geeignet!"

Das **Bewerbungs-schreiben** besteht aus den Teilen:

- Anschreiben
- Lebenslauf
- Motivations-schreiben

Unter www.help.gv.at finden Sie zusätzliche **Tipps zum Bewer-bungsschreiben** und **Musterlebensläufe zum Downloaden.**

Damit Ihre Botschaft auch verstanden wird, beantworten Sie zunächst folgende Fragen als Vor-bereitung für Ihr Bewerbungsschreiben:

❶ Wie ist die korrekte Bezeichnung der Stelle?

Achten Sie auf die vollständige und im Wortlaut richtige Bezeichnung.

❷ Wann und wie habe ich von der ausgeschriebenen Stelle erfahren?

Nennen Sie Zeitungsinserat/Datum.

❸ An wen ist die Bewerbung zu richten?

Geben Sie den vollständigen und richtig geschriebenen Vor- und Nachnamen samt Titel wie in der Anzeige an.

❹ Warum will ich in diesem Unternehmen mitarbeiten?

zukunftsorientierte Produkte/Dienstleistungen, Wachstum, Unternehmensphilosophie, als Ferialpraktikant/in, Kunde/Kundin etc. kennen- und schätzengelernt

❺ Warum bin ich für die ausgeschriebene Stelle besonders geeignet?

Die Anforderungen für diese Stelle stimmen mit meinen fachlichen und persönlichen Kom-petenzen überein.

❻ Was erwarte ich als nächsten Schritt?

Einladung zu einem persönlichen Gespräch, Telefonat, E-Mail

❼ Welche Unterlagen lege ich bei?

Lebenslauf, Motivationsschreiben, Zeugniskopien, Kursbestätigungen, wenn verlangt, dann auch Kopien von Dokumenten, vorhandene Dienstzeugnisse von früheren Arbeitgebern oder von Ferialpraxisstellen

Wenn es Ihnen gelingt, sich von der Masse aller Bewerbungen her-vorzuheben, haben Sie die erste Hürde bereits gemeistert!

Anschreiben

Bei der Gliederung des Anschreibens ist es gut, den Erwartungen zu entsprechen; bei der Formulierung ist es besser zu überraschen.

Bewerber/in

1. Name und Adresse der Bewerberin/des Bewerbers
einen ansprechenden Briefkopf gestalten

Empfänger/in

2. Name und Adresse der Empfängerin/des Empfängers
auf die richtige Schreibweise achten

Ort/Datum

3. Ort und Datum
der Ort ist nur dann wichtig, wenn es nicht der zukünftige Einsatzort ist

Betreff

4. Betreff: Die Stelle, um die Sie sich bewerben
das Wort „Betreff" kommt nicht vor, der Text wird größer und fettgedruckt

Anrede

5. Anrede

„Sehr geehrte Damen und Herren," ist nur dann richtig, wenn Sie den Namen der personalverantwortlichen Person nicht in Erfahrung bringen können.

Tipps

> „Sehr geehrte Frau Meier!" oder „Sehr geehrter Herr Meier," Beachten Sie die richtige Schreibweise und auch eventuelle Titel. Nach dem Rufzeichen (!) schreiben Sie in der übernächsten Zeile groß weiter, nach einem Beistrich (,) setzen Sie den Text in Kleinbuchstaben fort.

Einstieg

Initiativbewerbung: eine Bewerbung ohne Bezug auf eine konkrete Stellenanzeige

6. Einstieg mit Bezug zur Stelle/bei Initiativbewerbungen zum Unternehmen

Vermeiden Sie die Formulierung „Hiermit bewerbe ich mich ...". Mit diesem Anfang beginnen nämlich die meisten Bewerbungsschreiben.

Tipps

> **Besser:**
>
> „Ihre Anzeige im ... hat mich neugierig gemacht."
> „Mit großem Interesse habe ich Ihre Anzeige gelesen und möchte mich Ihnen als Absolventin der ... vorstellen."
> „Ich bin Schüler der ... und habe mit großem Interesse gelesen, dass Sie ..."
> „Ich interessiere mich für die von Ihnen ausgeschriebene Position als ..."
> Falls Sie sich schon auf ein Telefonat oder ein persönliches Gespräch beziehen können:
> „Vielen Dank für das ausführliche Gespräch."
> Falls Sie sich für eine Stelle bewerben, für die Sie auch private Erfahrungen einbringen:
> „Beruf und Hobby miteinander zu verbinden, ist für mich als Schülerin/Absolventin der ... eine besondere Herausforderung. Ihre Anzeige ... hat mich daher sofort angesprochen."

Interesse zeigen

7. Interesse am Unternehmen zeigen

Die dafür notwendigen Informationen beziehen Sie aus Prospektmaterial, den Medien, dem Internet oder über persönliche Kontakte.

„Ich würde gerne in einem jungen österreichischen Unternehmen arbeiten, das international konkurrenzfähige ... entwickelt und vertreibt."

„Ich kaufe seit vielen Jahren regelmäßig bei ... ein und bin sowohl mit der Qualität der Produkte als auch mit der Beratung immer sehr zufrieden."

Sie sind der/die Richtige!

Warum gerade Sie die richtige Person sind!

8. Warum gerade Sie die richtige Person sind

Beziehen Sie sich auf jene Anforderungen in der Stellenanzeige, die Sie erfüllen können, und liefern Sie dafür stichhaltige Beweise.

Wenn in der Anzeige eine kundenorientierte Arbeitseinstellung verlangt wird, können Sie darauf eingehen, indem Sie erwähnen, dass Sie Klassensprecher/in, Biologieordner/in oder Umweltverantwortliche/r Ihrer Klasse waren.

Zum Beispiel: „Als Absolvent einer Handelsakademie mit Schwerpunkt Informationstechnik erfülle ich fachlich die von Ihnen erwarteten Voraussetzungen:

- Kenntnisse in Buchhaltung und Kostenrechnung
- Textverarbeitung und Tabellenkalkulation

nächster Schritt

9. Nächster Schritt

Vermeiden Sie Formulierungen wie „Falls Sie noch irgendwelche Fragen haben, stehe ich Ihnen selbstverständlich jederzeit zur Verfügung." Der erste Teil des Satzes klingt ziemlich überheblich („Ich habe ohnehin schon alles gesagt, aber falls Sie etwas schwer von Begriff sind, dann ..."); im zweiten Teil versprechen Sie etwas, was Sie gar nicht halten können: Sie haben nämlich auch andere Verpflichtungen als zur Verfügung zu stehen.

Tipps

> **Besser:**
>
> „Ich würde mich freuen, wenn Sie mich zu einem persönlichen Gespräch einladen."
> „Wenn meine Bewerbung Ihr Interesse geweckt hat, freue ich mich über eine Einladung zu einem Vorstellungsgespräch."
> „Für weitere Auskünfte stehe ich Ihnen gern in einem persönlichen Gespräch zur Verfügung."

5 Persönlichkeitsbildung

Abschluss

10. Abschluss

„Hochachtungsvoll" ist nicht mehr üblich. **Besser:** „Mit freundlichen Grüßen"

Anlage

11. Anlage

Falls Sie eine ganze Mappe mit Bewerbungsunterlagen mitschicken, führen Sie nur die Mappe an, falls Sie nur wenige Unterlagen mitschicken, führen Sie jede Unterlage extra an.

Zum Beispiel: „Bewerbungsmappe" oder „Abschlusszeugnis, Ferialpraxisbestätigung"

Tipps

Für ein **wirkungsvolles Anschreiben** sollten Sie sich ausreichend Zeit reservieren:

- Informationen über das Unternehmen einholen
- die Stellenanzeige sorgfältig analysieren, damit Sie die passenden Argumente und Schlüsselwörter für Ihr Anschreiben herausfinden
- mindestens zwei Varianten ausformulieren und mit Personen Ihres Vertrauens besprechen
- eine Nacht überschlafen
- weitere Korrekturen vornehmen
- auf Vollständigkeit und Übereinstimmung überprüfen (z.B. gleiches Datum für alle Bewerbungsunterlagen)
- gemeinsam mit den anderen Bewerbungsunterlagen abschicken

Das **Anschreiben** sollte niemals länger als eine Seite sein. Der erste Satz macht neugierig und der letzte Satz enthält eine freundliche Aufforderung zu einem Bewerbungsgespräch.

Beispiel für ein Anschreiben (nimmt auf die Stellenanzeige auf Seite 185 Bezug)

So könnte Ihr Anschreiben als Brief gegliedert sein:

Ihr Name und Ihre Adresse	Lisa Lustig Mozartplatz 12/20 5020 Salzburg
Name und Adresse des Empfängers/ der Empfängerin	Gebrüder Weiss Gesellschaft m.b.H. Frau Anja Dolze Robinigstraße 57 5020 Salzburg
Datum	
Betreff	**Bewerbung als Sachbearbeiterin Kundenservicecenter am Standort Salzburg**
Anrede	Sehr geehrte Frau Dolze,
Einstieg mit Bezug zur Anzeige	Ihre Anzeige bei karriere.at hat mich neugierig gemacht.
Interesse am Unternehmen/an der Branche zeigen	Ihr Unternehmen ist mir aus den Medien und Ihre Lkw sind mir aus dem Straßenverkehr bekannt. Auch Ihr Leitbild, in dem Sie Innovation und Tradition mit maximaler Kundenorientierung verbinden, hat mich sofort angesprochen.
warum gerade Sie die richtige Person sind ...	Als Absolventin einer Euroklasse der Bundeshandelsakademie 1 in Salzburg erfülle ich fachlich alle von Ihnen erwarteten Voraussetzungen. In den Ferien habe ich praktische Erfahrungen mit Kunden gesammelt; ich war in einem Hotel in der Steiermark an der Rezeption tätig, wo ich Kundenwünsche bearbeitet und telefonische Auskünfte erteilt habe. Meine guten kommunikativen Fähigkeiten in Deutsch, Englisch und Italienisch sind immer wieder lobend erwähnt worden. Mein Berufspraktikum habe ich bei Spießberger & Söhne GmbH, Böcksteiner Bundesstr. 104, 5640 Bad Gastein absolviert. Dort habe ich erste Erfahrungen im Transportwesen gesammelt und nicht nur alle Bereiche der Transportbranche – Luftfracht, Seefracht, Bahn- sowie Straßenverkehr – kennengelernt, sondern war auch in die zolltechnische Abfertigung von Sendungen, Schadensbearbeitung sowie Kundenservice und Verkauf mit eingebunden. Genauigkeit und Sorgfalt in der Abwicklung von Aufträgen waren für mich immer besonders wichtig, daher bin ich davon überzeugt, eine geeignete Mitarbeiterin für Ihr Unternehmen zu sein. Mein Organisationstalent und mein Geschick im Umgang mit Menschen kann ich als Schnittstelle zwischen Kunden und internen Verkehrsabteilungen und meine Genauigkeit bei der proaktive Sendungsüberwachung und Reklamationsbearbeitung gut einsetzen.
nächster Schritt	Ich würde mich freuen, wenn Sie mir Gelegenheit geben, mich Ihnen auch persönlich vorzustellen.
Abschluss	Mit freundlichen Grüßen Lisa Lustig
Anlagen	Lebenslauf, Maturazeugnis, Kopie der 2 Ferialpraxisbestätigungen und des ECDL

Marginalien:

Beachten Sie, dass im Briefkopf auch der **Vorname des Empfängers/der Empfängerin** genannt wird.

Die **Bezeichnung der Stelle,** für die Sie sich bewerben, übernehmen Sie im genauen Wortlaut aus dem Inserat.

Die **Referenznummer** sollten Sie immer angeben, wenn im Inserat darauf hingewiesen wird.

Die **Informationen über das Leitbild** holen Sie vom Internet-Auftritt, die Seite ist ohnehin im Stelleninserat angegeben.

Das **Anschreiben** ist eher kurz gehalten. Es soll den Personalverantwortlichen neugierig machen. Die Details erfährt er ohnehin aus Ihrem **Lebenslauf,** Ihre Lebensphilosophie aus dem **Motivationsschreiben.**

Achten Sie nicht nur auf den Inhalt, sondern auch auf die **richtige Seitengestaltung!**

Für den **Fließtext** sollten Sie eine Schriftart wählen, die gut lesbar ist und zu Ihnen als Person passt.

Wie das Bewerbungsschreiben beim Empfänger ankommt, hängt nicht nur vom Inhalt selbst, sondern auch von der **Präsentation des Inhalts** ab.

Achten Sie daher darauf, dass

- Ihre Formulierungen sprachlich korrekt und verständlich sind,
- die Seite ansprechend gestaltet ist und
- Ihre Botschaft Interesse weckt.

Lebenslauf

Nähere Angaben zu Ihrer Person stellen Sie im **tabellarischen Lebenslauf** übersichtlich dar.

Vgl. www.europass.at

Früher war es üblich, den Lebenslauf handschriftlich zu schreiben und wie einen Aufsatz zu formulieren, heute ist der **tabellarische, übersichtlich (Stichworte) gestaltete Lebenslauf mit Bild** erwünscht. Bei Bedarf gestalten Sie das Motivationsschreiben handschriftlich.

Der im Folgenden beschriebene Vorschlag ist dem Muster für den europäischen Lebenslauf des „Europäischen Forums für die Transparenz beruflicher Qualifikationen" nachempfunden und den Erwartungen österreichischer Unternehmen angepasst.

Er ist als Orientierungshilfe gedacht. Benutzen Sie ihn wie eine Speisekarte in einem Restaurant und wählen Sie für jedes Bewerbungsschreiben diejenigen „Speisen" aus, die dem zukünftigen Arbeitgeber schmecken könnten.

Ihr (maximaler) Lebenslauf besteht aus folgenden Teilen:

persönliche Daten

❶ **Angaben zur Person**

- Name und Anschrift
- Telefonnummer und E-Mail-Adresse, evtl. Bewerbungs-Homepage
- Geburtsdatum und Ort, Staatsbürgerschaft
- Familienstand, evtl. Anzahl und Alter der Kinder
- Präsenz- oder Zivildienst

angestrebte Stelle

❷ **Angestrebte Stelle**

Berufserfahrung

❸ **Berufserfahrung**

- Zeitspanne (von – bis)
- Name und Adresse des Arbeitgebers
- Beruf, Funktion
- Aufgaben und Verantwortungsbereiche

Beschreiben Sie diesen Abschnitt ausführlich, denn meistens interessiert sich Ihr zukünftiger Arbeitgeber besonders dafür, was Sie an praktischer Erfahrung mitbringen.

Schul- und Berufsbildung

Achten Sie auf eine lückenlose Darstellung!

❹ **Schul- und Berufsbildung**

- Zeitspanne (von – bis; Monat/Jahr), Schultyp
- Ausbildungsschwerpunkte und Abschluss (erworbene Qualifikation)
- Berufsbildende Ausbildung, Lehrgang, Fachhochschule, Universität

Persönliche und soziale Kompetenz

wird im Berufsleben immer wichtiger, daher sollten Sie im Lebenslauf neben **Hard Skills** auch alle sogenannten **Soft Skills** anführen und beweisen, dass sie diese auch tatsächlich besitzen.

Hard Skills: fachliche und methodische Kompetenz

Soft Skills: persönliche und soziale Kompetenz

❺ **Persönliche Fähigkeiten und Kompetenzen**

- Muttersprache
- sonstige Sprachen
  Ort und Dauer der Ausbildung, evtl. Zertifikat
  Sprachaufenthalte
  Lesen, Schreiben, Sprechen
- soziale Fähigkeiten und Kompetenzen
  Zum Beispiel: Kommunikation, Teamfähigkeit, multikulturelles Umfeld
  Ort und Dauer der Ausbildung/des Einsatzes, evtl. Zertifikat
- organisatorische Fähigkeiten und Kompetenzen
  Zum Beispiel: Projektarbeit, Gruppenarbeit, Klassensprecher
  Ort und Dauer der Ausbildung/des Einsatzes, evtl. Zertifikat
- berufliche Fähigkeiten
  Zum Beispiel: Elektronik, Maschinenbau
  Ort und Dauer der Ausbildung/des Einsatzes, evtl. Zertifikat

Ein Designer wird im Abschnitt „Künstlerische Fähigkeiten" seine Kompetenzen in diesem Bereich anführen. Ein Programmierer, der in seiner Freizeit einen Malkurs besucht und seine Werke im Freundeskreis herzeigt, wird im Abschnitt „Freizeitinteressen" angeben, dass er gerne malt.

- Computerkenntnisse
  Zum Beispiel: gute Kenntnisse von Microsoft Office
  Ort und Dauer der Ausbildung/des Einsatzes, evtl. Zertifikat
- sonstige Fähigkeiten und Kompetenzen
  Zum Beispiel: Musikinstrument, bildende Kunst, Schauspiel
  Ort und Dauer der Ausbildung/des Einsatzes, evtl. Zertifikat
- Führerschein/e
- Freizeitinteressen

⑥ Zusätzliche Angaben

- Referenzen: Name und Funktion, Kontaktadresse, Telefonnummer
- Mitgliedschaften
- Publikationen

Geben Sie **Referenzen** nur dann an, wenn diese ausdrücklich verlangt werden.

Wir leben in einer schnelllebigen Zeit. Sie können daher nicht davon ausgehen, dass Sie Ihr ganzes Berufsleben lang in ein und demselben Unternehmen bleiben werden. Da Sie sich öfter um einen Arbeitsplatz bewerben werden, ist es vorteilhaft, wenn Sie Ihren **maximalen Lebenslauf** nicht jedes Mal neu zusammenstellen müssen, sondern nur ergänzen. Am besten Sie speichern ihn am Computer ab, dann können Sie auf ein interessantes Stelleninserat rasch reagieren.

Der im Folgenden beschriebene Vorschlag entspricht dem internationalen Lebenslauf, der bei internationalen Unternehmen erwartet und auch von kleineren und mittleren österreichischen Unternehmen gerne angenommen wird.

Beispiel für einen Lebenslauf mit Motivationsschreiben:

Mit dem **Bewerbungsfoto** liefern Sie einen ersten Eindruck von sich.

Ihr Bild zeigt Sie so, wie Sie sind: freundlich lächelnd und ansprechend gekleidet.

Weder ein Foto vom letzten Urlaub noch ein Automatenfoto ist empfehlenswert, schließlich geht es um Ihren **erfolgreichen Einstieg** ins Berufsleben.

Wenn Sie eine **Bewerbungsmappe** gestalten, kommt das Bild auf das Deckblatt der Mappe und nicht in den Lebenslauf.

Achten Sie beim Lebenslauf nicht nur auf den Inhalt, sondern auch auf ein **ansprechendes Design!**

SbX

Weitere Musterlebensläufe finden Sie im SbX unter der ID: 1531.

Persönliche Daten

Name:	Lisa Lustig
Adresse:	Mozartplatz 12/20, 5020 Salzburg
Nationalität:	Österreich
Telefon:	+43 664/123 45 67
Email:	lisa.lustig@gmail.com
Geburtsdatum:	18. November 19..
Familienstand:	Ledig
Führerschein:	Klasse B

Ausbildung

September 20..–Juli 20..: **Bundeshandelsakademie 1 Salzburg**
5020 Salzburg
Absolventin der Euroklasse
Matura mit gutem Erfolg bestanden

September 20...–Juli 20..: **Bilinguale Kooperative Mittelschule**
5020 Salzburg

September 20..–Juli 20..: **Volksschule** 5020 Salzburg

Weitere Qualifikationen

05/20..: ECDL Computerführerschein

Einige Vorschläge für das Motivationsschreiben:

- ich über mich
- meine Ziele
- zu meiner Person
- meine Sicht der Dinge
- was mich motiviert
- was mir wichtig ist

Beruflicher Werdegang

07/20..–08/20..:	**Praktikum: Spießberger & Söhne GmbH,** Böcksteiner Bundesstr 104, 5640 Bad Gastein Assistenz bei der zolltechnischen Abfertigung von Sendungen, der Schadensbearbeitung, dem Kundenservice und dem Verkauf. Computerarbeiten (MS Office)
07/20..–07/20..:	**Praktikum: Hotel Bergkristall,** Birkenweg 150, 8971 Rohrmoos-Untertal Rezeption, Gästebetreuung

Persönliche Fähigkeiten und Kompetenzen

Muttersprache:	Deutsch
Fremdsprachenkenntnisse:	• Englisch (sehr gut, B2) 2 Monate Sprachaufenthalt in England • Französisch (mittel, A2) • Italienisch (gering, A1)
Kommunikative Fähigkeiten:	Einfühlungsvermögen, Teamfähigkeit Persönliche und telefonische Kundenbetreuung während der Ferialpraktika
Organisatorische Fähigkeiten:	Zielorientierung, Genauigkeit, Belastbarkeit Selbständige Bearbeitung von Reklamationen
Computerkenntnisse:	Computerführerschein, MS Office, SAP-Grundkenntnisse, Internet und Social-Media-Kenntnisse
Persönliche Interessen:	Literatur, Mode, Reisen, Sprachen, Tanzen, Sport (Laufen, Schifahren, Rad fahren)

Was mir wichtig ist

Jeder Mensch braucht Wurzeln und Flügel, um im Leben erfolgreich zu sein. Wurzeln, um sich Energie zu holen, und Flügel, um seine Ziele zu erreichen. Meine Wurzeln sind meine Familie, meine Freunde, mein Wissen und meine praktische Erfahrung.

Meine Flügel brauche ich, um mein Leben beruflich und privat mit Sinn zu erfüllen und meine Kenntnisse und Fähigkeiten fortlaufend zu erweitern.

Ich arbeite gerne im Team, weil komplexe Aufgabenstellungen nur durch das Zusammenspiel von Menschen mit unterschiedlichen Kompetenzen bewältigt werden können.

Kundenwünsche bestmöglich zu erfüllen, sichert langfristig meinen eigenen Arbeitsplatz. Daher ist es mir wichtig, in einem Unternehmen beschäftigt zu sein, das die Bedürfnisse und Wünsche seiner Kunden ernst nimmt und immer neue Geschäftsfelder daraus ableitet.

Wien, Datum

Lisa Lustig

Inhaltlich sollte das **Motivationsschreiben** keine Wiederholung, sondern eine **Vertiefung einiger Angaben im Anschreiben oder Lebenslauf** sein. Wenn Sie keine eigene Seite gestalten wollen, können Sie den Inhalt auch an den Lebenslauf anhängen wie im nebenstehenden Beispiel.

Motivationsschreiben

Mit einem persönlich gehaltenen Motivationsschreiben können Sie Personalverantwortliche überraschen und sich selbst Vorteile vor den Mitbewerberinnen und Mitbewerbern sichern.

Sollte ein **handschriftlicher Lebenslauf** erwünscht sein, können Sie das Motivationsschreiben handschriftlich und den Lebenslauf tabellarisch mit einem Textprogramm erstellen. Damit sind die Angaben zu Ihrer Person übersichtlich gestaltet und es ist möglich, sich ein Bild von Ihrem Schreibstil und Ihrem sprachlichen Ausdrucksvermögen zu machen und auch Ihre Handschrift zu analysieren.

Für das Motivationsschreiben gibt es fast keine Richtlinien. Sie können Ihre Kreativität daher frei entfalten, solange Sie sich kurzfassen, das Blatt ansprechend gestalten und eine zum Text passende Überschrift wählen.

Der **erste Eindruck** ist für den weiteren Verlauf des Gesprächs besonders wichtig. Achten Sie daher auf Ihr äußeres Erscheinungsbild.

3 Vorstellungsgespräch
Die eigenen Fähigkeiten und Interessen mit jenen des Unternehmens abstimmen

Wenn Sie die Personalverantwortlichen davon überzeugen wollen, dass Sie für die ausgeschriebene Stelle am besten geeignet sind, sollten Sie weniger darauf achten, was das Unternehmen für Sie tun kann, sondern was Sie für das Unternehmen tun können.

Vorbereitung auf das Vorstellungsgespräch

Bereiten Sie sich rechtzeitig auf Ihr Vorstellungsgespräch vor, denn manchmal kann es vorkommen, dass Ihr Gesprächstermin sehr knapp angesetzt wird. Ziel des Vorstellungsgesprächs ist es, einander persönlich kennenzulernen, um die Vor- und Nachteile besser abschätzen zu können.

akquirieren: anwerben

Das Unternehmen wird danach streben, den besten Bewerber/die beste Bewerberin für die Position zu akquirieren, Sie als Bewerber/in werden versuchen, das beste Angebot anzunehmen.

- Ist Ihre Frisur typgerecht und gepflegt?
- Besitzen Sie einen Anzug, Hosenanzug oder ein Kostüm, in dem Sie nicht nur modisch aktuell wirken, sondern auch Ihrer zukünftigen Position im Unternehmen entsprechend gekleidet sind?
- Sind die zur Kleidung passenden Schuhe in Ordnung oder brauchen Sie eine Reparatur?
- In welcher Mappe oder Handtasche werden Sie Ihre Unterlagen zum Gespräch mitnehmen?

Legen Sie eine **Mappe** mit allen für das Vorstellungsgespräch wichtigen Unterlagen an:

- Stellenanzeigen, für die Sie sich beworben haben
- Kopie Ihres Bewerbungsschreibens samt Lebenslauf
- Abschlusszeugnis: Original und Kopie
- Zeugnisse früherer Jahrgänge
- Kursbestätigungen
- Ferialpraxis: Bestätigung
- Dokumente: Original
- Fragenkatalog: häufig gestellte Fragen, was Sie wissen wollen

Bewerbungsmappe

Bereiten Sie sich sorgfältig auf Fragen vor, die wahrscheinlich jede/r Personalverantwortliche von Ihnen beantwortet haben will.

Fragenkatalog zur Vorbereitung auf das Vorstellungsgespräch

Ausbildung

Wenn Sie über Ihre Lehrerinnen und Lehrer sprechen, sagen Sie auch etwas darüber aus, mit welchen Vorgesetzten Sie besser und mit welchen Sie vermutlich schlechter auskommen werden.

Zu Ihrer Ausbildung

- Beschreiben Sie Ihre bisherige Ausbildung.
- Warum haben Sie sich für die Schule XY entschieden?
- Wäre auch eine andere Schule/eine andere Ausbildung für Sie in Frage gekommen?
- Was waren Ihre Lieblingsgegenstände? Warum?
- Welche Gegenstände mochten Sie weniger gern? Warum?
- Welche Eigenschaften haben Sie an Ihren Lehrerinnen und Lehrern geschätzt/nicht geschätzt?
- Planen Sie eine Fortsetzung Ihrer Ausbildung an einer Universität oder Fachhochschule?

Zu Ihrem beruflichen Werdegang

- Wann und bei welchen Unternehmen haben Sie Ferialpraxis geleistet?
- Welche Aufgaben haben Sie dort erledigt?
- Was hat Ihnen gefallen/weniger gefallen?
- Warum sind Sie von Unternehmen A zu Unternehmen B gewechselt?
- Warum wollen Sie Ihren derzeitigen Arbeitsplatz/Arbeitgeber verlassen?

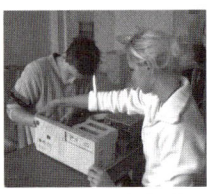

Einsatz am Arbeitsplatz

Zu Ihrer Person

- Beschreiben Sie sich selbst als Person.
- Wie würde Sie eine gute Freundin/ein guter Freund beschreiben?
- Was sind Ihre 3 größten Stärken/Schwächen?
- Welche Situationen in Ihrem Leben waren aus irgendwelchen Gründen besonders bedeutsam, prägend, wichtig für Sie?
- Wofür interessieren Sie sich?
- Wie verbringen Sie Ihre Freizeit?
- Haben Sie kulturelle Interessen?
- Haben Sie viele Freunde?
- Welche Zeitungen werden in Ihrer Familie gelesen?
- Welche Ziele möchten Sie in Ihrem Leben erreichen?
- In welchem Umfeld fühlen Sie sich wohl/nicht wohl?
- Arbeiten Sie lieber allein oder im Team?
- Wie stehen Sie zu Überstunden, Dienstreisen, Auslandsaufenthalten?
- Was bedeutet für Sie Erfolg/Misserfolg?

Hobbys und Freizeitinteressen sagen viel über eine Person aus.

Wie würde Sie ein guter Freund/eine gute Freundin beschreiben?

angestrebte Position

Auf die Fragen zur **angestrebten Position** können Sie sich sehr gut vorbereiten, wenn Sie Unterlagen über das Unternehmen z.B. im Internet finden!

Zur angestrebten Position

- Warum wollen Sie gerade in unserem Unternehmen arbeiten?
- Warum sollten wir gerade Sie für die ausgeschriebene Position aufnehmen?
- Was interessiert Sie an der ausgeschriebenen Position?
- Haben Sie irgendwelche Bedenken, die Sie daran hindern könnten, die Stelle in unserem Unternehmen anzunehmen?
- Wie sind Ihre Gehaltsvorstellungen?

unvorbereitete Fragen

Fragen, die Sie unvorbereitet treffen sollen

- Angenommen, Sie würden eine Einladung zur Teilnahme an der Millionenshow erhalten, würden Sie diese Einladung annehmen?
- Angenommen, Sie erhalten Freikarten für eine beliebige Veranstaltung, wofür würden Sie sich entscheiden?

Fragen stellen

Fragen, die Sie stellen sollten

- Was unterscheidet Ihr Unternehmen von anderen Unternehmen in der Branche?
- Wie wird die Unternehmensphilosophie, das Leitbild im Unternehmen umgesetzt?
- Wie ist das Unternehmen aufgebaut?
- Wo im Organigramm ist die ausgeschriebene Stelle angesiedelt?
- Warum wird die Stelle neu besetzt?
- Wer war/ist der letzte Stelleninhaber?
- Warum verlässt er die Stelle?
- Wer ist der/die künftige Vorgesetzte?
- Was erwarten Sie von mir in dieser Position?
- Wie hoch ist das durchschnittliche Alter im Unternehmen, in der Abteilung?
- Welche Karrieremöglichkeiten gibt es im Unternehmen?
- Gibt es firmeninterne Schulungsprogramme?

Wie sich das Unternehmen selbst darstellt

Das Vorstellungsgespräch

Sie haben allen Grund, auf sich selbst stolz zu sein, denn die erste Hürde haben Sie bereits geschafft: Sie haben eine Einladung zu einem **Vorstellungsgespräch** erhalten. Nun können Sie in die Tat umsetzen, was Sie bisher sorgfältig vorbereitet haben.

Planen Sie ausreichend Zeit für die Anreise ein und berücksichtigen Sie dabei Störungen, die gar nicht so selten vorkommen: Verkehrsstau wegen einer Baustelle, Umleitung, kein freier Parkplatz, eine Schnellbahn fällt aus etc. Sollte es erfreulicherweise zu keiner Verzögerung kommen und Sie sind 30 Minuten zu früh, dann gönnen Sie sich einen kleinen Spaziergang oder eine Erfrischung im Lokal. Wenn Sie 5 bis 10 Minuten vor dem Termin eintreffen, haben Sie noch genug Zeit, das Büro oder Besprechungszimmer zu finden, denn Pünktlichkeit wird von verantwortungsbewussten Mitarbeiterinnen und Mitarbeitern erwartet.

Der **erste Eindruck** ist prägend.

mental: in Gedanken

Stellen Sie sich mental auf das bevorstehende Gespräch ein. Überprüfen Sie nicht nur Ihre Unterlagen, Ihre Kleidung und die Frisur, sondern auch Ihre aufrechte Körperhaltung, Ihren selbstsicheren Gang, Ihren entspannten Gesichtsausdruck.

Stimmen Sie sich **positiv** auf das Gespräch ein, freuen Sie sich darauf. Sie sind jung, dynamisch und voller Energie! Sie wollen zeigen, dass Sie Ihr Wissen auch im Beruf optimal umsetzen können. Sie sind begeisterungsfähig, flexibel und voller Tatendrang.

Aktive Teilnahme am Gespräch wird von Personalverantwortlichen im Allgemeinen positiv bewertet.

Während des Gesprächs wird sich Ihr/e Gesprächspartner/in nicht nur für den Sachinhalt interessieren, sondern auch für Ihr Auftreten, Ihre Umgangsformen, Ihr Verhalten im Gespräch, Ihre Ausdrucksfähigkeit, Ihre Zielorientierung, Ihre Werthaltungen und Einstellungen. Folgen Sie dem Gespräch daher mit höchster Aufmerksamkeit, beantworten Sie alle Fragen klar und auf den Punkt gebracht, gut strukturiert und verständlich; vermeiden Sie weitläufiges Geschwätz ebenso wie zu kurze Antworten.

SbX

Eine Linkliste zum Thema Bewerbung finden Sie unter der ID: 1531.

Auch heikle Fragen werden Sie nicht aus der Ruhe bringen, wenn Sie sich ausreichend darauf vorbereitet haben. Stellen Sie eine Gegenfrage, wenn Ihnen der Sinn und Zweck einer – indiskreten – Frage nicht ganz klar ist.

Zum Beispiel:

> Personalchef: „Sie sagen, dass Sie nicht verheiratet sind. Haben Sie einen festen Lebenspartner?"
>
> Mögliche Gegenfrage: „Ist diese Frage bezogen auf die Dienstreisen?"

Sollten Sie eine Absage erhalten, nutzen Sie die Gelegenheit, um aus Ihrem Misserfolg zu lernen. Sie werden in Ihrem Leben noch viele Vorstellungsgespräche führen.

Das Vorstellungsgespräch gibt Ihnen als Bewerber/in wesentliche Informationen als Entscheidungsgrundlage, welches Angebot Sie annehmen sollen, und stellt für das Unternehmen das wichtigste Instrument zur Auswahl des besten Bewerbers/der besten Bewerberin dar. Es ist daher in beiderseitigem Interesse, dass das Gespräch möglichst informativ und ehrlich verläuft. Eine Fehlentscheidung kostet sowohl Sie als auch das Unternehmen viel Energie, Zeit und Geld.

Verhalten am Telefon

Wenn Sie ein Telefonat entgegennehmen, das für eine Kollegin oder einen Kollegen bestimmt ist, sollten Sie dem Anrufer immer eine **positive Antwort** geben:

„Frau Schmidt ist in einer kurzen Besprechung. Kann ich etwas für Sie tun?" klingt allemal freundlicher als „Frau Schmidt holt sich gerade einen Kaffee, wenn Sie in 10 Minuten wieder anrufen, werden Sie mehr Glück haben."

Den Anrufer interessiert nämlich nicht, ob Frau Schmidt Kaffee holt, mit Kollegen plaudert oder die Toilette aufsucht. Was ihn interessiert ist, **wann** er mit Frau Schmidt sprechen kann.

Für Personalverantwortliche ist das Telefon ein geeignetes Mittel, um Bewerber/innen unvorbereitet zu überraschen.

Stellen Sie sich vor, Sie sind gerade beim Abendessen oder haben Freunde zu Besuch und es läutet das Telefon. Im Hintergrund hört man Musik und den Geschirrspüler.

Sicherlich sind das nicht die besten Voraussetzungen für ein erfolgreiches Telefongespräch mit dem Personalverantwortlichen. Sie können sich entweder in einen ruhigen Raum zurückziehen oder einen Rückruf innerhalb der nächsten 5 Minuten anbieten. Der Rückruf hat den Vorteil, dass Sie Ihren Ordner mit allen Bewerbungsunterlagen nehmen und sich besser auf das Gespräch einstellen können.

Was für **Bewerbungen** gilt, ist auch für alle Telefonate hilfreich:

- Wenn Sie selbst anrufen, sollten Sie immer alle Unterlagen griffbereit und am besten schon aufgeschlagen haben.
- Wenn Sie angerufen werden, sollten Sie alle erforderlichen Unterlagen rasch zur Verfügung haben.
- Schreiben Sie bei jedem Telefonat die wichtigsten Punkte stichwortartig mit. Dazu gehören auch das Datum, die Uhrzeit, der Name und die Funktion Ihres Gesprächspartners.
- In vielen Unternehmen gibt es Notizblöcke für Telefonate.

Telefonnotizen dienen als Erinnerungsstütze und helfen, während des Telefonates Aufzeichnungen zu machen und wichtige Informationen weiterzugeben.

Telefonnotiz	Verfasser der Notiz
	Datum/Uhrzeit

Notiz für Herrn/Frau

Name des Anrufers	Rückrufnummer/Anschrift

Thema/Anlass des Gesprächs

Ergebnis

Aufgaben/Veranlassungen

Rückruf erforderlich	☐ ja	☐ nein

wann?

schriftliche Antwort erforderlich	☐ ja	☐ nein

5 Persönlichkeitsbildung

Vielleicht denken Sie „Telefonieren kann jeder.". Stimmt, doch im Geschäftsleben und besonders für Bewerbungen sind einige Regeln zu beachten:

Tipps

- Bereiten Sie sich für das Telefonat genauso vor wie für ein persönliches Gespräch.
- Suchen Sie einen ruhigen Raum ohne störende Hintergrundgeräusche auf.
- Informieren Sie Ihre Mitbewohner/innen, dass Sie nicht gestört werden wollen.
- Führen Sie das Gespräch nicht über den Telefonapparat Ihres derzeitigen Arbeitgebers.
- Halten Sie alle Unterlagen und einen Notizblock griffbereit.

- Stellen Sie sich klar und deutlich vor, nennen Sie den Grund Ihres Anrufs und lassen Sie sich mit der verantwortlichen Person verbinden.
- Lassen Sie sich den Namen, die Position und eventuelle Titel geben und notieren Sie alles.
- Begrüßen Sie den Personalverantwortlichen mit seinem Namen.
- Nennen Sie kurz den Grund Ihres Anrufs und fragen Sie nach, ob Ihr Anruf gerade gelegen kommt oder ob Sie später noch einmal anrufen sollen.
- Notieren Sie den Inhalt des Telefonats stichwortartig mit.

Beachten Sie, dass Sie mit Ihrem Gesprächspartner oder Ihrer Gesprächspartnerin anders kommunizieren, wenn Sie bequem auf einem Sofa liegen oder aufrecht auf Ihrem Schreibtischsessel sitzen. Das **beste Stimmvolumen** und die **größte Bewegungsfreiheit** haben Sie übrigens im Stehen.

4 Arbeitsbeginn
Der erste Eindruck ist prägend.

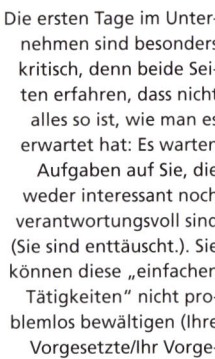

Die ersten Tage im Unternehmen sind besonders kritisch, denn beide Seiten erfahren, dass nicht alles so ist, wie man es erwartet hat: Es warten Aufgaben auf Sie, die weder interessant noch verantwortungsvoll sind (Sie sind enttäuscht.). Sie können diese „einfachen Tätigkeiten" nicht problemlos bewältigen (Ihre Vorgesetzte/Ihr Vorgesetzter ist enttäuscht.).

Der Begriff **Mentor** steht für eine Person, die Ihnen als väterlicher, älterer und erfahrener Freund, Lehrer oder Ratgeber den Einstieg erleichtert.

Sie können davon ausgehen, dass Sie manches von dem, was Sie gelernt und bisher problemlos angewandt haben, in Ihrem neuen Job nicht brauchen können und dass Sie viel Neues dazulernen müssen. Wenn Sie aufmerksam beobachten, was rund um Sie im Unternehmen vorgeht, wird es Ihnen leichter gelingen, sich an Ihre neue Umgebung anzupassen. Gehen Sie von sich aus auf Ihre Kolleginnen und Kollegen zu und bieten Sie Ihre Mitarbeit an.

In manchen Unternehmen wird Ihnen als Neueinsteiger/in ein **Mentor** oder eine **Mentorin** zur Seite gestellt, der/die sie ins Unternehmen einführt. Dazu gehört beispielsweise:

Rundgang durch das Unternehmen
- Mitarbeiter/innen in verschiedenen Abteilungen kennenlernen
- vorstellen und vorgestellt werden
- Arbeitsmittel kennenlernen
- Gebäude und Wege kennenlernen
- Aufzugschlüssel, Platz in der Garderobe

Informationen über Gepflogenheiten im Unternehmen
- Dress-Code (Bekleidungsvorschriften)
- Anrede von Vorgesetzten und Kolleginnen/Kollegen
- Bedeutung und Verwendung von Titeln
- Bestellung und Verwendung von Visitenkarten
- Rituale: Begrüßen, Einzahlen in Kaffeekasse ...
- Essensmarken und Verpflegung in der Kantine
- Pausenregelung

Ansprechperson für alle Fragen

- Umgang mit Informationen
- Wer ist wofür zuständig
- Wo gibt es Unterstützung

Versuchen Sie, sich bei Ihren neuen Kolleginnen und Kollegen nicht unbeliebt zu machen, der **erste Eindruck** hält nämlich ziemlich lange an.

Was von Ferialpraktikanten erwartet wird

Ferialpraktikanten sind Schüler/innen oder Studierende, die als Ergänzung zur Ausbildung in den Ferien praktische Erfahrungen in einem Unternehmen sammeln. Da der Ausbildungszweck überwiegt, ist ein Entgelt nicht zwingend vorgesehen, sondern kann frei vereinbart werden.

Werkstudenten sind Schüler/innen oder Studierende, die während der Ferien arbeiten, um Geld zu verdienen. Für das Unternehmen besteht keine Verpflichtung zur Ausbildung, sie sind „normale Arbeitnehmer/innen" auf Zeit.

Volontäre sind Personen, die sich mit Erlaubnis des Betriebsinhabers im Betrieb aufhalten, um Erfahrungen zu sammeln und bestimmte betriebliche Einrichtungen kennenzulernen.

Weitere Informationen und Tipps rund um das Thema Bewerbung finden Sie im Internet.

Der Weg zu einem fixen Arbeitsverhältnis führt sehr oft über die freiwillige oder verpflichtend vorgesehene Arbeit während der Ferien. Das hat den Vorteil, dass man auf beiden Seiten weiß, was man zu erwarten hat: Das Unternehmen kennt den/die zukünftige/n Mitarbeiter/in und der/die zukünftige Mitarbeiter/in weiß, was ihn/sie im Unternehmen erwartet. Er/Sie kennt das Gebäude, die Produkte, die Mitarbeiter/innen, den Umgang der Mitarbeiter/innen untereinander und vieles mehr.

Wenn Sie in den Ferien arbeiten, verdienen Sie nicht nur Geld, sondern gewinnen auch Einblicke in die Berufswelt und knüpfen Verbindungen, die Ihnen später nützlich sein können. Erwarten Sie aber nicht, dass Sie bereits im ersten Monat besonders anspruchsvolle Aufgaben erledigen dürfen, viel wahrscheinlicher ist, dass Sie Routinetätigkeiten durchführen: Adressen eintippen, Kopien anfertigen, Listen vergleichen, Stellagen umräumen etc.

Manche Unternehmen lassen ihren Praktikanten sehr viel Freiraum in der Erwartung, dass die Praktikanten von sich aus aktiv werden. Manche Praktikanten missbrauchen diesen Freiraum allerdings, um im Internet zu surfen oder Spiele zu spielen und signalisieren damit wenig Interesse am betrieblichen Geschehen. Positiv betrachtet stören sie mit ihrem Verhalten wenigstens niemanden bei der Arbeit, als zukünftige Mitarbeiter/innen kommen sie aber nicht in Frage.

Nicht stören alleine ist zu wenig, machen Sie sich nützlich:

- Stellen Sie sich Ihrer/Ihrem Vorgesetzten und den Kollegen/Kolleginnen vor.
- Versuchen Sie, sich den Gepflogenheiten im Unternehmen anzupassen.
- Beobachten Sie, was Ihre Kollegen/Kolleginnen tun und bieten Sie Ihre Mitarbeit an.
- Zeigen Sie, dass Sie Einsatzfreude mitbringen und produktiv arbeiten wollen.
- Fragen Sie nach, wenn Ihnen etwas unklar ist. Manchmal sind Fehler schwer wieder gutzumachen.
- Fragen Sie aber nicht wegen jeder Kleinigkeit nach, sonst beschäftigen Sie die anderen mehr als Sie ihnen helfen.
- Nützen Sie die freie Zeit, um das Unternehmen besser kennenzulernen.
- Nützen Sie die Arbeitsmittel, die Ihnen zur Verfügung gestellt werden, im Sinne des Unternehmens.
- Seien Sie höflich und respektvoll im Umgang mit Ihren Kolleginnen und Kollegen.

Einblicke in die Arbeitswelt motivieren Sie vielleicht auch, Ihre Anstrengungen für die Schule zu erhöhen. Die Aussicht auf einen interessanten Job gibt dem Lernen wieder mehr Sinn und je besser Ihre Ausbildung ist, umso größer sind auch Ihre Chancen am Arbeitsmarkt.

Üben

Praxisaufgaben

Stellenanzeigen analysieren

P 2:
Gehen Sie auf die Website der Firma **Gebrüder Weiss Transport und Logistik** (www.gw-world.at) und finden Sie möglichst viel über die Unternehmenskultur der Firma heraus.

P 3:

Suchen Sie in Zeitungen oder im Internet nach Stelleninseraten, die Ihnen gut gefallen, und überprüfen Sie, ob folgende Teile enthalten sind:

Informationen über

- das Unternehmen,
- die ausgeschriebene Stelle,
- Aufgaben, die zu erledigen sind,
- die erwarteten Kompetenzen der Bewerber/innen,
- die Angebote an Bewerber/innen,
- die Person, an die das Bewerbungsschreiben zu richten ist,
- die Art der Bewerbung (Brief, E-Mail, Telefon …),
- das kollektivvertragliche Mindestgehalt bzw. die Gehaltsvorstellungen des Unternehmens.

Beschreiben Sie Ihren Eindruck vom Stelleninserat anhand von Text- und Bildinformationen und geben Sie an, was eventuell verbessert oder ergänzt werden könnte.

P 4:

Suchen Sie in ausführlichen Stelleninseraten nach Persönlichkeitsmerkmalen, die besonders oft vorkommen, und halten Sie die Anzahl in einer Strichliste fest.

Persönlichkeitsmerkmal	Strichliste	Summe

P 5:

Wählen Sie ein Unternehmen, das Ihnen gefällt, und suchen Sie auf der Website dieses Unternehmens Informationen über seine Unternehmenskultur.

Bewerbung

P 6:

Suchen Sie im Internet nach Informationen zum Thema Bewerbung. Notieren Sie alle Tipps, die Ihnen gefallen.

Anschreiben, Lebenslauf und Motivationsschreiben

P 7:

Verbessern Sie folgende altmodische, ungünstige oder fehlerhafte Formulierungen. Beachten Sie, dass in manchen Beispielen gleich mehrere Fehler enthalten sind.

schlechtes Beispiel	Verbesserungsvorschlag
Sehr geehrte Damen und Herren!	
Hiermit möchte ich mich um die Stelle als Sachbearbeiterin bei Ihnen im Unternehmen bewerben.	
Ich bin kommunikativ, teamorientiert und eine offene Persönlichkeit, daher währe ich eine wertvolle Unterstützung für Ihr Unternehmen.	
Wenn Sie noch irgendwelche Fragen haben, stehe ich Ihnen selbstverständlich jederzeit zur Verfügung.	
Sie erreichen mich tagsüber im Büro unter 0698 72345 und am Abend sowie am Wochenende unter 0984 321456.	
Hochachtungsvoll	

P 8:

Suchen Sie ein ausführliches Stelleninserat, das Sie interessiert und das eine Stelle anbietet, die Sie einnehmen könnten. Analysieren Sie dieses Inserat und formulieren Sie ein Bewerbungsschreiben, das aus den Teilen **Anschreiben, Lebenslauf** und **Motivationsschreiben** besteht.

 **Sichern**

Stellenanzeige	Stellenanzeigen in Zeitungen oder Zeitschriften informieren mögliche Bewerber/innen über offene Stellen in einem Unternehmen. Stellenanzeigen informieren über das Unternehmen, die ausgeschriebene Stelle, was von zukünftigen Mitarbeiterinnen und Mitarbeitern erwartet wird, was zukünftigen Mitarbeiterinnen und Mitarbeitern geboten wird. Stellenanzeigen müssen geschlechtsneutral formuliert werden.
Unternehmenskultur	Die Unternehmenskultur baut auf den Werten auf, an denen man sich im Unternehmen orientiert. Diese grundlegenden Werte bestimmen den Führungsstil und das Verhalten der Mitarbeiter/innen. Als Bewerber/in kann man von den Produkten, dem Firmengebäude, der Website, dem Leitsatz und dem Inserat selbst einen Eindruck von der Unternehmenskultur erhalten.
Bewerbungsschreiben	Das Bewerbungsschreiben besteht aus ● dem Anschreiben, ● dem Lebenslauf und ● dem Motivationsschreiben (auch „Seite 3" genannt).
Anschreiben	Das Anschreiben ist eine Werbung für den/die Bewerber/in. Es muss daher ansprechend, empfängerorientiert und kurz gehalten sein. Folgende Inhalte werden von Personalverantwortlichen erwartet: ● Einstieg mit Bezug zur Stelle oder zum Unternehmen ● Interesse am Unternehmen, an der Stelle zeigen ● Vorzüge des/der Bewerbers/Bewerberin, bezogen auf das Inserat ● nächster Schritt ● Abschlussformel ● Anlagen (wenn Kopien von Zeugnissen, Dokumenten etc. mitgeschickt werden)
Lebenslauf	Der tabellarische Lebenslauf enthält folgende Informationen: ● persönliche Daten samt Bild ● Berufserfahrung ● Schul- und Berufsbildung ● fachliche Kompetenzen (Sprachen, EDV etc.) ● persönliche und soziale Kompetenzen (Kommunikation, Teamarbeit etc.) ● sonstige Fähigkeiten und Kompetenzen ● Führerschein/e ● Freizeitinteressen ● zusätzliche Angaben (Referenzen, Mitgliedschaften etc.)
Motivationsschreiben	Das Motivationsschreiben bietet Bewerberinnen und Bewerbern die Möglichkeit, aus der Masse hervorzustechen. Es gibt keine verbindlichen Regeln zur Gestaltung.
Vorstellungsgespräch	Beim Vorstellungsgespräch werden die beiderseitigen Interessen besprochen. Das Unternehmen will die beste sich bewerbende Person aufnehmen; der Bewerber/die Bewerberin will das beste Stellenangebot annehmen. Fragen zu folgenden Themen sind üblich: ● Person ● Ausbildung ● Berufserfahrung ● angestrebte Position ● Kenntnisse über das Unternehmen ● Gehaltsvorstellungen Von Bewerberinnen und Bewerbern wird erwartet, dass sie ebenfalls qualifizierte Fragen stellen können.
Arbeitsbeginn	Von neuen Mitarbeiterinnen und Mitarbeitern wird erwartet, dass sie sich möglichst rasch in ihre neue Umgebung einleben und sich den Gepflogenheiten anpassen. Sich nützlich machen und sinnvolle Fragen stellen kommt immer gut an.

5 Persönlichkeitsbildung

 **Wissen**

Wiederholungsfragen zu Lerneinheit 3

1. Worüber informieren ausführliche Stellenanzeigen in Zeitungen?

2. Wo kann man zusätzliche Informationen über ein Unternehmen erhalten?

3. Welche Persönlichkeitsmerkmale kommen in vielen Stellenanzeigen vor?

4. Was versteht man unter Unternehmenskultur und woran kann man sie erkennen?

5. Aus welchen Teilen besteht ein Bewerbungsschreiben?

6. Welche Inhalte erwarten Personalverantwortliche im Anschreiben?

7. Wie gestaltet man einen internationalen Lebenslauf?

8. Welche Bedeutung hat das Foto im Bewerbungsschreiben und worauf sollten Bewerber/innen achten?

9. Warum können sich Bewerber/innen mit einem Motivationsschreiben einen Vorteil verschaffen?

10. Wie können sich Bewerber/innen auf Vorstellungsgespräche vorbereiten?

11. Was ist beim Vorstellungsgespräch zu beachten?

12. Wie sollten sich neue Mitarbeiter/innen am ersten Arbeitstag verhalten?

Bildnachweis